교학 敎學의 세월

박효종

우한용

이경식

이애주

(좌로부터) **우한용 교수, 이경식 교수, 이애주 교수, 박효종 교수**

우리들은 같은 시대를 살아가면서
같은 직장에서 일하는 복된 인연을 공유하는 동지들이다.
40여년을 배우고 가르치면서 살아온 이들이
각자 자유로운 양식으로 '교학의 세월'을 이야기한다.

박효종 교수

우한용 교수

교수가 연구하는 과정과 그 결과가 삶의 실상이다.
교육과 삶은 동일선상에 놓인다.
교육의 과정은 그 자체가 삶의 과정이다.

삶에 유예가 없듯이 교육에도 유예가 있을 수 없다.
삶으로서의 학문과 삶으로서의 교육을 동시에 생각하게 되는 것은 이러한 까닭이다.

이경식 교수

이애주 교수

　한 사람의 생애는 그가 언제 어디서 태어나서 무슨 일을 하다가 생애를 마감했는가 하는 몇 항목으로 정리된다. 같은 시대에 태어난 이들은 경험의 공통성으로 인해 내적 친연성을 느끼게 마련이다. 경험의 공통성은 감수성의 동질성, 행동 패턴의 정형성, 이념적 지향의 유사성 등을 보이게 한다. 이 책의 필자들은 같은 시대를 살아가면서 같은 직장에서 일하는 복된 인연을 공유하는 동지들이다. 동시대를 살았다는 것은 그 경험을 뒷사람들에게 전해야 한다는 일종의 책임을 공유한다는 의미를 지니기도 한다.

　서울대학교에서 그것도, 사범대학에서 공부하고 일할 수 있었던 네 사람이 만났다. 우리 시대의 체험과 사범대학에서 일한 삶의 의미를 탐구해 보자는 의도였다. 박효종 교수, 우한용 교수, 이경식 교수, 이애주 교수 네 사람이 주인공이다. 해방정국의 어수선한 분위기가 가라앉지 않은 채, 건국을 앞두고 있는 시점에 네 사람의 생애는 시작되었다. 자연스럽게 서너 살 때 6·25를 겪고, 중학교 들어갈 무렵 4·19를, 중학교에 들어가자마자 5·16을 겪게 된다. 어린 나이에 분명한 역사의식이나 현실감각이 있었을까만, 그런 역사기억은 우리들의 생애를 통해 각양한 방식으로 정신적 내상을 형성했다. 1960년대 말 대학에 입학하여 40여년을 배우고 가르치면서 살아온 사람들이다. 배우고 가르친다는 뜻에서 교학敎學이라는 말을 책의 제목에 포함했다. 교학의 세월을 어떻게 살았고, 어떤 깨달음을 얻었는가, 어떤 정신적 과제를 내놓아 뒷사람이 참고할 수 있게 할 것인가 하는 문제를 같이 상의하고 글로 쓰기로 했다.

우리 네 사람은 각기 공부한 영역이 다르다. 박효종 교수는 신학을 거쳐 정치학을 공부했고, 우한용 교수는 문학연구와 문학교육을 공부했으며, 문학연구에서 얻은 지혜를 소설창작으로 실천하기도 했다. 이경식 교수는 역사학 가운데 한국 토지제도사를 깊이 연구했고, 이애주 교수는 체육학과 한국춤을 실천하는 예술활동에 헌신했다.

서울대학교 사범대학에서 공부하고 같은 대학에서 가르쳤다는 경험은 생애에 중요한 의미를 지닌다. 개인들 자신에게는 물론 역사적 공통경험으로 뒤에 남겨 다른 사람들이 사범대학의 지난날을 돌아보는 데 참고할 수 있도록 하는 게, 같은 시대를 살아간 사람들의 몫이라는 공감이 이루어졌다. 그리하여 각자 자유로운 양식으로, 자신의 취향과 공부 방법과 어울리는 스타일로 사범대학에서 공부하고 가르친 체험을 서술하여 책으로 묶자는 의견이 모아졌다.

같은 일을 하는 이들은 삶의 패턴과 사유방식과 지향에서 유사성을 드러내는 경우가 허다하다. 이러한 유사성은 때로 직업의식으로 나타나기도 하고, 어떤 때는 행동으로 구체화되기도 한다. 우리 네 사람은 대학에서 이루어지는 교육 전반에 대해, 그리고 특히 사범대학의 교육에 대해 이야기할 기회가 있었다. 그 과정에서 교육이 삶과 괴리될 수 없다는 공통된 생각을 발견하게 되었다. 삶과 학문과 교육이 융합되어 분리될 수 없다는 것이 공감의 핵심이다. 이는 삶과 교육의 비분리원칙이라 할 만하다. 교수가 연구하는 과정과 그 결과가 삶의 실상이다. 교육과 삶은 동일선상에 놓인다. 교육의 과정은 그 자체가 삶의 과정이다. 삶에 유예가 없듯이 교육에도 유예가 있을 수 없다. 삶으로서의 학문과 삶으로서의 교육을 동시에 생각하게 되는 것은 이러한 까닭이다.

그래서 이 책에서는 교육에 대한 무게있는 에세이, 생애사, 예술적 실천

등 교육과 삶이 분리되지 않은 이야기를 담고자 하였다. 이는 교육의 전범을 제공한다는 의미를 지닐 것이다. 인간과 사물이, 학문과 생애가, 예술과 삶의 실천이, 나아가 배움과 가르침이 주체 안에서 통합되어 존재의 의미를 한 단계 상승하기를 도모하는 우리들의 이야기가 이 책에 담기게 된 것이다.

교육은 결국 자기교육을 통해 남을 가르치는 방향으로 나아가게 마련이다. 남을 가르치는 과정에서 얻은 지혜와 경험이 자신의 삶으로 굽어들어 되돌아온다. 주체와 대상의 상호작용 가운데 이루어지는 이런 선순환은 사범대학에서 공부하고 가르치는 이들만 누릴 수 있는 지극한 복락이다. 사범대학에서는 배움과 가르침이 맞물려 인격적 주체 안에서 발효되어 삶의 가치를 이뤄낸다. 그 기록이 독자들에게 의미있는 가치로 순환되기를 바라는 마음 간절하다.

이 책은 사범대학의 도움을 받은 결과로 이루어졌다. 사범대학에서 지원해준 데서, 회의하고 자료 구입하는 데 들어간 것 말고는 책을 사서 동료들에게 나누어주는 몫으로 썼다. 사범대학에서 책을 발간하는 데 지원한 것은 동료들 개개인의 지원을 대신한 셈이다.

지리교육과의 류재명 교수는 필자들의 사진을 촬영해 이 책에 싣게 해줌으로써 돈독한 동료애를 보여주었다. 이 우정이 오래가기를 충심으로 바란다.

더불어, 출판을 담당해준 지식과교양의 윤석원 사장님과 편집에 애쓴 윤예미 과장에게도 감사의 뜻을 전한다.

겸허히 원컨대, 우리들의 작업이 다소나마 동료들의 기대에 미치기를 바랄 뿐이다.

2013년 1월 저자들

목차

우한용 편 | # 세 갈래 길이 만나는 자리

이애주 편 | 춤이란, 삶이란, 배움이란

박효종 편

나의 삶,
나의 사랑,
나의 이야기

박효종 교수

그동안 내가 초록색의 잎을 가진 나무로 살아왔다면,
이제는 가을의 단풍든 나무처럼 노란색이 되어
앞으로 떨어질 낙엽을 생각하며 많은 것을 내려놓고
보다 편안한 마음으로 살아온 이야기를 시작한다.

박효종이 걸어온 길 • • •

1947년 11월 6일 서울 종로구 평동 22번지에서 출생

● 학력

1966.3 – 1974.2	가톨릭대학교 신학부 학사
1974.3 – 1976.3	가톨릭대학교 신학대학원 신학석사
1977.3 – 1979.8	서울대학교 대학원 국민윤리교육과 석사
1981.9 – 1986.8	미국 인디애나대학교 대학원 정치학 박사

● 경력

1987.4 – 1999.2	경상대학교 사범대 윤리교육과 및 국제관계학과 부교수·교수
1999.3 – 현재	서울대학교 사범대학 윤리교육과 교수
2002.2	제42회 한국백상출판문화상 저작상(사회과학분야) 수상

● 학회 및 사회활동

2001. 8 – 2008	한국체계과학회 회장
2005. 3 – 현재	한국민족혼 국토지킴이회 회장
2004. 3 – 현재	바른 사회 시민회의 공동대표
2005. 1 – 현재	교과서포럼 공동대표

● 저서 및 논문

『합리적 선택과 공공재 I , II』(인간사랑, 1994)

『국가와 권위』(박영사, 2001)

『아들에게 건네주는 인생의 나침반』(아라크네, 2003)

『민주주의와 권위』(서울대학교 출판부, 2005)

나는 누구인가. 나는 무엇으로 살아 왔나. 이 글을 쓰면서 나를 사로잡고 있는 물음이다. 이미 오래 전에 스핑크스는 인간을 어려서 네 발, 커서 두 발, 늙어서는 세 발로 걷는 동물로 규정했다. 나는 분명 어려서 네 발, 커서 두 발로 걷고 있지만 아직 세 발로 걷지는 않는다. 그렇다면 아직 제대로 완성된 인간이 아니라는 뜻일까. 또 옛날 그리스의 델포이 신전 기둥에는 "너 자신을 알라"는 문구가 적혀있었다고 하는데, 솔직히 나는 나 자신을 모른다. 물론 전혀 모른다는 말은 아니고 잘은 모른다는 것이다.

나는 욕망의 덩어리인가. 아니면 이성적 인격체인가. 그것도 아니라면 항상 안에서 다툼과 투쟁이 그칠 줄 모르는 전쟁터인가. 어떤 일은 해야 하고 어떤 것은 해서는 안 된다는 식의 치열한 싸움이 마음 안에서 끊임없이 벌어지고 있는 실체가 나인지, 참으로 궁금하다.

'내가 누구인가' 하는 물음이 고난도의 물음이라면 차라리 이렇게 시작하면 어떨까. 나는 어떤 이야기를 만들어 왔으며, 어떤 스토리의 주인공인가. 결국 나 자신을 '이야기꾼', 즉 '호모 나란스*homo narrans*'로 생각하는 것이 편할 것 같다. 산을 오르는 것처럼 정상을 향해 올라가기도 하고 그런 가하면 도중에 넘어지기도 하고 또 내려가기도 하고 때로는 겨울 나그네처럼 이곳저곳을 기웃거리며 방황도 하고, 아마도 그런 것이 내 삶의 이야기일 것이다.

분명한 것은 앞을 두고 정신없이 뛰어 왔는데, 어느새 얼굴엔 주름이 생겼고 머리가 희끗희끗해졌다는 것이다. 여기까지 숨이 찰 정도로 뛰어오면서 더 할 나위 없는 희열을 맛보기도 하고 또 바닥으로 곤두박질 칠 정도로 벼랑에 몰렸을 때 방 안에 칩거하면서 하염없이 절망감을 곱씹기도 했다.

유난히 생각나는 게 있다. 언젠가 저격범의 총탄을 맞은 교황 요한 바오로 2세가 병원에서 집중적인 치료를 받고 몇 달 후 퇴원하면서 개구일성開口一聲 한 말이 그것이다. 영어로 'same rascal' 이라는 말인데, 처음에는 그 말을 듣고 무슨 뜻인지 어안이 벙벙했다. 물론 나 말고 놀란 사람도 많으리라. 천상의 빵을 갈구하며 살아온 교황이 부상에서 회복되었으면 당연히 "여러분들 기도와 염려 덕분에 완쾌되었소" 라는 말을 해야 정상인데, 난데없이 과거의 모습과 똑같은 악당이라는 말을 하다니. 하지만 그 말을 두고두고 곱씹어 보며 놀라움을 금할 수 없었고 벅찬 감동에 휩싸였다. 그렇구나. 자신을 저격한 암살범을 용서할 정도로 그렇게 거룩하게 살아온 교황이 완쾌한 자신을 돌아보며 '악당'이라고 한다면 그분과는 비교조차 할 수 없을 정도로 못난 나는 아무리 앞만 보고 정신없이 뛰어왔다고 하더라도, 혹은 때때로 선의로 살고 나름대로 노력을 했다고 하더라도 '영락없는 악당이로구나' 하는 생각이 들었다. 더구나 나는 말과 행동 및 생각으로 나를 스쳐간 수많은 사람들에 대해 얼마나 많은 잘못을 저질렀던가.

　그럼에도 지금의 심정, 지금의 마음을 표현하라면 단연 고마움이다. 삶을 돌아보건대 어떻게 회한이 있을 수 있겠는가. 그동안 내가 다른 사람을 섭섭하게 했고 그들이 나에 대해 섭섭함을 가질 수 있는 것처럼, 내게도 섭섭하게 한 사람이 있었고, 따라서 그들에 대해서 회한을 가질 수도 있겠지만, 그건 아니다. 사방을 돌아보면 정녕 나는 분에 넘치는 사랑을 듬뿍 받아온 사람이다. 어찌 축복이 아니겠는가. 물론 어둡고 부끄러운 부분이 있다. 감추고 싶은 나의 부분일터이다. 내 자신 안, 저 음습한 곳에 도사리고 있는 그 어떤 악과 같은 것이 엄연히 있는데, 이 결함과 부끄러운 부분은 어떻게 하나. 우화에 나오는 '벌거벗은 왕'처럼 벌거벗어야하나. 실은 그 왕도 사기꾼 재봉사가 만들어준 멋진 옷을 입고 있는 줄 알았다. 허나, 다른 사람들은 몰라도 한 아이는 그가 벌거벗은 줄 알고 있었던 것이다.

　분명 내가 써 내려갈 글은 '고백록'은 아니다. 혹시 죄책감과 부끄러움의 감정이 들어가 있고 후회와 회개의 마음을 담고 있는 부분이 있을지 모르겠으나, 마음속 깊이 저 심연에 자리잡고 있는 결함과 부끄러움을 속속들이 파헤쳐 들어내고 싶은 용기가 없기 때문이다. 글을 쓰면서 몽땅 벌거벗는 '천둥벌거숭이'가 된다면, 어떻게 그 부끄러움을 다 감당해낼 수 있으랴. 그래서 다소간 화장도 하고 분칠도 된 글이 나올 수밖에 없을 것 같다. 그럼에도 성형수술까지는 하지 않으리라고 결심해본다. 그런가 하면 로마시대의 마르쿠스 아우렐리우스와 같은 스토아철학의 황제가 쓴 '명상록'과 같은 것도 아니다. 실은 나도 살아오면서 삶과 죽음에 대해, 행복과 고통의 문제에 대해 또 성공과 실패의 문제에 대해 사유도, 고민도 많이 해보았다. 그러나 그렇다고 해서 어떻게 감히 명상록이라고 이름 붙일 수 있는 글을 쓸 수 있단 말인가. 나는 한 때 『모리와 함께 한 화요일』이라는 책을 좋아했다. 모리는 멋진 사람이었다. 그는 삶의 마지막을 앞두고 화요일마다 특별한 사람을 만났고 그와의 대화를 통해 글을 남김으로써 많은 감동을 주었다. 내게도 매주 화요일은 있었지만, 그처럼 특별하지 않았을 뿐더러 모리처럼 깊은 사색에 잠길 수 있는 존재는 더더욱 아니다.

그렇다면 내가 쓰는 글이 '회고록'과 비슷한 글일까. 그렇지도 않다. 비교적 최근에 알게되어 교분을 나누게 된 노라노 선생님처럼 한국의 패션계를 개척할 만큼 유명인사라면 회고록을 써서 많은 독자들의 마음을 사로잡을 수 있겠지만, 내가 우리 사회에 무슨 커다란 족적을 남겼다고 회고록을 쓸 수 있겠는가.

이 글을 쓰는 내 목적은 소박하다. 내게는 지영이라는 딸이 하나 있다. 그 딸은 지금 장성해서 가정을 이루고 있다. 나는 딸에게 "이렇게 살아라" 하며 교훈을 주기 위해 이 글을 쓰는 것은 아니다. 아버지의 성공과 실패에 관한 이야기도 아니고 또 아버지가 좋은 사람이었는지 나쁜 사람이었는지를 가늠해 달라는 뜻도 없기 때문이다. 다만 먼 훗날 아버지가 그리워질 때, 아버지의 삶에 호기심이 생길 때, 한 번 읽어봐 주었으면 하는 마음으로 글을 쓰는 것이다. '아버지는 이런 사람이었다'는 이야기를 들려주고 싶을 뿐이다. 아버지는 성공과 명예 못지않게 절망과 고통, 외로움 속에 살아왔고 완벽주의와 성취 못지않게 불완전한 삶을 살아 왔다는 것, 노력 못지않게 욕망의 존재로 살아왔다는 것을 말이다. 그러면서도 때때로 뒤를 돌아보는 습관을 가진 그런 존재였다는 것을 기억해주기를 원하는 마음이 있다.

　그동안 내가 초록색의 잎을 가진 나무로 살아왔다면, 이제는 가을의 단
풍든 나무처럼 노란색이 되어 앞으로 떨어질 낙엽을 생각하며 많은 것을
내려놓고 보다 편안한 마음으로 살아온 이야기를 시작하고자 한다.

결핍과 그리움이
사무쳤던
유년 시절

내게 있어 유년 시절은 행복한 시절이라고 말할 수는 없다. 결핍의 시절이었다는 표현이 더 적절하리라. 당시의 시대상황이 너나 할 것 없이 한결같이 암울한 회색일색이었으니 이 결핍의 세월은 너무나 당연한 경험이었을는지 모른다. 나의 세대의 그 누가 초년시절을 행복하게 지냈다고 말할 수 있겠는가. 쌀도 없고 보리조차 없어 조로 끼니를 때웠고, 초등학교 시절 도시락을 쌀 수 없어 소풍을 가지 못했고 평일에도 도시락을 싸온 친구들이 점심 먹는 모습을 옆에서 물끄러미 지켜보며 하염없이 부러워했던 것이 초년시절의 기억이다. 누나의 결혼식 이튿날 유일하게 진수성찬으로 된 도시락을 싸서 학교에 갔던 기억이 엊그제 일처럼 생생한 것도 바로 그 때문이다. 또 크리스마스 전날 밤에는 사탕을 사서 온 식구가 나누어 먹으며 축제분위기를 내기도 했다.

하지만 어머니는 정말로 나를 사랑했고 그 사랑을 듬뿍 쏟아 부은 분이었다. 청주에서 닭들을 길렀을 때 알을 낳으면 어머니는 많은 형제들 가운데 나에게만 하루에 하나씩 먹을 수 있는 특권을 주었다. 허나, 아버지의 연이은 사업 실패로 말미암아 빚쟁이에 시달리는 신세가 되었다. 지금도 나의 머리엔 '빚쟁이'라는 말이 하나의 '트라우마'로 남아 있다. "빚쟁이가 찾아온다"는 말처럼 무섭고 겁나는 말도 없었다. 요즈음의 언어로 엄밀히 따져 보면 '빚쟁이'는 돈을 빌려준 사람이 아니라 돈을 꾼 사람일 터이다. 하지만 당시에는 돈을 꿔준 사람을 '빚쟁이'라고 불렀고 그 빚쟁이는 밤낮 할 것 없이, 특히 명절때면 어김없이 우리 집을 찾아왔다. 그때마다 아버지는 피했고 결국 청주에 있던 집을 피해 서울로 올라가 계셨다. 그러면 그 모든 빚쟁이의 성화와 독촉을 온몸으로 받아야했던 분이 바로 어머니였다.

어머니는 많이 울었다. 또 그러면서도 어머니는 끊임없이 기도했다. 빵 문제만 해결해 주면 무슨 일이든 하겠노라고…. 그래서 어린 시절 어머니를 생각할 때마다 물에 빠진 사람이 지푸라기라도 잡으려고 안간힘을 쓰는 것처럼, 언제나 시름에 겨워하고 이리저리 도움의 손길을 찾아 헤매던 애처로운 모습이 아직도 생생하게 떠오르고 아픔으로 남아있다. 하지만 어머니는 내게 있어 '까라 맘마cara mamma'였다. '사랑스러운 어머니', 떨어져 있어도 항상 내 곁을 맴돌고 지켜주셨던 어머니. 결국 어머니는 등창이라는 병에 걸려 병석에 누웠고 우리 형제들을 공부시킬 여력이 없었다. 나는 청주에서 보낸 4학년까지의 그 초등학교 시절, 월사금을 내지 못해 공부시간에 수업을 받지 못하고 밖으로 나와 있어야하는 벌을 영문도 모른 채 몇 번씩 견뎠다. 그러던 어느 날 한 줄기 서광이 비쳤다. 서울에 살고 있던 할아버지와 큰 고모가 결단을 내려 나와 형을 서울로 데려가 공부

를 시키기로 한 것이다. 서울로 올라와 나는 종로국민학교, 형은 동성중학
교를 다니게 된다.

지금은 그 사정을 훤히 알게 되었지만, 당시에는 큰 고모와 같이 살게
된 사연이 양자養子의 개념이었음을 몰랐다. 미국으로 건너간 남편과 오랜
별거 생활에 들어갔던 고모, 또한 당신의 자녀가 없던 고모는 나를 자신
의 아들로 삼기로 작정한 것이다.

그 때가 4학년 때였다. 하지만 나는 그 때 철부지와 같았다. 어머니로부
터 떨어져 있다는 슬픔과 외로움, 고아와 같은 신세만 뼈저리게 느껴졌을
뿐 좋은 반찬에 쌀밥을 먹고 있으면서 고모님의 배려와 사랑을 알기에는
너무나 어렸던 것이다. 급기야 내가 은연중 가지고 있던 그와 같은 무의식
의 세계는 나도 모르게 밖으로 드러나게 된 것인가. 어느 날 학교에서 나
쁜 점수 받은 것을 고모에게 알리지 않고 책가방 속에 몰래 남겨 놓은 것
이 발각되었다. 학교에서 돌아온 내 표정이 좋지 않았음을 목격하고 고모
는 직감적으로 "무슨 일이 있었구나" 라고 의심한 나머지 내가 밖으로 놀
러나간 사이 책가방을 뒤졌고 60점짜리 점수를 받은 노트를 찾아냈다.
당연히 고모로부터 야단을 맞게 되었다. 결국 고모의 섭섭함은 단순히
나쁜 점수를 맞은 노트를 보여주지 않는 데서 비롯된 것이 아니라 당신
을 어머니로 생각하지 못한 내게서 비롯된 것이었다. 할아버지와 고모는
나를 추궁했다. 물론 그 추궁은 무섭다기보다는 부드러운 것이었다. 그러
나 지금 생각해도 이해할 수 없는 일이지만, 나는 나쁜 점수를 받으면 숨
기던 그 못된 버릇을 고치지 못해 그후에도 몇 번이나 같은 잘못을 반복
했고 그런 나를 고모는 점차 배신감으로 바라보게 된 것 같다. 고모의 섭
섭함은 다시 나를 어머니에게로 돌려보내겠다는 결심으로 정리되었고 결

국 5학년말 다시 형과 떨어져 거처를 청주에서 부강으로 옮겼던 어머니의 품으로 돌아왔다. 그 때 어머니가 섭섭해서 시골로 내려온 나를 보고 혼자 말처럼 되뇌던 모습이 생각난다. "국민학교나 졸업시키고 보내줄 일이지…" 하지만 당시 어머니와 같이 있던 누나가 며칠후 다시 나를 끌고 서울로 올라간다. 누나는 서글서글했고 붙임성이 좋아 고모와 친했고 그런 누나의 설득이 주효하여 나는 다시 받아들여졌다. 그럼에도 할아버지와 고모집의 머무름은 시한부일 따름이었다. 그후 6학년 일 년을 할아버지 및 고모와 함께 살았지만, 양자의 위치에서 자격 상실을 한 것은 분명해졌다. 이제부터 신부가 되기 위한 기나긴 여정이 시작될 참이었다.

나의 유년시절은 참으로 외로웠고 버려진 것 같은 느낌으로 점철된 시기였다. 삶에 허덕였고 사랑에 목말라 했던 것이다. 어머니와 떨어져 있으면서 끊임없이 어머니를 그리워했다. 형은 좀 달랐던 것 같다. 형도 물론 어머니를 그리워했지만 나처럼 절실하지는 않았던 것으로 생각된다. 그러나 초등학교 시절을 돌아보면 결핍만이 있었던 것은 아니었다. 나는 어머니의 사랑 못지않게 학교에서 두 분의 선생님들로부터 메마른 땅에 하늘에서 내린 단비와 같은 사랑을 받았다. 청주 석교국민학교 시절 김성환 선생님은 2학년 담임 선생님이셨는데 나를 너무나 귀여워해주고 사랑해 주셨다. 역시 가난했고 또 똑똑한 것으로 이름이 나있던 처지도 아니었는데도 불구하고 왜 그토록 귀여워 해주고 사랑해 주셨는지 영문을 알지 못한다. 하지만 선생님으로부터 특별한 사랑을 받았다는 그 추억은 지금도 마음속에 생생한 고마움으로 각인되어 있다.

또 5학년 서울 종로 국민학교 시절도 각별했다. 5학년 담임 선생이셨던 이휘원 선생님은 무서운 선생님, 요즘 말로 하면 호랑이 선생님이셨다. 선생님은 무서운 분이었지만 풋풋한 정을 느끼지 못했던 고모와 함께 살던 내게 특별한 사랑을 베풀어 주셨다. 수업이 끝나면 다른 선택된 소수의 학생들과 함께 교실에 더 남아서 공부하라고 하고 때로는 정규 수업시간에 가르쳐준 내용을 넘어 새로운 것들을 가르쳐 주기도 했다. 그리고 선생님은 나를 한사코 시골에 있는 어머니에게 돌려보내겠다는 고모를 만류하며 설득하기도 했다.

돌이켜 보면, 사랑을 받는다는 것, 이것이야말로 자신이 선택할 수 있는 것은 아니지만, 인생에 있어 다른 사람으로부터 받을 수 있는 최대의 선물이요 축복인 것 같다. 사랑을 받아본 사람만이 사랑이 무엇인지 알 수 있고 또 그런 사랑을 남에게 줄 수 있다고 믿기 때문이다. 사랑이란 과연 무엇일까. 사랑이란 색깔로 표시하자면 빨간색이 아닐까 생각한다. 빨간색을 보지 못한 사람에게 어떻게 빨간색을 설명할 수 있으랴. 빨간색은 비로소 눈으로 보고 경험함으로써 알아들을 수 있고 체화할 수 있는 것이지 이론적으로 설명할 수 있는 것은 아니다. 사랑이라는 것도 이와 같은 것이 아닐까.

내가 유년시절 그런 따뜻하고 때로는 뜨거운 사랑을 어머니로부터 또 담임선생님으로부터 받았다는 것은 세월이 한참 지난 뒤에도 두고두고 마음속에 파고드는 향긋한 추억이며 그것을 곱씹어 볼 수 있다는 것 자체가 특권이라고 확신한다. 또 유년시절에 받은 그런 사랑은 그 후의 삶 속에서도 계속해서 이어졌다. 중학교시절부터 라틴어를 가르쳐 주신 빌리발드 신부님과 또 고등학교 시절의 선생님들. 그들로부터 받은 사랑은 내가 모르는 사이에 영혼에 스며들어 매우 소중한 삶의 자양분이 되었던 것 같다. 그럼에도 어린 시절의 '트라우마'를 말할 수 있다면, 어머니와 떨어져 있었다는 것 때문이었다.

어머니는 어려서부터 네 아들 가운데 막내인 나를 볼 때마다 형제들 앞에서도 자주 태몽 이야기를 하셨다. 아기를 엄마가 배 속에 가졌을 때 꾼다고 하는 태몽胎夢. 어머니는 바로 그런 나의 태몽이 특별했다고 하여 형제들 앞에서도 자주 그 이야기를 하곤 하셨다.

어머니는 어디론가 길을 가고 있었다. 그런데 갑자기 온 하늘이 붉게 물들기 시작한 것이다. 어머니는 한편으로 놀라고 또 한편으로는 궁금해졌다. 도대체 온 하늘을 붉게 물들이고 있는 저 빛이 어디서 솟아나고 있는 것인가. 어머니는 그 찬란한 빛이 비추는 곳을 따라가 보기로 했다. 그래서 빛이 나는 곳을 향해 발걸음을 재촉했다. 그 길을 따라가다 보니 첩첩산중, 깊은 산길로 들어서기 시작했다. 계속해서 한참을 가다보니 그 빛이 솟아나는 원천을 발견할 수 있었다. 아! 보잘 것 없는 작고 가냘픈 꽃이 바로 그 원천이었던 것이다. 작디작은 그 가냘픈 꽃에서 솟아나온 빛이 온 하늘을 뒤덮었던 것이다. 어머니는 꿈속에서도 믿을 수가 없었다. 자신도 모르게 감탄을 하셨다고 한다.

"세상에! 이렇게 보잘 것 없는 꽃에서 어떻게 그렇게 큰 빛이 나오나." 어머니는 그 태몽이야기를 자주 하시며 스스로 해석도 하셨다. 이른바 해몽解夢이다. "이것은 바로 네가 신부가 될 꿈이야. 봐라! 그 보잘 것 없는 것에서 큰 빛이 나오는 것. 이것은 신부가 아니고서는 불가능한 일 아니겠니?"

아! 하지만 나는 지금 '신부님'은 아니다. 학생을 가르치는 '선생님'이 되었을 뿐이다.

할아버지와 같이 살던 유년시절 할아버지는 경향신문을 보셨다. 또 경향신문이 폐간된 다음에는 동아일보를 보셨다. 그래서 어린 나도 곁에서 '고바우영감'과 '두꺼비'를 열심히 보곤 했다. 그 당시 할아버지가 신문을 열심히 읽고 계시는 모습이 저윽이 궁금했다. 도대체 신문에 무엇이 쓰여져 있기에 그렇게 골똘히 읽으시는 것인가. 초등학교 시절이었는데, 그 때는 프랑스의 대통령 드골이 유명인사가 되어 있었다. 미국에 대해 독자적인 입장을 취하고 영국의 유럽공동시장 가입을 거부하기도 했던 인물이다. 그런 자세한 영문을 알 리 없던 나는 어느날 할아버지께 물음을 던졌다. "할아버지, 드골은 어떤 사람이에요?" 그 때가 5학년이었는데, 내게 한 할아버지의 말씀이 지금도 뇌리에 깊숙이 남아있다. 할아버지는 혼자 되뇌이듯 말씀하셨다. "그래. 드골이 사내자식이지." 그 때는 그 말이 동문서답東問西答처럼 들렸을 뿐 무슨 뜻인지 몰랐다. 하지만 할아버지의 그 말씀은 드골이 남자다운 위대한 정치가라는 게 아니었을까. 유년시절 할아버지께 그런 질문을 하고 그런 대답을 들은 것을 아스라이 생생하게 기억하고 있는 것을 보면, 나는 어렸을 때부터 정치에 대해 관심이 있었던 것일까.

또 한 번은 학교에서 이승만 대통령의 탄신일을 맞아 글짓기 행사를 하였다. 당시 이승만 대통령에 대해 그 탁월한 위업을 기리는 글을 학교에서 쓴 것이다. 학교에서 쓴 글을 가지고 할아버지께 보여드렸다. 할아버지는 고모와 더불어 그 글을 읽으시고 정말 큰소리로 웃으셨다. 그리고는 아무런 말씀도 하지 않으셨다. 나는 할아버지가 왜 내 글을 보고 평가나 소회는 말씀하지 않으시고 그토록 박장대소를 하셨는지 알지 못한다. 당시 할아버지는 자유당을 비판하는 입장이셨다. 가톨릭 신자로서 민주당 편이었고 따라서 부통령이었던 장면박사 편이었다. 그럼에도 내가 쓴 이승만 대통령의 찬탄 일변도의 글을 읽고 크게 웃으신 것에 대해 아직도 영문을 모른다. 어처구니가 없어 웃으신 것이었을까. 아니면 이승만 대통령을 예찬한 손자의 글 솜씨가 대견스러워서였을까.

신부의 꿈을 불살랐던 기숙사 시절

신부가 된다는 것, 특히 성인 신부가 된다는 것은 오래고도 소중한 꿈이었다. 물론 그 꿈은 내가 꾼 꿈임에 틀림없지만, 어떻게 해서 내 꿈이 되었을까. 할아버지와 고모네 집에서의 분위기는 한마디로 세속과는 사뭇 다른 경건함이 물씬 풍기는 분위기였다. 가톨릭의 정신과 신심이 충만했던 집안이었기 때문이다. 매일 아침 일찍 일어나 세종로 성당 6시 미사를 다녔다. 청진동에 있던 할아버지 집에서 다녔는데, 지금도 수송약국이 있는 곳이다. 으레 아침 5시에는 일어났다. 뿐만이 아니다. 각종 신앙행사, 즉 피정은 물론이지만 신자의 장례식이 있을 때도 장지에까지 따라가 같이 기도, 즉 연도를 하였다. 집에서도 할아버지나 큰 고모, 작은 고모가 묵주기도를 하고 있는 모습은 일상의 모습이었다.

생활이 그러다보니 내가 즐겨하는 취미 가운데 하나는 미사를 드리는

것이었다. 미사를 드린다고 하기보다는 신부님 흉내를 낸다고 하는 것이
훨씬 더 올바른 표현이리라. 나는 세종로 본당신부이셨던 박귀훈 신부님
이 미사를 드리는 모습을 흉내 내었다. 그 어린 내가 책상을 성당의 제대
처럼 꾸미고 미사를 드리는 것이 신기해서인지 혹은 대견스러워서인지 작
은 고모뿐만 아니라 같이 놀러온 고모 친구들조차 진짜 신부님이 드리는
미사에 참여하는 듯 경건한 신자가 되곤 했다. 그때 작은 고모의 친구 한
분이 젬마 선생님이었다. 그런데 나중에 윤리교육과 진교훈 선생님의 사
모님이 되신 걸 알고 크게 놀라 반갑게 과거의 기억을 같이 되새긴 적이
있다. 이런 우연도 있는 것인지… 신부님 흉내를 낼 때는 강론도 하고 라
틴어로 '영원한 생명'을 뜻하는 "비땀 에때르남vitam aeternam"을 소리내어 외
우면서 성체도 나누어 주었다. 그 때 세종로 박신부님이 강론 때 매일 반
복해서 사용하던 어휘가운데 하나가 "비컨대" 라는 말이었다. 요즈음 언
어로 하면 "비유하자면"이라는 뜻이었는데, 내가 강론을 하면서 "비컨대"
라는 표현을 쓰면 모두가 배꼽을 잡고 웃었다. 그러면 나는 다시 웃지 말
라고 엄숙하게 주의를 주었고 다시 그들은 웃음을 멈추고 경청하는 시늉
을 했다.

　지금 생각해보아도 웃음이 절로 나오는 달콤한 추억거리가 아닐 수 없
다. 세종로 성당의 주일학교도 열심히 다녔다. 아침미사와 주일학교를 빠
지지 않고 다녀 상도 타고 신부님으로부터 칭찬도 많이 받았다. 할아버지
집에서는 낮 열두시가 되면 묵주기도도 했다. 결국 이 모든 순진무구한
경험들이 한 데 모여 신부가 되어야 하겠다는 마음으로 이어진 것이다.
주변에 있던 사람들의 생각이 내게 주입된 것일까. 그렇지 않으면 내가 신
부님 흉내를 내면서 신부님이 되어야 하겠다는 생각을 자연스럽게 하게
된 것일까. 삶의 많은 사연들이 그러하듯이 어느 것이 진짜인지는 분명치

않다. 또 그런 문제가 중요한 것도 아닐 것이다. 중요한 것은 어느덧 신부가 되겠다는 것이 내 꿈으로 무르익게 되었다는 것이다.

결국 그런 사연으로 종로국민학교를 졸업하고 경북 왜관에 있는 베네딕트 수도원에서 경영하는 순심중학교의 기숙사에 들어가게 된 것이다. 이것은 할아버지와 고모의 선택이었지만, 어머니는 물론이거니와 어린 나도 기쁘게 받아들였다. 6학년 담임선생님은 서울의 경복중학교를 가라고 권했으나, 내게는 이 말이 귀에 들어오지도 않았다. 어느덧 성마오로 기숙사, 또 그 기숙사에서의 삶. 그것은 나의 정체성이 되었다. 그런 점에서 '기숙사 생生'은 특별한 의미를 갖는 말이 되었다. 같이 기숙사에 살았던 동료 선후배들 모두는 아니었을는지 몰라도 내게는 신부가 되기 위한 예비 과정이었다.

기숙사의 분위기는 풍요로웠지만, 동시에 엄숙했다. 60년대 초 어려웠던 시절, 우리는 독일 수도원의 도움으로 쌀밥을 먹고 일주일에 정기적으로 고기를 먹었으며 주일날 점심에는 식사후 사과까지 먹을 수 있었다. 명실공히 의식주가 쾌적하고 삶의 질이 보장된 좋은 환경에서 생활할 수 있었던 것이다. 물론 정신적인 면에서는 더없이 엄격하고 엄숙했다. 항상 규칙이 강조되었고 규칙을 어겨서는 살 수 없는 존재인 것처럼 교육을 받았다. 당시 사감신부님은 미국에서 공부하고 서품을 받은 서상우 신부님이셨는데, 검은 수단을 입고 우리를 뚫어지게 처다보시는 모습을 보면 영락없이 나의 영혼을 읽고 있는 목자의 모습 바로 그것이었다. 아침마다 정해진 6시에 일어나서 아침기도하고 미사참여하고, 그리고는 학교에 가서 수업을 받는다. 학교에서 수업이 끝나면 기숙사로 돌아와 공동의 자습시간을 갖고 저녁식사를 한다. 그 후 저녁기도를 하고 9시 반까지 공부를 한

후 취침에 들어가는 삶이 기숙사의 일상이었다. 이 삶은 중고등학교 6년 동안 변함없이 지속되었고 그 후에도 대신학교 및 수도원의 삶 속에서 이 어지는 일상이 되었다. 주일날 오후 전 기숙사 사생들이 축구나 야구 등 운동하러 나갈 때 우렁차게 부르던 노래, "만세의 왕 우러러"로 시작되는 기숙사의 사가는 아직도 귓가에서 정답게 맴돌곤 한다.

또 규칙을 어기면 그에 상응하는 벌을 받는 것으로 '보속補贖'이라는 것 이 있었는데, 비교적 엄한 벌이라면 '식당보속'을 들 수 있었다. 그것은 외 출 때 약속시간을 어기고 늦게 기숙사에 들어왔다든지 하는 식으로 심각 하게 규칙을 어겼을 때 받는 벌이었다. 다른 사생들은 의자에 편히 앉아 저녁식사를 하는데, 혼자 사감신부님 앞에 꿇어앉아있으니 부끄럽고 초라 하기 그지없는, 이른바 '모양 빠지는' 벌이었다. 하지만 뭐니뭐니해도 기숙 사에서 받는 벌 가운데 가장 무서운 벌은 바로 기숙사에서 쫓겨나는 일 이었다. 그 당시 우리에게는 '퇴사'라는 말처럼 무서운 말도 없었다. 방학 이 시작되면 의례히 그동안의 품행을 따져 누가 퇴사당할 것인가가 결정 되곤 했다.

그 기숙사의 삶, 비록 중학교 1학년부터 고등학교 3학년까지 약 60명 정 도의 사생들과 함께 오손도손 살아가는 삶이었고, 또 방학 때만 빼고 변 함없이 이루어졌던 그 삶은 내가 오늘날 가지고 있는 가치관, 태도, 품성 등 많은 것을 결정해 주었다고 생각한다. 특히 규칙이 무엇인지, 경건함이 란 무엇인지, 자율이라는 것이 무엇인지 깨닫게 되었고 우정이 무엇인지, 누구를 좋아한다는 것이 무엇인지 기숙사의 삶을 통해 배웠다. 같은 반에 서는 이태환이라는 친구를 좋아했고 또 서병용이라는 후배를 각별히 좋 아했다. 후배였지만, 단짝처럼 좋아했던 것이다. 이 기숙사생활에서도 때로는 상급생들로부터 '기압'도 받았다. 그 당시 상급생이 "지하실로 가!"하면 더럭 겁이 나기도 하였다. 그 지하실은 사감신부님 몰래 상급생들로부터 체벌을 포함한 각종 '기압'을 받는 곳이었기 때문이다.

기숙사 생활이 아닌 학교 생활가운데는 이런 사건이 있었다. 내가 고등학교 2학년이었을 때 고등학교의 학급 친구 가운데 '악동惡童'이라 불리던 친구가 짓궂은 장난을 했다. 물론 그는 기숙사생이 아니었다. 내가 고단해서 책상에 머리를 숙이고 눈을 붙이고 있는데 의자를 빼버린 것이다. 아프기도 하려니와 너무 놀라 잠을 깨어보니 바닥에 넘어져 있었다. 나는 그에게 소리치며 항의했다. 그랬더니 그 친구는 오히려 내게 화를 내며 덤비는 것이었다. 그렇게 싸움이 시작되었다. 물론 싸움이라고 하기보다는 내가 일방적으로 맞는 싸움이었다. 나는 울었다. 그 때 담임선생님이 종례를 하기 위해 반으로 들어오셨다. 종례를 하러 들어온 선생님은 한 눈에 내가 울었다는 것을 직감하고는 "왜 울었나?"라고 물으셨다. 그 때 나는 뒤에 앉은 그의 이름을 대면서 싸웠다고만 대답했다. 그러자 선생님은 "종례가 끝난 다음 두 사람은 남으라"라고 했다. 그리고는 종례가 시작되었는데 우연이었을까 그 친구가 큰 소리로 선생님을 향해 실없는 소리를 한 것이다. 그 때 갑자기 선생님의 안색이 변했다. 그를 보고 "나오라"고 하더니 사정없이 때렸다. 그는 성난 호랑이로 변한 선생님의 시퍼런 서슬에 꼼짝 못하고 혼이 났고 결국 넋이 나간 상태가 되었다.

그 때 나는 놀라워하면서 생각했다. 어떻게 이런 일이 벌어졌을까. 내가 아무런 말도 하지 않았는데, 선생님은 내 마음을 훤히 꿰뚫어 본 것처럼 억울함을 풀어주었고 수호천사가 된 것이다. 나는 그 때의 사건을 두고두고 잊지 못한다. 한편으로 그 친구에게는 미안한 느낌이 들면서도 고

자질을 해서 그 친구가 벌을 받은 것이 아니라 우연히 선생님이 나를 위해 복수를 해 주었다는 생각 때문이다. 그래서 보이지는 않지만, 둘레에는 나를 도와주는 귀인들이 있는 것인가 하는 상상을 지금도 해본다.

기숙사에 있을 때 또 생각나는 일이 있다. 나는 그 시절 기숙사의 규칙이 최고의 규범이라고 믿어 의심치 않았다. 고3이 되어 기숙사생 전체를 총급장 다음에 두 번째로 책임지는 '부총급장'이라는 직책을 맡게 되니 규칙의 수호자라는 정체성도 갖게 되었던 것 같다. 한번은 우연히 친한 기숙사 친구가 귀띔을 해 주었다. 고1의 K라는 기숙사 후배가 학교의 교지를 만드는 문예반원이었는데 그 문예반에서 같이 활동하고 있는 여학생과 몰래 교제를 하고 있다는 것이었다. 당연히 기숙사에서는 허용될 수 없는 것이었다. 그러나 K는 그 여학생과 교제를 하려다 보니 문예반 일을 한다면서 이런 저런 이유를 대고 저녁 늦게까지 학교에 남기도 하고 외출허가를 받기 위해 병원에 간다며 핑계를 대기도 한다는 것이었다. 그런데 K는 그 여학생과의 친밀한 관계를 자신의 일기장에 소상히 기록해 놓았다는 것이었다. 나는 즉각 이 사실을 무서운 사감신부님께 말씀드렸다. 그 길로 신부님은 K의 책상으로 가서 일기장을 찾아냈다. 사단은 그 후에 벌어졌다. 얼마 후 K가 병원에 가겠다며 특별외출 허락을 맡으러 사감실에 왔을 때 혼비백산 할 수밖에 없었다. 신부님이 "거짓말 하지 말라"고 고함을 지른 것이다. K는 그 길로 퇴사를 당했다.

당시에 나는 당당한 일을 한 것으로 자부했다. 그럼에도 점차 시간이 흐르면서 마음속에 스며드는 죄책감을 어쩔 수 없었다. 그 때 그에게 왜 그토록 가혹했을까. K를 미워한 것은 아니었고 다만 거짓말을 하며 규칙을 어기는 그의 태도를 참을 수 없었던 것이다. 그러나 그것이야말로 지나친 엄격주의와 율법주의가 아니었을까. 물론 죄가 전혀 없는 것은 아니었겠지만, 이른바 '사랑금지구역'에서 "우리는 사랑을 알게 되었어요"라는 정도의, 죄 아닌 죄를 지은 친구를 사지로 몰았다는 생각이 두고두고 나를 괴롭혔다. 결국 기숙사의 규칙에 지나치게 얽매이다 보니 그와 같은 일을 하게 된 것이 아닐까. 그 후로 나는 규칙주의, 엄격주의, 엄숙주의에 피로감을 느끼게 되었고 자유분방함을 그리워하게 되었다. 그래서 나중에 세속으로 나와서는 자유주의liberalism에 관한 꿈을 꾸는 사람이 된 것이다. 자신의 뜻에 따라 이상을 세우고 자유롭고 꿋꿋하게 살아가는 삶에 대해 향수를 느끼게 된 것도 이 때문이다. K라는 친구를 생각할 때마다 과연 규칙이란 무엇인가, '규칙이 사람을 위해 있는가', 아니면 '사람이 규칙을 위해 있는가'라는 의문에 사로잡히게 되는 이유다.

또 생각이 꼬리를 문다. 사랑이란 그 자체로 얼마나 아름다운 것인가. 한 남자와 한 여자가 사랑을 할 수 있다는 것, 또 비록 나이가 어리다고는 하나 사랑을 할 수 있다는 것은 결코 범상한 일은 아니다. 사랑을 하게 되면, 비로소 처음으로 자기 자신을 떠날 수 있고 상대방에 대해 그 이전에는 갖지 못한 자상한 관심과 배려의 마음을 갖게 된다. 그가 무엇을 좋아하는지, 또 그가 싫어하는 것은 무엇인지, 심지어 그의 입맛은 무엇인지, 간절히 알고 싶어지는 것이다. 사랑 이전에는 상대방에 대해 무감각·무관심으로 일관하던 사람이 사랑을 하면서는 전혀 딴 사람으로 변하는 것이다. 인간이 사랑을 할 수 있다는 것은 그래서 영어의 가사로 표현하면 'many splendid things'를 할 수 있는 마법과 같은 것이리라. 그런데 나는 왜 그때 그에게 그토록 가혹한 칼을 들이댔단 말인가. 마치 중세기에 종교 재판을 하던 '대심문관'처럼 말이다.

나는 중학교 때 기숙사에 들어가면서 영어보다 라틴어를 먼저 배웠다. 그래서 라틴어는 친숙하게 느껴진다. 하지만 라틴어를 배웠다는 이야기를 하고 싶은 것이 아니다. 그 라틴어를 가르쳐주던 독일의 빌리발드 신부님 이야기를 하고 싶은 것이다. 신부님이지만 학식과 식견이 풍부해 '독일의 세네카'로 불리던 그 신부님과의 만남은 우연히 이루어졌다. 하지만 그 인연은 애틋하게 이어져갔다. 백발이 성성한 독일신부님이 중1학생으로 기숙사에 들어간 지 며칠되지 않아 어눌한 한국말을 하며 우리 앞에 서신 것이다. 그분은 첫 시간에 라틴어의 '아베체데a, b, c, d…'를 가르쳐주고 그 다음시간까지 익혀 오라고 주문하셨다. 그 다음 수업시간이 되자 우리 중학교 1학년 9명을 한 명씩 불러내어 칠판에 '아베체데…'를 끝까지 쓰게 하셨다. 다른 친구들은 적어도 철자하나를 틀리던지 그렇지 않으면 아예 쓰는 법을 잊어 버렸다. 그런데 용케도 나만이 다 썼다. 이 때부터 신부님은 눈여겨보셨고 나에 대해 특별한 사랑을 보여 주셨다.

신부님이야말로 살아있는 참 스승이었다는 생각이 든다. 라틴어에는 독일어와는 비교할 수 없을 정도로 수없이 많은 명사 변화와 형용사 변화, 동사 변화가 있다. 그것을 우리 '코찔찔이' 9명을 위해 한 사람 앞에 한 장씩 정성껏 써 주시는 것이었다. 매번 그러했다. "mensa, mensa, mensae, mensae, mensam, mensa…"식으로 써주신 것이다. 당시에 복사기가 없었으니 각 사람에게 하나씩 주기 위해서는 당신이 손수 쓰시는 수밖에 없었다. 하지만 그처럼 식견이 높고 학식이 탁월한 신부님이 중학교 1학년 학생들을 위해 그러한 시간과 노고를 아끼지 않으셨다니, 기회비용도 막대하려니와 이 얼마나 놀라운 일인가. 그런 헌신이 또 어디 있단 말인가. 나는 문득 생각했다. 바로 그런 것이 중세기 수도원에서 수도자들이 필사본을 썼을 때의 전통이었던가.

　신부님의 본명축일을 맞아 제자인 우리들이 축하를 해드리면 무척 기뻐하셨고 감개무량한 듯 언제나 라틴어로 "에고 숨 세넥스$_{Ego\ sum\ senex}$"로 답사를 시작하셨다. "나는 노인이다"라는 뜻으로 시작된 당신의 말씀은 감사의 정을 듬뿍 담은 감동적 멘트로 이어졌다. 신부님은 내게 각별했다. 라틴어를 가르쳐 주신 것은 물론이지만, 독일어도 가르쳐 주셨다. 심지어 라틴어 숙제를 해야 할 때 준비가 되지 않아 동료가 숙제한 것을 그대로 보고 베껴 제출했을 때도 나를 의심치 않고 오히려 그 친구를 의심하셨다. 그러니 내가 베껴 쓴 그 친구에게는 참으로 미안한 일이었다. 또 때때로 신부님 수업시간에 내게 던지는 물음에 대답을 하지 않는 등 심술을 부리면 기숙사 사감신부님을 찾아가 왜 '아가비도'가 마음이 상해있는지를 묻곤 하셨다.

　신부님에게서 느껴지는 훈훈함, 향기, 그윽한 사랑. 가끔 학생들을 가르치면서 신부님의 열정과 정성을 생각한다. 그러나 나는 아무리 맨발벗고 따라가려고 해도 신부님을 따라갈 수 없겠구나 하는 무력감에서 벗어나지 못했다. 그저 '초인'과 같은 스승상을 보여주신 신부님께 제자로 있었다는 것, 그것만을 보람으로 간직하고 싶은 것이다.

정훈이와의 우정

　왜관에서 중고등학교 시절을 보내고 난 다음 대신학교에 들어가게 되었다. 가톨릭대학 신학부로 불리는 대신大神학교는 서울 혜화동에 있지만 나와 동료들은 베네딕트 수도회 신학생들이기에 장충동에서 기숙을 하며 통학을 했다. 우리는 교구 출신 신학생이 아니라 수도원 출신 신학생이었기 때문이다. 대신학교에 들어가 비로소 철학과 신학에 눈을 뜨게 된다. 라틴어 원문을 강의하시던 허창덕 신부님, 천재 음악가인 이문근 신부님, 철학의 대가인 정의채 신부님, 윤리학을 가르쳐 주시던 최창무 신부님. 이 모든 분들이 내게는 소중한 은사요 스승이었다.

　대신학교 시절 유달리 가슴에 파고드는 추억거리는 정훈이와의 우정이었다. 그와는 이미 어렸을 때 세종로 본당 시절부터 잘 알고 있었다. 아니, 내가 그를 잘 알고 있었다라기보다는 그 집안과 우리 할아버지 집안과 잘 아는 사이었다. 그는 유명했던 김홍섭 판사의 아들이었다. 김홍섭 판사, 그는 누구던가. 그가 세상을 떠난 지 40년도 더 지난 지금도 '사도법관'이라고 불릴 정도로 깨끗했고 겸손했으며 또 사람의 목숨을 중히 여기는 법관이었다. 한때 출가하여 스님이 되기를 원하셨다는 그분은 만일 소크라테스를 재판했더라면 목에 칼이 들어오는 한이 있더라도 한사코 그를 살렸을 법한 법관이었다. 초등학교 때 나는 그분을 아침 미사 때마다 보았는데 그 때는 그렇게 유명한 분인 줄 몰랐다. 체구도 그다지 크지 않았는데 매일 아침 미사에 참여하고 영성체를 하면서 걸어 나오는 모습, 두 손을 합장하고 고개를 약간 숙이고 걸어 나오는 모습은 아직도 눈에 선하다. 정훈이 집은 판사의 집이었지만, 믿을 수 없을 만큼 가난했다. 그 집을 자주 들르곤 했던 고모가 들려주는 이야기에 의하면 큰 양푼그릇에 푸짐한 콩나물 무침을 가운데 두고 8명이나 되는 그 많은 식구들이 둘러앉아 먹는다는 것이었다. 판사의 집이 그랬다니…. 물론 당시가 50년대 말이었으니 모두가 어려웠겠지만, 김홍섭 판사의 경우는 자신이 선택한 청빈淸貧이었다. 그도 그럴 것이 자신이 받는, 많지도 않은 봉급의 반을 뚝 떼어 교도소에 있는 재소자들을 위해 기부했다. 그래서 그는 사형언도를 받은 사람들 가운데서도 많은 사람들을 '대자代子'로 두고 있는 대부였다. 요즈음 마피아의 일대기를 다룬 '대부代父'라는 영화 때문에 그 의미가 세속화되어 퇴색된 감도 있지만, 그는 진정한 의미에서 재소자들을 아들로 생각한 아버지였다. 결국 광주 고등법원장을 마지막으로 하고 선종하였는데, 그가 죽을 때는 영양실조로 죽었다는 평이 있을 정도로 그의 삶은 경건함과 청렴함의 대명사였다.

마침 그의 아들 정훈이는 나와 동갑이었다. 내가 왜관에서 기숙사생활을 하고 있을 무렵 그는 경기 중고등학교에 다니고 있었다. 그가 졸업할 때쯤 되어서 신부가 되겠다며 대신학교로 진학하겠다는 뜻을 밝히자 그의 담임선생님은 극구 말렸다고 한다. 하지만 그는 끝내 신부 행行을 선택했다. 그가 서울 교구 신학생으로 대신학교에 들어왔을 때 우리는 놀라면서 서로 반가워했고 특히 군대를 갔다 와 복학을 했을 무렵부터 '단짝'처럼 친해졌다. 내가 보기에 그에게는 천재끼가 있었고 글쓰기를 좋아했다. 강의시간에 신부님들이 하는 강의 내용을 조금도 빠트리지 않고 핵심을 파악해 적었다. 졸면서 신부님의 강의를 받아 적을 때도 졸지 않은 채 눈을 부릅뜨고 받아쓴 나보다 훨씬 나았고 도저히 종잡을 수 없는 몇몇 교수신부님의 강의도 용케 요점을 추렸다. 놀라운 재주였다. 나는 언제나 시험 때만 되면 그의 노트를 빌렸다. 그는 또 상의 위쪽 주머니에 수첩과 볼펜을 넣고 다니면서 생각이 떠오를 때마다 적는 습관을 가지고 있었다. 수업사이의 휴식 시간에 허용되는 산보 시간이 되면 언제나 그는 나와 '짝꿍'이 되어 교정을 거닐었다. 우리는 이런 이야기 저런 이야기, 심각한 이야기와 시시껄렁한 이야기도 나누면서 때로는 진지해지고 또 때로는 즐거워하기도 했다. 하지만 내가 여기서 그를 각별히 그리는 것은 그의 애절한 사랑 이야기 때문이다.

그는 진정으로 신神을 사랑한 '신학생神學生'이었지만, 우연한 기회에 한 여성과 사랑에 빠지게 된다. 그는 그녀와 나눈 내밀한 이야기들을 때때로 나와도 나누었다. 그의 애절한 사랑이야기는 나중에 그의 일기를 통해 밝혀지게 되는데, 사랑했기 때문에 헤어질 수밖에 없었던 그의 사랑이야기가 너무나 애잔하기에 마치 내가 겪은 사랑의 이야기처럼 착각이 들기도 한다.

단연 그는 대신학교에서 내내 일등의 성적이었다. 그런 그가 서울교구에서 유학생으로 선정된 것은 당연한 일이었고, 오스트리아에 있는 인스부룩 대학이 유학지로 결정되자 우리 동급생들로부터 부러움의 대상이 되었다. 하지만 인스부룩을 가기 전 독일어를 배워야 했고 이를 위해 주한 독일문화원인 괴테 인스티투트를 다녔다. 그런데 거기서 한 아름다운 아가씨를 알게 된 것이다. 그녀 역시 독일 마르부르그 대학에 가서 신학을 공부하기 위해 독일문화원을 다니던 참이었다. 어느 날 괴테 인스티투트에서 독일어 시험을 쳤는데 그녀가 일등을 하고 정훈이가 이등을 하는 바람에 둘은 자연스럽게 만남을 가졌고 이내 친해졌다. 차도 마시고 많고 많은 이야기를 나누었다. 당연히 만나는 횟수가 많아지면서 서로는 다정함을 느끼게 됐고 누가 뭐랄 것도 없이 사랑이 싹트게 된 것이다. 정훈이는 그녀와의 사랑이야기를 종종 내게 들려주기도 하였다. 대신학교 오픈 하우스 때 그녀를 초청하여 신학생 동료들에게 소개했는데 호평을 받았다고 자랑하기도 했다. 또 어느 날은 이야기가 하도 진지하여 독일어 수업까지 빼먹고 다방에서 대화를 나누었노라고 고백하기도 했다. 그러던 그가 심각한 실존적 고뇌에 빠져들기 시작한 것도 이 무렵이 아니었나 싶다. 그가 그녀와 많은 내밀한 이야기를 나누던 중 그녀는 느닷없이 질문공세를 퍼붓기도 했다고 한다. "왜 가톨릭에서는 신부가 결혼을 할 수 없는 거에요? 그게 신이 만든 신의 법인가요? 인간이 만든 교회의 법이 아닌가요?" 그 물음에 대해 정훈이는 대답을 하지 못했다고 실토했다. 하지만 정훈이는 이야기 끝에 자신도 모르게 "나는 그래도 신부가 될 것"이라고 신음하듯이 말했다고 한다. 그가 사랑 때문에 흔들리고 있는 것은 분명했다.

그러나 신부가 되려고 하던 한 젊은이가 언제까지나 아가씨와 사랑을 속삭일 수는 없었다. 정훈이는 결심했다. 하지만 그 결심은 흔들렸고 번복해서 다시 만나는 등 고뇌의 과정을 겪다가 드디어 인스부룩으로 떠나기 3개월 전쯤 이별의 편지를 쓰게 된다.

J씨 귀하

이 시각을 위해 사귐을 해왔다는 말이 과언이 아닐 정도로 저는 초조하리만치 이 순간을 기다려왔습니다. 뜻밖의 이 글월을 받고 놀라시리라 믿습니다만 끝까지 읽으시길 바랍니다. 이 글이 가능한 근거는 우리가 하느님을 지고至高로 모시고 있고, 그동안 J씨나 저나 거짓 한 점 없이 서로에 성실하였다는 사실 자체에 있습니다. 무슨 얘기를 하려는지 벌써 짐작을 하실지 모르나 정말 그렇습니다. 결단을 지금 내려야 합니다. 일찍이 저는 신부행神父行을 결단했습니다. 설령 각 사람에게 이미 정해진 길이 있는 것이 아니라 해도 저의 그 선택에는 후회나 변함이 없습니다. J씨는 제게 너무나도 소중한 분이었습니다. 지난번에 J씨가 말한 뜻대로 그 동안 우리는 분명 서로에게 성실하였습니다. 그러나 한계가 있다는 것 자체가 피치 못할 불성실의 시작입니다. 반드시 그렇습니다. 제가 J씨를 아끼는 그만큼 이 문제는 절실합니다. 이 문제는 누가 무어라 해도 어떤 식으로 가설을 세운다 해도 사실입니다. 이 점을 항상 의식한 저는 두려워하면서도 이 시각을 기다리고 있었습니다. 한껏 회피하려 했으나 결단은 있어야 할 것이 분명합니다. 그리고 빠를수록 좋을 것입니다. 비참하고 단호한 심정으로 이 글을 씁니다. 저는 이 글을 쓰기가 쉬웠고, J씨는 읽기가 어렵다고 믿고 싶지 않습니다. 우리의 만남, 사귐이 그렇게 순수했던 것처럼 이 시각도 서로에게 순수해야 하고, 전적인 동의로서 받아들여져야 한다고 믿습니다. J씨는 J씨의 길을 힘차고 명랑하게 가십시오.

저도 제 길을 용기 있게 웃으면서 가렵니다. 이상이 제가 쓰고 싶은 전부입니다. 사실 J씨는 이 글의 진의를 잘 알고 계십니다. 저의 집 전화번호도 알고 또 찾을 수도 있지만 저를 찾지 마십시오. 이별은 엄청난 사건이지만 한 순간에 이루어집니다. 저도 결코 J씨를 찾지 않겠습니다.

이 편지를 쓴 때가 1973년 12월 26일이었고 그는 예정대로 인스부룩으로 떠났다. 그 후 그곳에서 사제가 되기 위한 길에 정진했다. 1977년 5월 어느 날 학교 근처의 알프스 어느 산에서 지도신부님 및 동료들과 점심식사후 평소대로 등반 겸 산책을 하다가 실족하여 산 아래로 떨어졌다. 구조헬기가 도착했으나 이미 돌이킬 수 없을 만큼 중상이었다. 의식이 있던 그는 신부님의 마지막 기도를 들으며 순결한 영혼으로 숨을 거두었다. 그때 그는 신부되기 전 부제였는데, 김수환 추기경께서 두 달 후 그의 사제서품을 주관해주기로 예정되어있었다. 하지만 그 사제서품을 기다리지 못하고 그토록 바삐 천국을 향해 떠나간 것이다. 아! 신神은 정녕 두 달도 기다리지 않을 정도로 그렇게 그를 사랑하셨나보다. 물론 그는 나만 사랑한 것이 아니었다. 그를 진정으로 사랑했던 많은 사람들의 눈물을 뒤로 남긴 채 그는 그렇게 떠나갔다….

탄약고
열쇠를 맡았던
'신부님'

내게 있어 군대 생활은 각별했다. 세속으로의 첫 외출이었기 때문일까. 도대체 나는 그 때까지 세속을 경험해 본 적이 없었다. 순심 중고등학교 기숙사시절 방학 때 집에 와서 부모님과 더불어 사는 삶이 세속을 접할 수 있는 유일한 기회였을 뿐 딱히 다른 데서 세속을 체험해 볼 수는 없었다. 초등학교 시절부터 경건한 분위기 속에서 이루어진 신앙의 삶, 기숙사에서 영위했던 세속과 철저하게 차단된 삶, 이것이야말로 나의 삶의 전부였다. 대신학교에 와서도 사정은 전혀 달라지지 않았다. 극장에 가서 영화를 보게 되더라도 반드시 사감의 책임을 맡았던 주교님이 먼저 보고 괜찮다는 판단이 서면 비로소 그 다음에 우리가 그 영화를 볼 수 있었다. 그러므로 그 당시 우리가 최대로 타락하거나 일탈하고 싶다는 유혹을 받을 때면 사감주교님 몰래 우리 마음대로 영화관을 선택해서 보고 싶은 영화를 보는 수준이었다.

당연히 외부 사람들은 그런 우리를 볼 때마다 '자네들 어디 막힌 사람이 아닌가?' 하는 느낌을 받았던 것 같다. 또 그것은 우리에게 고민의 원천이 되기도 했다. 같은 수도원 동료가 일어 학원을 다니다가 주위의 사람한테서 들은 이야기라며 심각한 표정을 짓기도 하였다. 이런 내게 군대의 삶이란 처음으로 세속으로 나가보는 관문이었다. 물론 그 때는 그 사실을 몰랐다. 군대는 지금도 그렇지만, 미지의 세계에 대한 두려움과 호기심의 대상이었다. 아니, 정확하게 말하면 호기심보다는 피하고 싶은 두려움의 대상이라고 할 수 있으리라. 나도 나름대로 오랜 시간 규칙과 기율의 기숙사 생활을 했지만, 막상 군대 생활을 하게 되었을 때 그것은 결코 면역의 효과를 발휘할 수 없었다. 지금도 나는 '11852940'이라는 군번을 서슴지 않고 외우고 있다. 전화번호나 우리집 차번호도 잘 외우지 못하는데, 이 군번은 그 많은 숫자들 속에서도 용케도 살아남는다.

나는 군대를 가기 전 미리 머리를 빡빡 깎고 갔다. 그럼에도 기차를 타고 도착한 논산 훈련소에서 '장정'으로 불리던 것의 생소함 그리고 '훈병'으로 불리던 것의 생경함, 이것은 내게 전에는 상상도 못했을 만큼 놀라운 삶의 변화였고 정체성의 변화를 예고했다. 논산 훈련소로부터 시작된 군대생활은 내게 각별한 애환과 고락의 삶으로 다가왔다. 특히 군대생활 속에서도 많은 사람들이 유난히 '스릴'을 느끼고 또 재미있는 에피소드로 치부하는 훈련소 생활, 그 생활이 내게 고통스러운 기억으로 각인되어 있는 이유는 무엇일까. 논산 훈련소 훈련 과정에서는 반드시 거쳐 가야 할 사격 훈련 과정이 있었다. 그런데 남들은 쉽게 합격하는 사격 훈련, 즉 한 번은 M1으로 하는 사격에서, 또 한 번은 칼빈으로 하는 사격에서 두 번이나 낙방했다. 한 번만 해도 이른바 '고문관'이 되는데, 하물며 두 번이나 낙방을 하다니…. 핑계없는 무덤이 없다는데, 어찌 이유가 없을 것인가. 안경이 깨졌고 깨진 안경으로 사격을 하다 보니 그런 재앙이 닥쳤다고 나는 애써 자위했다. 결과는 '유급'이었다. 이 유급은 내게 있어 같이 들어온 동료 훈련병보다 2주 늦게 논산 훈련소를 졸업한다는 것만을 의미하지 않는다. 그보다는 같이 군대에 입대한 신학교 동기생들을 다 떠나보내고 홀로 모르는 이방인들 사이에 남겨진다는 것, 끔찍한 외로움을 의미했다. 유급을 당했을 때 느낌은 참담했다. 분명 훈련소에서 괴담처럼 떠돌던 말이 내게 현실로 다가왔고 나는 어느덧 그 공포스러움과 비아냥거림의 대상인 '고문관'이 된 것이다. 처음 M1 사격에서 유급이 확정되고 내 이름이 불려졌을 때 나는 내 귀를 의심할 만큼 망연자실했다.

이제 같이 살아온 내무반 동료들과 작별을 해야 할 상황이 된 것이다. 그들이 그 다음 차 훈련을 받으러 떠나가는 그 순간 갑자기 신학생동기도 아닌 한 동료가 다짜고짜 나를 부르더니 부대주점인 PX로 가자고 이끄는 것이었다. 그는 그 곳에서 국산 포도주 두 병을 샀다. 그리고는 "마시자"라고 짧게 신음소리처럼 내곤 마셨다. 평소에 술을 잘하지 못한 나였지만, 이 절망의 순간에 별 말 없이 그가 건네 준 술병. 그 우정의 술병을 들고 끝까지 마셨다. 이른바 '나발'을 분 것이다. 눈물이 나올 뻔 했다. 아니, 정말 눈물이 나왔다. 그리고 그는 "잘 가"라고 하며 떠나갔다. 약간의 덩치를 가지고 있었던 그 동료와는 그렇게 헤어졌다. 그 후로 나는 그에 대한 소식을 듣지 못했다. 그럼에도 그는 내 마음속에 잊지 못할 고마운 친구로 남아 있다. 왜 그랬을까. 뿐만 아니라 그 때 마셨던 술맛을 결코 잊지 못한다. 그의 눈빛, 그의 따뜻함, 그의 남자다운 무뚝뚝함. 다시는 못 만났지만 혹시 다시 만나게 된다면 와락 껴안고 싶은 충동을 억제할 수 없을 것 같은 그의 모습은 내가 지금까지도 소중하게 간직하고 있는 사랑과 우정의 한 조각모음이다.

훈련소 생활을 끝내고 원주로 배치되어 자대에서 근무하게 되었을 때 갑자기 나는 특별한 이름으로 불리기 시작했다. 바로 '신부님'이라는 별명이었다. 부대에서 내 이력을 읽어 본 선임병들은 "어! 이 친구, 신부가 된다네" 하면서 소문을 냈고 그 소문은 삽시간에 퍼졌다. 그 후 어리둥절해하는 나를 향해 서슴지 않고 '신부님'으로 불렀다. "야! 신부님, 물 떠와!" 이런 식이었다. 농담으로 불려진 그 이름은 어느새 나에 대한 애칭이 되었고 또 그것은 때때로 '매직 파워'를 발휘했다. 그들이 내게 붙여준 '신부님'이라는 이름은 내게 따뜻함과 배려의 대명사가 되었기 때문이다. 부대에서 완전 무장하고 구보를 하게 되었을 때도 특별히 내 소총을 들어주는 소대장이 있었다. 또 완전 군장을 하고 멀리 행군을 나갔을 때 음식을 전달하기 위해 부식차가 왔다 가는 길에 "야! 신부님, 너 타!"라고 하면서 나를 태워 부대로 보내 주었다. 눈물 날 정도로 애틋한 특별대우가 아닐 수 없었다.

하지만 난 주의력이 부족했고 칠칠치 못했다. 부식차를 타고 편하게 부대로 돌아갈 때 행군지점에 총을 그대로 놓아둔 채로 갔기 때문이다. 나중에 행군을 하고 귀대하면서 동료들 중 한 사람은 내 총까지 두 개의 총을 들고 오느라 갖은 고생을 했다. 나중에 그들이 귀대한 후 내 부주의함과 잘못을 책망했을 때 나는 쥐구멍에라도 들어가고 싶은 심정이었다. 그럼에도 그들은 내게 아무런 벌을 내리지 않았다. 내가 '신부님'이었기에 그런 것이 아니었을까. 나는 '신부님'은 아니었지만 '신부님'으로 불렸고, 그에 따른 배려와 특권을 누렸다. 신기하고 고마운 일이었다.

나는 부대에서 탄약고 관리를 맡았다. 그래서 탄약고 열쇠를 늘 가지고 다녔는데, 그러기 때문에 곤혹을 치루는 경우도 많았다. 술이 거나하게 된 고참들은 갑자기 누구를 혼내 주어야겠다며 다짜고짜로 탄약고 열쇠를 달라는 것이었다. 그 때마다 나는 그들을 달래고 따돌리느라 애를 먹었다. 당시에도 총기사고가 가끔씩 발생하곤 했기 때문에 탄약고 열쇠 관리는 매우 중요했고 부대장도 내가 "신부가 될 친구"라는 것을 알고 크게 안심하는 모습이었다.

탄약고를 맡았을 때의 책임에서 가장 골치 아팠던 일은 탄약고의 실제 재고가 장부상의탄약의 수와 틀리는 경우가 종종 있었다는 점이었다. 그 이유가 무엇일까 하고 곰곰이 생각해 보았다. 이유는 다른 데 있는 것이 아니라 '비상'이 나면 탄약을 장병들에게 불출했다가 회수할 때 그 숫자를 정확하게 확인하고 받아야하는데, 그것이 어려웠다. 혼자서 그 많은 탄약을 확인하면서 회수한다는 것은 불가능한 일이었기 때문이다. 그래도 그런 차이가 나지 않게끔 내가 주의하는 수밖에 없었다. 아무튼 내가 탄약고 열쇠를 가지고 있을 때 총기사고 한번 나지 않은 것은 커다란 행운이라고 생각한다.

하지만 작은 사고는 있었다. 한번은 군사령부에서 우리 부대에 수류탄 한 상자를 보내주었는데 그 영수증을 받았다가 절차를 밟아 제출하지 않고 그냥 가지고 다녔다. 자그마치두 달 이상이었고 그 영수증을 상의 윗주머니에 넣고 다니다가 휴가까지 다녀왔다. 이렇게 영수증 제출을 지연하는 사이 문제가 불거지기 시작했다. 왜냐하면 사령부에서는 수류탄을 분명히 보내주었는데 그것을 수령한 내가 영수증을 즉각 절차대로 보내지 않았기 때문에 수류탄이 장부상으로는 중간에 없어지는 상황이 된 것이다. 나중에 나의 부주의가 밝혀지자 책임추궁을 당했고 처벌문제가 대두되었다. 이러한 급박한 상황에서 머리에 떠오르는 생각은 만일 군대에서 영창생활을 하게 되면 이제 신부가 되는 꿈은 영원히 접을 수밖에 없다는 걱정뿐이었다. 수도원에서나 신학교에서 군대에서 받은 벌을 가지고 '신부 무자격자'로 판단하면 그것으로 끝이었기 때문이다.

갑자기 일생일대의 벼랑 끝에 선 느낌이었다. 상사가 호출하여 처벌하기 위한 자료로 자술서를 쓰라고 했을 때 갑자기 눈앞이 캄캄해졌다. 자술서를 쓰면서 나도 모르게 슬픔이 복받쳤다. 글자 그대로 눈물로 써내려간 자술서가 된 셈이다. 솔직하게 심정을 밝혔다. "군대에 들어오기 전 신부의 길을 밟기 위해 사회와 차단된 신학교에서만 살았기 때문에 행정절차를 잘 몰랐습니다. 잘못한 것은 분명하지만, 이번 한 번만 용서해 주십시요"라고 간절히 빌었다. 내 글을 꼼꼼히 읽어본 나이 지긋한 상사는 그 글을 보고 감동을 받았는지 "어, 이 친구, 신부가 되려고 했구만" 하더니, 그 즉석에서 "앞으로는 조심해서 그런 일이 없도록 해!"라고 하면서 어깨를 두드리며 용서해 주었다. 기적과 같은 일이 일어난 것이다.

생각해보면 나는 군대에서의 삶을 크게 즐기지는 못했던 것 같다. 특히 부대에서 밤 아홉시마다 받아야하는 점호가 힘겹게 느껴졌기 때문이다. 점호를 받을 때는 군화부터 시작하여 모포 등 나의 모든 사물들이 관물대에 가지런히 들어가 있어야 하는데, 나는 항상 그런 것을 제대로 할 재주와 능력이 없었다. 이처럼 매번 힘들어했기 때문에 나를 안쓰럽게 느낀 주변의 동료들이 도와주곤 했다. 내가 아무리 애를 써서 군화를 닦아도 윤이 나지는 않지만, 그들이 닦으면 반짝반짝 윤이 났고, 내 내복도 그들이 개어놓으면 자로 잰 듯 가지런해졌다. 내가 한 것과는 항상 차이가 있으니, 일단 그렇게 정리정돈이 되면 나는 관물대에 있는 내복이든 군화든 그대로 놓아두고 전시용으로 삼았던 것이다. 더군다나 군대생활을 하면서 탄약고의 책임을 맡다보니 밤낮이 따로 없었다. 잠자다가도 갑자기 '비상'이 발령된다거나 혹은 사령부에서 탄약고 검사가 나오면 밤마다 불려나가기 일쑤였다.

그런 와중에도 지금도 잊혀지지 않는 이야기가 있다. 어느 날 부대의 상사가 손님이 와서 내게 차를 가져오라고 했다. 그때 상사는 손님과 이야기를 나누다가 내가 차를 가져오는 것을 보자 그에게 "아, 글쎄, 이놈이 신부가 되겠다는 놈이에요" 이렇게 말하는 것이었다.

나는 삼 년을 가득채운 이 군대의 삶속에서 단순히 군대생활을 한 것이 아니라 세속의 삶이 어떤 것인지, 또 세속 사람들과의 교류가 어떤 것인지를 톡톡히 경험했다. 처음에는 "인간이 인간에게 늑대$_{homo\ homini\ lupus}$" 가 되는 '정글의 법칙'이 작용하고 있는 것은 아닐까 하며 걱정이 태산 같았다. 그러나 막상 속속들이 경험하고 나니, 그들의 따뜻함, 악의없음, 순수함이 감동으로 다가왔다. 그들과의 인간관계에서 수도원에 있던 사람들과의 관계와 조금도 다르지 않은 선의와 우정, 배려를 만끽했기 때문이다.

불성실했던 구도자의 삶과 어머니의 죽음

수도원은 꿈이 서려있던 특별한 곳이었다. 또 항상 나를 설레게 했던 마음의 고향과 같은 곳이었다. 특히 기숙사생활 고3때, 크리스마스를 보내면서 감미로움을 맛보았던 수도원에서의 그날 밤 자정미사를 잊지 못한다. 그 수도원 성당에서, 아름답고 엄숙했던 그곳에서 성체를 영했을 때의 느낌은 지금도 잊어버릴 수 없는 성스러움의 기억으로 남아있다. 그곳에서 그 시간, 성인신부가 되게 해달라고 신께 얼마나 간절히 기도했던가.

군대생활을 마치자 그토록 염원해온 진정한 수도자가 되기 위해 '수련'을 시작하게 되었다. 하지만 나는 그때 수련기의 진정한 의미를 정확하게 깨닫지 못했던 것 같다. 수도원이라면 '완덕完德'을 지향하는 수도자들이 모여 있는 곳인 만큼 성스러운 공동생활이 이루어질 것이라는 막연한 기대를 가졌던 것이다. 그러나 수도원은 결코 완전한 사람들의 공동체는 아니었다. 지금 와서 돌이켜보니, 자갈들이 시냇물 속에서 서로 부딪치며 모난 것이 깎여 나가듯 불완전함과 결함을 가진 사람들이 서로 간의 불완전한 삶속에서 스스로를 부딪치고 갈고 닦으며 뼈를 깎는 노력이 치열하게 이루어지는 곳이 수도 생활의 의미였던 것 같다. 허나, 이 사실을 나중에, 그 것도 너무 늦게서야 깨닫게 되었다.

그런 점에서 보면 수도원에서의 삶은 비행기에서의 삶과 비슷하지 않나 생각해본다. 밖에서 바라본 비행기는 얼마나 멋진 기구인가. 금빛날개를 태양에 반짝이며 날아가는 그 모습은 마치 하나의 멋진 마술과 같다. 그 육중한 것이 햇볕에 반사하는 빛을 내뿜으면서 하늘로 날아가고 있는 모습은 말로 표현하기 어려운 아름다움의 극치가 아닌가. 그러나 막상 비행기를 타고 그 안에 들어가 보면 그 좁디좁은 공간안에 사람들끼리 부딪히며 마주 닿을 듯이 앉아 있어야하는 불편함, 먼지, 불안함, 고단함뿐이다. 비행기 좌석은 정말이지 만원버스의 좌석과 조금도 다를 게 없다.

수도원의 삶이라는 것도 바로 그런 것이 아닌가. 곁에서 바라보는 수도원의 삶은 속세의 욕망과 분주함에서 벗어난, 평온하고 거룩한 삶 자체였다. 청빈, 순결, 순명의 정신을 기리며 수도복을 입고 거닐던 수도자들의 모습을 바라보았을 때 받았던 느낌은 순수함 그 자체를 떠올릴 정도로 감동적이었다. 그러나 막상 수도원에서 나의 삶이 시작되자 그 삶은 거룩한 삶이 아니라 평범한 일상의 속물적인 모습, 바로 그것이었다. 내가 가지고 있었던 욕정과 욕망, 갖은 흠결들이 조금도 정제되지 않고 나 자신에게 그대로 투영되면서 나는 마음의 평화를 얻지 못하고 오히려 방황하는 삶이 되었던 것이다.

아! 수도복안에 감추어져 있던 나의 속물성. 아우구스티누스가 『고백
록』에서 절규하지 않았던가. "주님을 찾을 때까지 내 영혼은 불안하고 평
화를 얻지 못합니다." 바로 내 삶이 그랬던 것 같다. 수도원에서 수련기를
보내면서 주님을 찾겠다고는 했으나, 그 분을 제대로 찾지 못했기 때문에
내 영혼은 항상 쓸데없이 분주했고 욕망으로부터 오는 유혹에 저항하지
못하는 삶을 살았던 것 같다.

내가 살았던 베네딕트 수도원의 표어는 "오라 에트 라보라ora et labora" 였
다. 그것은 "기도하고 일하라"라는 뜻이었는데, 나는 그 의미를 제대로 체
득하지 못했다. 달리 표현하면 "기도하는 것이 일하는 것orare est laborare"이
라는 뜻이기도 했다. 하지만 그것은 엄밀하게 말하면 불교에서 말하는 화
두話頭와 같은 것이어서 그 진정한 의미를 알아들으려면 영혼의 준비가 요
구되고 각고의 노력이 필요했다. 불행히도 내 영혼은 그 심오한 의미를 깨
닫기에는 준비가 되어있지 못했다. 아침 다섯 시에 일어나 삼십분간의 묵
상시간, 그리고 미사에 참여하고 나서 이어지는 명상시간을 충실히 보내
지 못했다. 깊은 묵상을 하면서 나는 성스러운 황홀함에 빠지지 못하고
오히려 분심과 잡념, 졸음과 투쟁을 벌이다가 시간을 보냈다는 느낌이 든
다. 아무리 노력을 해도 '영혼의 편안함'과 같은 정적靜寂을 발견하지 못했
던 것이다. 그밖에 하루 가운데 기도에 바쳐지는 그 많은 시간들, 점심식
사전의 성무일도, 저녁 식사전의 성무일도, 지금 생각해보면 수도자가 누
릴 수 있는 특권과 같은 천상의 시간이었는데, 그 소중한 시간의 의미를
돼지발아래에 있는 진주처럼 알아보지 못했다. '발밑에 있는 진주를 알아
보지 못한 돼지', 그게 바로 나였다. 하루에 기도하는 시간이 다섯 번이라
면 속세의 이슬람 신자들이 하루에 다섯 번 알라를 향해 기도하는 것과
다를 바 없는데, 나는 속세가 아닌 수도원안에서 하루 다섯 번의 기도를

하면서도 신(神)에게 더 가까이 가지 못했다. 나약하고 보잘 것 없는 나 자신의 불완전함 때문이었다.

그 시기에 나는 신의 일보다는 사람의 일에 더욱더 집중했고, 신에 대한 사랑보다는 인간에 대한 사랑에 더욱더 끌렸다. 그 과정에서 동료들 사이의 불화를 일으킨 장본인이 되기도 하였다. 수도자 가운데 누군가를 특별히 좋아했기 때문이다. 돌이켜 생각해본다. 그 성스러웠던 시절 나는 왜 세속적인 욕망으로부터 오는 유혹과 맞서 싸우며 이겨내지 못했을까. 나는 '부름'은 받았지만 그 부름에 제대로 응답하지 못한 존재가 된 것이다. '초대'는 받았지만 '선택'되지는 못한 존재….

수도원에서 수련기를 보내는 동안 어머니가 돌아가셨다. 1971년 7월 5일이었던가. 어머니의 죽음은 어떤 언어로도 표현할 수 없을 정도로 큰 충격이었다. 하늘이 내려앉고 땅이 무너진 것이다. 일생동안 우리 형제들을 위해 사셨고, 특히 충청북도 부강에서 십년간 교회와 신앙을 전파하면서 소명의 삶을 보낸 어머니, 우리 형제들이 신부되는 것을 보기 위해 살아오신 어머니, 그 어머니가 홀연 내 곁을 떠나간 것이다. 나는 나이가 스물이 훨씬 넘었지만 그 때까지 어머니가 세상을 떠날 수 있었음을 전혀 깨닫지 못했다. 물론 수도원에 들어오기 6개월 전 어머니가 위암에 걸렸고 의사선생님으로부터 사형선고를 받은 것을 알고는 있었지만, 설마했고 기적을 바라고 있었다. 어머니의 마지막이 그렇게 갑자기 올 줄은 상상조차 할 수 없었던 것이다. 나는 어머니의 죽음에 전혀 마음의 준비가 되어 있지 못했다. 어머니의 죽음에 관한 소식을 듣고 수도원에 있던 형과 더불어 즉시 부산으로 내려가 잠자는 듯이 누워있는 어머니의 얼굴을 만져보았다. 정말로 똑같은 어머니의 얼굴이었는데, 석고와 같다는 느낌을 받으면서 "이게 죽음이라는 거구나" 하는 것을 뼈저리게 느꼈다. 하염없이 눈물이 흘러내렸다. 누구에게나 어머니란 소중한 존재일 터. 그러니 어머니의 죽음은 누구에게나 받아들이기 어려운 비극일 수밖에 없다. 하지만 내게 있어 어머니의 죽음은 내 가슴안에 커다란 구멍을 뚫은 사건이다. 일생에 단 한번만 찾아오는 상실감 같은 것….

그 때가 7월, 수련기 반을 지난 시점이었는데, 가뜩이나 불충실했던 내 수련기 생활을 동요하게 만들었던 계기가 아닌가 한다. 왜냐하면 그 이후부터 내 마음은 더욱 더 바람에 흔들리는 갈대처럼 세차게 흔들려 갈피를 잡지 못하게 되었고, 누구에게인가 사랑과 따뜻함을 구하고 싶은 마음이 강렬해졌기 때문이다.

수도원 생활 가운데 초심을 갖고 가장 순수한 마음과 열정으로 보내야 했던 바로 그 시기, 그 시기를 나는 불성실로 일관했다. 나중에 법정 스님이 쓴 글을 읽으며 거듭 가슴을 칠 수밖에 없었다. 법정 스님은 일생동안 끊임없이 수련을 거듭한 분이었는데, 더운 여름날 낮에 졸음이 오는 것을 막기 위해 날카로운 면도칼을 가지고 나무 가지를 자르는 작업을 자주 하셨다고 한다. 조금이라도 졸게 되면 그 뾰족한 면도칼이 자신의 피부를 사정없이 찌를 수밖에 없기 때문이다. 그런 비장함과 엄숙함이 있어야 신에게로 나아가는 각고刻苦의 과정을 이야기할 수 있을 텐데, 나는 바이블에 나오는 '게으른 종'과 같은 존재였다.

수도원의 명물이라면 단연 소시지를 들 수 있다. 지금이야 우리나라에서도 좋은 소시지를 만드니, 소시지 이야기가 재미있는 이야기 거리가 될 수는 없을 것이다. 그러나 60~70년대의 그 시절, 수도원생활을 했거나 수도원을 방문했던 사람들에게 잊을 수 없던 추억거리가 바로 독일 소시지였다. '부르스트Wurst'로 불리는 이 소시지야말로 왜관 베네딕트 수도원에서 개발했던 명품 메뉴로서 그 가치를 알아본 몇 안 되는 외부사람들이 부러워해서 상품화하기를 집요하게 요구하기도 했던 식품이었다. 사실 서구의 많은 수도원에서 꿀이나 포도주를 만드는 기술로 특화하여 자급자족에 성공한 것을 보면 왜관수도원의 경우도 이에서 예외는 아니었다. 우리는 주일날과 대축일날에만 그 소시지를 먹을 수 있었다. 그 소시지를 만드는 수사님은 독일 수사님이었는데, 항상 분주히 다니며 일에 열중하던 분이었고 연세도 많으셨다. 독일제 소시지를 만드는 그 수사님의 기술이 우리 한국인들에게 있어 선망의 대상이 될 수밖에 없었던 이유는 수도원에서 독보적인 소시지 만드는 기술의 보유자였기 때문이다. 이 분의 기술을 전수받고자하는 젊은 한국 수사들이 많았던 것은 당연한 일이다. 수사님의 소시지 기술을 배우기 위해 적지 않은 지원자들이 그 휘하에 들어갔는데, 한결같이 수사님의 소시지 기술을 배우는 데는 실패했다. 부푼 꿈과 큰 기대를 안고 들어간 한국의 젊은 수사들에게 6개월이 지나도록 핵심적인 기술을 전혀 전수하지 않았기 때문이다. 다만 청소하고 물 떠오고 소시지를 만든 다음 뒤처리를 담당하는 등, 잡일만 하는 것이 고작이었다. 정작 돼지를 잡고 그 돼지를 소시지로 만드는 핵심기술 사용 과정에서는 당신의 제자를 밖으로 내보내는 것이었다. 이렇게 하다보니 제자로 자처한 한국인 수도자들은 기술은커녕 아무것도 배울 수가 없었다. 이렇게 참고 견디다가 6개월이 지나고 나면 실망한 나머지 스승의 곁을 떠나게 되고, 또 그러면 새로운 지원자가 나서서 실패를 거듭하는 등의 사태가 벌어졌다. 결국 한국의 젊은 수사들은 실패하고 독일의 젊은 수사가 그 기술을 전수받게 되었다.

나는 가끔 궁금해지기도 한다. 왜 한국의 젊은 수도자들이 소시지 기술을 전수받는 데 실패하고 독일 수사는 성공했을까. 한국 사람과 독일 사람이라는 차별적인 민족주의의 문제일까. 그렇지 않으면 민족의 문제를 넘어 제자가 스승에 대해 갖추어야하는 예의와 범절, 태도에 관한 문제라고 보아야 할 것인가. 그것도 아니라면, 소시지 기술을 배우는 데 있어 기술의 전수문제가 아니라 수도생활에 필요한 인내와 겸손, 끈기, 마음을 비우는 등의 자기극기의 문제가 더 중요하다는 점을 시험한 것일까. 나는 아직도 이 점에 대해 확신이 없다. 다만 기술을 전수하고 전수받는다는 것은 수도원이기에 보통 기술자의 수준을 넘어가는 구도자의 인내와 끈기, 충실함을 요구한다는 의미가 아니었을까. 사실 그 소시지 비법을 배운 사람이 세속적 야망을 가지고 수도원을 나가 사업을 벌여 세속적 성공을 꿈꾸었다면, 성공의 가능성은 컸다. 그렇다면 혹시 그 소시지 기술이 수도생활을 소홀히 하고 세속에로 나가겠다고 하는 유혹을 불러일으키는 요소가 되지는 않을까하는 수사님의 염려가 크게 작용한 것 같다는 생각이 든다.

하기야 나 자신도 소시지 기술을 배우려다 실패한 젊은 수사들과 다를 게 무엇이 있으랴. 수도원에서 참된 수도자가 되는 길이 무엇인지 깨닫지 못한 내가 나 자신의 불완전한 모습과 속물적인 모습을 하루에도 몇 번씩 영혼의 거울에 비추어 보고 확인하게 되니 나 자신에 대해 더욱더 실망한 상황이 되었다. 까마귀는 아무리 목욕을 해도 역시 검을 수밖에 없다고 했던가. 그러다보니 내 결점과 잘못에 대한 핑계거리로 다른 수도자들의 불완전함에 크게 눈을 돌릴 수밖에 없었다. 자신의 눈에 있는 '들보'는 보지 못하고 남의 눈의 '티끌'을 가지고 문제삼는 어리석은 존재가 된 것이다. 다른 수도자들을 바라보면 그들도 나 못지않게 불완전한 존재였다. 그들 역시 질투와 허영, 제어하지 못한 욕망의 덩어리인 것처럼 보였다. 하지만 이것이 어떻게 수도원 삶을 조망하는 바른 눈이 될 수 있겠는가. 손가락이 가리키는 달을 보지 못하고 그 손가락만을 바라보는 눈에 불과하지 않았던가. 무학대사가 이성계를 바라보면서 던진 화두도 바로 이런 것이 아니었나하는 생각이 든다. "돼지의 눈에는 돼지만 보이고, 부처님의 눈에는 부처님만 보인다"고…. 수도원에는 분명 목욕을 하지 않아도 항상 깨끗한 학과 같은 존재들이 있었다. 수도원이 덕德의 꽃들로 만발한 꽃동산은 아니었으나 소수나마 아름다운 향기를 내뿜는 꽃들은 피어 있었다. 하지만 나는 눈이 어두워 그들을 보지 못했다. 또 수도원에서 하루에도 수없이 이루어지는 기도에서, 또 수련장 신부님이 정성스럽게 해주던 훈화에서 영혼을 풍요롭게 만드는 어떤 깨달음을 얻지 못한 것이 두고두고 한스럽다. 그렇다. 그 옛날 "마음이 가난한자는 행복합니다"로 시작하는 예수님의 진복팔단과 산상수훈을 듣고 마음의 깨달음을 얻은 사람들이 있었다. 열두 제자와 같은 존재들은 진정 그런 점에서 행복한 영혼들이었다. 하지만 그 귀한 말씀을 듣고도 마음이 돌처럼 굳어진 사람들도 많았다. 나는 분명 후자에 속했고 그것이 수도자로서 삶의 실패의 원인이었다.

수도원에서 나와 속세의 삶을 분주하게 살아가며 다시금 수도원 생활을 반추해본다. 아! 그랬었구나. 바로 하루에도 서너번씩 반복하던 성무일도를 할 때 소리내어 읽었던 시편의 의미, 혹은 식사시간에 읽어주던 성서의 구절들, 혹은 강론의 의미, 그런 것들을 나는 왜 머리로만 받아들이고 가슴깊이 받아들이지 못했을까. 그런 점에서 나는 구도자로서 실격이었다. 지금도 묵상과 명상의 시간을 조금 더 충실히 보냈더라면, 그래서 삶의 의미, 은총의 의미, 성무일도의 의미를 조금 더 깊이 깨달았더라면, 하는 생각이 굴뚝같다. 아마도 그랬다면 현재의 내 삶은 보다 더 영혼의 풍요로움을 구가하는 삶이 되지 않았을까. 유혹은 항상 있는 법인데…. 광야에서 금식과 기도를 하시던 예수님께도 악마의 속삭임은 있지 않았던가.

더군다나 욕망의 유혹과 싸워 이기는 것이 어떻게 쉬울 수 있으랴. 바오로 사도가 그렇게 외치지 않았던가. 내 안에 두 사람이 있는데 항상 이 두 사람이 싸우고 있다. '착한 사람'과 '악한 사람'이 싸우고 있는 것이다. 그런데 한번 착한 사람이 이겼다고 해서 그 싸움이 끝난 것은 아니다. 또 시간이 가면 악한 사람이 슬며시 고개를 들고 나와 착한 사람을 이기려고 하고 있는 것이다. 이 싸움이 도대체 언제 끝날 것인가. 죽음에 이르러서야 비로소 끝나는 싸움이라고 바오로 사도는 한탄했다.

수도생활은 떠났지만 이 시간에도 수도생활에 임하고 있는 수도자들에 대해 내가 깊은 애정과 존경심을 가지고 있는 것도 바로 이 때문이다. 이 지상에서는 결코 끝나지 않을 싸움을 죽을 때까지 처절하게 싸우고 있는 그들, '영혼의 싸움'을 그들은 하고 있는 것이다. 나는 세속에 나와 이제 그런 싸움을 치열하게 하지 않을 뿐더러 그냥 무덤덤하게 잊어버리고 사는 삶에 익숙해져 있다. 그럼에도 수도원에 있는 수도자들이 진정으로 완덕에 도달하는 모습을 보고 싶어 하는 마음이 간절하다면, 마치 자신이 못다한 것을 자녀에게 실현되기를 기대하면서 대리만족을 구하는 못난 부모의 모습과 같은 것인가. 아! 수도원의 삶에 대한 끝없는 노스탤지아.

사랑과 파계

초점이라는 것이 그렇다고 했던가. 모든 빛들을 한 군데로 모으는 점이 바로 초점이다. 내 삶을 돌이켜 보아도, 한 군데로 모아지는 지점이 있었다. 어려서부터의 꿈은 신부가 되는 것이었고, 그것은 내게 삶을 지탱하는 생명줄이나 다름없었다. 나의 학창시절 신부이외의 삶은 상상해본 적도, 생각해본 적도 없었다. 내가 고3이 되었을 때, 여름방학 어머니가 내게 정색을 하며 하시던 말씀이 떠오른다. "너를 대학에 보내줄 수는 없어. 대신학교를 가면 몰라도……." 나는 어머니의 그 말을 알아들을 수가 없었다. 물론 우리 집안은 아들 넷, 딸 둘이었지만, 누구도 대학을 보내줄 수 없을 만큼 가난했다. 그러나 대신학교에서 신부가 될 신학생에 대해서는 교구든 수도원이든 학비를 부담하기 때문에 집안으로서는 재정적 부담에서 자유로울 수 있었다. 결국 어머니의 그 말은 세속 대학으로 가면 학비를 지원해 줄 수 없다는 뜻이었는데, 나는 그 말을 이해하지 못했다. 당시 나에게는 신부가 되고자 하는 것밖에는 다른 꿈이 없었기 때문에 속으로 "어머니는 지금 무슨 말씀을 하고 있는 거지?" 하며 되묻고 있었다.

주변에서도 역시 그렇게 생각했다. 가까운 일가친척들은 물론이고, 알음알음으로 알고 있던 많은 수녀님들도 그렇게 믿고 있었다. 기숙사생활을 하면서 나는 언제나 신학교 생활을 동경했고, 신부가 되고자 했던 꿈은 요지부동이었다. 그러니 이러한 꿈이 변할 수 있다는 것은 상상조차 할 수 없었다. 하지만 지금 와서 돌아보면 고대의 헤라클레이토스가 설파한 "판타 페이panta fei", 즉 "모든 것은 변화한다"는 말이 새삼 실감난다. "같은 강물에 두 번 발을 담글 수 없다"고 강조하지 않았던가.

부질없는 가정일까. 만일 어머니가 살아계셨다면, 신부가 되는 것을 그렇게 보고 싶어 하던 어머니가 살아계셨더라면, 나는 아마도 다른 길을 가지 못하고 신부가 되었을 것이라는 생각이 든다. 하지만 군대 생활을 하면서, 처음으로 세속의 삶을 맛보면서, 보다 정확히 말하면 세속으로의 첫 외출을 하면서 "사회란 이런 곳이로구나"라는 느낌을 가질 수 있었다. 또 우리집안을 뼛속깊이 짓누르던 가난과 결핍의 삶을 역력히 체험하면서, 이따금씩 군대에 있던 내게 편지로 삶의 애환을 토로하시던 아버지의 글을 읽으면서 내가 혹시 세속으로 나오면 부모님을 도울 수 있는 능력을 발휘할 수 있지 않을까 하는 상상도 하게 되었다.

그 무렵 사랑을 알게 된다. 그 사랑은 한 여성을 만나면서부터 시작된 사랑이었다. 그것은 단순히 수녀님을 좋아한다거나 혹은 원주의 군대생활에서 있었던 것처럼 젊은 여성 교리교사들에게 교리를 가르치며 호감을 가졌던 것과는 종류가 다른 사랑이었다. 부제품을 받으면서 신부의 길을 바로 목전에 앞둔 상황에서 나는 한 여성과 사랑의 모닥불을 피웠고, 그 것은 숙명적인 사랑으로 이어졌다. 또 그것은 평온한 '필리아philia'를 뛰어 넘는 뜨거운 '에로스eros'와 비슷한 것이었다. 하지만 결단의 계기와 이유 는 한 가지가 아니라 여러 가지의 형태로 다가왔다. 마침 나는 수도원의 생활에서 장상과 갈등을 겪고 있는 중이었다. 오랫동안 같이 생활해왔던 선배였고 기숙사를 책임지고 있던 장상과의 갈등은 그 무렵 점점 더 심각 한 형태로 치닫게 되었다.

그와 동시에 그 여성을 알게 된 지 일 년도 되지 않는 기간동안 사랑이 뜨거워지면서 파계의 계기가 된 것이다. 이 과정은 고뇌와 실존적 고통 을 동반하는 것이었다. 나도 나 자신에 대해 이런 면이 있었나 할 정도로 마음의 번뇌를 거듭했다. 이런 생각이 차츰 주변에 알려지게 되면서 많은 사람들이 결사적으로 만류했다. 이미 어머니는 돌아가셨지만, 고모님도 말렸고 또 친구 김정훈의 어머님도 말리고자 나를 만나고 싶어 하셨다. 물론 이미 신부가 된 형은 한사코 나를 만류하고 이런 저런 이유를 들어 설득하고자 했다. 또 수도원에서도 나름대로 기대주로 신뢰를 얻고 있었 던 만큼 수도원 최고 장상이던 아빠스님도 당신이 묵주기도를 하는 모습 을 보여주시면서 말렸다. 나는 너무나 괴로웠고 그 상황을 도저히 견딜 수 없었다. 하지만 결정을 무작정 미룰 수는 없었고 결단을 하지 않을 수 없었다. 결국 죄를 지은 사람이 도망가듯 나는 도망치는 심정으로 서울 장충동 기숙사를 떠나 잠적한 것이다. 그리고는 알고 있던 친지동료 누구 에게도, 수도원에 있던 그 어떤 수도자에게도 심지어는 신부인 형에게도 알리지 않고 연락을 끊었다.

막상 신부의 길을 포기하고 세속으로 나오니 사랑은 있었지만 살 길은 막막했다. 얼마 후 아내가 된 그 사람의 부모님을 찾아가 인사를 드리니 첫눈에 마땅치 않다는 표정이셨다. 물론 나 자신도 이런 상황은 전혀 상상조차 못했던 당혹스러운 상황이었던 만큼 만남은 불편한 만남이었다. 아내의 집안은 독실한 기독교 장로교 집안이었다. 아내는 기독교에서 가톨릭으로 개종했지만 장모님은 독실한 기독교 집사였다. 그런데 그런 분에게 일생을 걸고 신부가 되려던 사람이 사위가 되겠다고 인사하러 오다니…. 장모님은 마음에 탐탁지 않게 생각하셨고 아니나 다를까 나를 보자 추궁하듯이 다그쳤다. "그래, 물어볼 게 있는데, 이것이네. 가톨릭에서는 신부한테 신자들이 죄를 고백한다고 하는데 이게 어디 될 법한 일인가. 인간이 인간에게 죄를 고한다는 것은 있을 수 없는 일인데, 이 점에 대해서 자네는 어떻게 생각하나?" 참으로 난감했다. 이렇게 대답할 수도 없고 저렇게 대답할 수도 없었다. 이런 상황을 두고 앉을 수도 없고 설 수도 없는 상황이라고 했던가. 장모님의 질문은 이성적인 물음이 아니라 감정적인 물음이니 어떻게 대답해야 옳단 말인가. 나는 머뭇거릴 수밖에 없었다. 머뭇거리며 눈치만 보고 있는 내 표정을 읽은 아내가 재치 있게 끼어들었다. "엄마, 이 사람은 가톨릭의 대표도 아니고 엄마도 기독교의 대표도 아닌데 무슨 대답을 할 수 있겠어?" 첫 번째 질문은 대충 그렇게 넘어갔다. 그리고는 직업이 무엇이고 어떻게 살아갈 것인지 물어보기도 하셨다. 그러나 그때 나는 수도원을 뛰쳐나온 몸으로 백수와 다름이 없었기 때문에 장래의 장인·장모님에게 자신있게 생활력과 경쟁력을 입증할 수 없었다. 그들의 눈에 내가 가톨릭 신학대학을 나왔다는 것은 아무런 의미도 없고, 그저 이단적인 교회의 대학을 다닌 것에 불과했다.

나는 그때처럼 신문의 구직광고를 열심히 훑어 본 적이 없었다. 그러나 아무리 눈을 씻고 찾아보아도 신학학사와 석사배경을 가진 사람을 찾거나 환영하는 직업은 없었다. 나는 항상 자격조건에 미달이었다. 그 때 "아! 구직이라는 것, 취직이라는 것은 이렇게 힘들구나" 라는 탄식을 거듭할 수밖에 없었다. 결국 갑작스럽게 준비한 교사시험을 치기로 했다. 막상 서울에서 교사시험을 치려고 하니 주민등록을 옮겨놓지 않은 것이 문제가 되었다. 당시 서울에서 교사시험인 순위고사를 치려면 시험 한 달 전에 주민등록을 옮겨 놓아야 했다. 그 때까지 내 주민등록은 왜관에 있었기에 부랴부랴 간발의 차로 가까스로 한 달의 기한을 채워 주민등록을 옮겨 놓고 순위고사 준비를 했다. 다행히 나는 교사자격증을 가지고 있었다. 돌이켜 보면, 그것은 가톨릭 신학대학의 고마운 배려이기도 했다. 가톨릭 신학대학은 신학생들을 엄선하여 신부를 양성하는 기관이기는 했지만 때로는 '길잃은 양'처럼 그 사제의 길에서 이탈하는 소수의 사람들을 배려해 그들에게 호구지책을 마련해주고자 했다. 그리하여 교사자격에 필요한 교육과정을 열어 놓고 교사자격증을 수여했다. 이로써 대신학교 생활 중 교육학을 수강하면서 윤리교사 자격증과 영어교사 자격증을 딸 수 있었다. 그러나 당시 교사 자격증을 따기는 했어도 내가 그 교사 자격증을 가지고 반드시 어떤 일을 하겠다는 생각이 있었던 것은 아니었다. 그런데 뜻밖에도 내가 그 혜택을 받는 수혜자가 될 줄이야….

교사시험준비는 오랫동안 세속으로부터 차단되어 살아온 내가 처음으로 세속의 직업에 도전하는 기회였다. 1975년 12월에 실시예정인 순위고사에서 영어교사로 시험을 치기로 했다. 영어를 전공으로 한 것도 아니지만, 영어가 유리하다고 해서 부전공으로 한 과목을 선택한 것이다. 시험 칠 그때의 상황은 물론 모든 시험이 그런 것이긴 하지만, 절체절명의 상황이었다. '합격이냐 불합격이냐'의 문제가 아니라 '사느냐 죽느냐'의 문제였기 때문이다. 두근거리는 마음으로 시험을 준비했지만 시험전날 예비소집에서 모여든 수험생의 인파를 두고 기가 죽을 수밖에 없었다. 정말 어마어마했다. 그 때 수험생들에게 주의사항을 열심히 전달하던 장학사의 말을 잊을 수 없다. 듣는 둥, 마는 둥, 웅성거리는 수험생인파를 향해 수험장에서의 유의사항을 전달하더니 마지막으로 하는 말이 인상적이었다. "여러분! 모두 합격하세요!" 분명 장학사는 농담과 같은 덕담을 한 것이었으나, 나는 엉뚱하게도 이 말에서 힘과 격려를 얻었다. 드디어 주사위는 던져졌지만, 결과의 불확실성 때문에 안절부절이었다. 합격자 발표가 용산고등학교에서 있던 날 아내가 되고자 했던 그 사람은 같이 가지 않았다. 아니, 같이 가서 더불어 합격자 명단을 볼 용기가 없었던 것이다. 혹시 떨어지면 어떻게 하나, 그 후의 미래는 상상하기조차 싫었다. 이 느낌은 이심전심이었고 따라서 그 사람은 용산고등학교로 가지 않고 서울역 광장에서 기다리기로 했다. 혼자 시험 발표를 보러가는 심정은 그야말로 기도하러 가는 심정이었다. 사람들을 헤치고 명단을 보니 끝자락에 내 수험번호가 쓰여져 있었다. 뛸 듯이 기뻤다. 나는 이 순간 신의 도우심이라고 생각했다. 세속에 나와 드디어 시험에 합격해서 교사가 될 수 있다니, 감개무량할 따름이었다. 이 교사 합격소식이야말로 나에 대해, 나의 능력에 대해 반신반의하며 주저하던 장인·장모님이 "그 친구 실력이 있는데…"라는 평가를 내리게 된 계기가 된다.

그 후 시간은 흐르는 강물처럼 흘렀고 이제는 여느 세속사람과 똑같이 평범한 일상생활, 결혼생활, 사회생활을 한다. 그럼에도 신부의 문제는 지금도 실존적 문제로 다가온다. 참으로 이상한 일이다. 파계를 했음에도 불구하고 나는 신부님에 대한 정체성을 계속해서 가지고 있는 것인가. 때로는 내가 신부가 되었더라면 어떻게 했을 것인가, 어떻게 생활을 했을 것인가 하는 상념에 사로잡히기도 했다. 교사시험에 합격한 후 우여곡절 끝에 덕성여고에서 교편을 잡았고 영어를 가르치는 교사가 된 것이다. 학생들은 한결같이 내가 영어 수업시간에 그들에게 들려주는 교훈적 이야기를 들으면서 "선생님은 꼭 목사님처럼 말씀하고 있어요"라고 반응했다. 나는 내심 깜짝 놀랐다. "나를 속일 수는 없는 것이로구나. 이미 군대생활을할 때 동료들은 신부도 되지 않은 나를 보고 '신부님'이라고 부르지 않았던가." 그런데 표현은 다르지만, 신부의 길을 빗겨간 나를 두고 '목사님' 같다고 하다니…. 이 신부에 대한 정체성은 그 후로 나를 계속 따라다니는 꼬리표와 같은 것이 되었다. 나중에 사회참여를 하면서 언론인터뷰를 할때마다 피해갈 수 없이 받게 된 질문이 바로 그것이었다. "왜 신부가 되려고 하다가 그 길을 포기했습니까" 이 질문은 마치 마르지 않는 샘처럼 나를 보고 누구나 던지는 질문이 되었다.

그렇다. 사제의 길 포기문제는 아직도 내게 이루지 못한 꿈과 정체성의 문제로 남아있다. 어려서부터 신부의 꿈을 가졌던 내가 신부가 되지 못하고 신부로서의 꿈을 포기하게 된 것은 내가 특별히 사랑을 택해 결단한 문제가 아니라 내가 신 앞에 '자격 없음'을 솔직히 인정한 문제라고 생각한다. 한 여성을 알고 사랑을 함으로써 신부가 되는 길을 포기한 것이 아니라 신부가 되기에 자격이 없음을 깨닫고 결국 사랑을 찾아 파계를 하게된 것이라는 뜻이다.

나는 때때로 낙엽의 사연을 떠올린다. 가을이 되면 나무잎에 단풍이 들고 그리고는 떨어져 낙엽이 되는 사연. 낙엽은 왜 떨어지는 것인가. 물론 바람이 불어 떨어지기도 하고 비가 와서 떨어지기도 한다. 하지만 엄밀히 말해서 낙엽은 세찬 바람이나 비 때문에 떨어지는 것은 아니다. 원래 낙엽은 나무로부터 영양분을 공급받지 못해 생명줄이 끊어지는 순간 이미 떨어지게 되어있다. 다만 비와 바람은 그 떨어짐을 자극하고 재촉했을 뿐이다.

내가 수도생활과 신학교 생활에 충실하지 못하고 신께 충실하지 못했으니, 그때 이미 나는 신부의 자격을 상실한 것이고 파계를 한 것이다. 수도생활에 불성실했던 존재가 어떻게 신 앞에서, 신에게 헌신하는 존재가 될 수 있겠는가.

때때로 구약성서에서 읽은 다윗왕의 에피소드가 생각난다. 이스라엘의 왕이었던 다윗은 근처에서 목욕을 하고 있던 우리아 장군의 아내를 보고 그녀를 좋아한 나머지 우리아를 격전지로 보내 죽게 만든다. 그리고 나서 그의 아내를 취한 것이다. 그럼에도 다윗은 그것이 중대한 죄를 짓는 행위인지 모르고 있었다. 나탄 예언자의 질책을 듣고 난 다음 비로소 자신의 죄가 얼마나 큰 잘못인지 알 수 있었던 것이다. 그래서 "내 죄가 나를 대하여 있다"고 부르짖으며 눈물을 흘리고 깊은 참회를 한다.

과연 바로 그와 같은 다윗의 잘못이 나의 잘못과 비슷한 것일까. 나를 아는 일부 사람들은 "신부가 될 법한 사람이었는데…"라고 말하기도 한다. 하지만 내게는 신부가 되기 위한 자격이 없었다는 생각이 확고하다. 바로 이러한 '자격 없음'이야말로 영혼 저편에 자리 잡고 있는 죄책감의 원천이 아닐까.

덕성여고의 '못난이 선생님'

세속에서의 첫 직장, 덕성여고에 들어가 교편을 잡게 되었다. 순위고사에 합격하고 난 다음 교장선생님과의 면접을 거쳐 덕성여고 야간에서 영어를 가르치게 된 것이다. 또 담임도 맡아 학생들을 책임지게 되었다. 이로써 나의 교사생활은 시작되었다. 그전에는 생소했던 출근과 퇴근의 개념이 친숙하게 다가오기 시작했다. 교직경험은 처음이었다. 물론 수도원에 있을 때도 방학을 틈타 중, 고등학교 학생들을 대상으로 교리도 가르치고 하였으나, 그것은 어디까지 과외의 일이었고 제도권 안에서, 또 직업으로서의 교육과는 달랐다. 그러나 학교에서 본격적으로 여학생들을 담당하게 되었을 때 나의 무능함을 뼈저리게 느끼고 한탄할 수밖에 없었다.

글자 그대로 나는 군대에서는 '고문관'이었는데 학교에서는 '무능력 선생님'이었던 것이다. 물론 담임의 역할 말고 각 반마다 들어가서 영어를 가르치는 것은 즐거운 일이었고, 수업 사이사이에 인생에 관한 이런 이야기, 저런 이야기들을 들려주면서 학생들이 눈을 반짝일 때 보람을 느꼈다.

그들이야말로 얼마나 꿈이 많고 감수성이 예민한 학생들인가. 그들은 특히 주간의 학생들에 비해 힘들고 고단한 삶을 살고 있었다. 대개 낮에는 직장에 다니고 오후에 수업에 오는 학생들이었기 때문에 남다르게 상처와 아픔도 많이 가지고 있는 편이었고 그렇기에 위로를 필요로 했다. 나는 그들에게 따뜻한 말을 건네주며 그들이 그러한 말에서 위로와 용기를 얻는 것을 보고 '교육자란 이런 것이로구나'하는 느낌을 가졌다. 그 가운데 몇몇은 평생 제자가 되었고 지금까지도 연락이 닿고 있다.

그러나 정작 내가 담임을 맡은 반은 골칫거리였다. 무슨 일이든 꼴찌였기 때문이다. 환경미화검사를 해도 꼴찌였고 폐지 등, 학교에 무슨 물건을 가져와야하는 일도 교무실에서 통계를 내보면 내 반은 항상 꼴찌였다. 나는 물론 그런 학생들과 반을 한번 바로 잡아보려고 기율을 엄하게 시행하고자 했다. 그래서 한번은 어느 한 여학생이 하도 말썽을 피우고 말을 듣지 않길래 그에게 꿇어앉으라고 하였다. 그리고 한참동안 훈계를 하고나서 일어서라고 했다. 한 10분정도의 시간이 흐른 것 같았다. 그런데 그 학생은 일어서지를 못하는 것이었다. 순간 나는 너무나 당황했다. 혹시 정말로 일어서지 못하면 어떻게 되나. 무릎이 마비가 되었다든지 다른 큰 문제가 생기면 큰일이었다. 교사로서 당황할 수밖에 없었다. 놀란 나머지 그의 무릎을 주물렀고 그도 자신의 무릎을 열심히 주물렀다. 이렇게 두 사람이 힘을 합하자 다행히 잠시 마비된 피부는 풀려 안정을 되찾고 무릎은 정상으로 돌아왔다. 그 사건을 겪은 후 나는 학생들에게 어떤 벌도 줄 수 없었다. 그러니 내 반은 학생들에게 '초짜선생님'이 지휘하는 매우 만

만한 반이었다. 그러다 보니 교육경력이 많은 다른 동료 선생님들도 나에
대해서는 학생들을 제대로 지도하지 못하는 서투른 선생으로 평가하고
있었다.

　또 한번은 우리 반에서 도난사건이 발생했다. 체육시간에 학생들이 옷을
벗어놓고 운동장에 나갔는데, 그 사이 한 학생의 돈이 없어진 것이다. 당시
교실에 남아있던 당번 학생에게 자초지종을 물어보니, 다른 반에서 한 학
생이 다녀갔다는 것이다. 당연히 그 학생에게 의심의 눈초리를 보낼 수밖
에 없었다. 이윽고 문제의 학생을 불러 사안을 물어보니 딱 잡아떼는 것이
었다. 참으로 난감했다. 여학생인 그가 무작정 아니라고 하니 나로서는 어
쩔 도리가 없었던 것이다. 생각다 못해 할 수없이 그 학생의 담임선생님에
게 부탁을 해보기로 했다. 그 담임선생님은 여 선생님이었는데, 순식간에
'매직'과 같은 놀라운 기지를 발휘했다. 문제의 여학생을 교무실에 불러 물
어본 지 5분도 안되어 자백을 받아내고 또 훔친 돈도 찾아낸 것이다.

　나로서는 놀랄 수밖에 없는 노릇이었다. 그토록 머리를 쓰고 정성을 들
여 도난 사건을 해결하려고 안간힘을 썼는데 자백은커녕 변변한 단서 하
나 얻어내지 못했다. 그럼에도 그 담임 여 선생님은 눈 깜박할 사이에 자
백을 받아 낸 것이다. 그 짧은 시간에 무슨 요술을 부렸는지 나로서는 신
기할 뿐이었다. 그 사건이 오래되었음에도 자꾸 뇌리에 떠오르는 것은 그
선생님의 놀라운 기량과 나의 무능함이 오버랩 되기 때문이다. 나는 학생
들의 '멘탈리티'에 무지한 교사가 아닌가 하는 자괴감이 나를 괴롭혔다.
학생들의 심리상태를 이렇게 모르고서야 어떻게 학생지도를 할 수 있단
말인가.

또 한번은 이런 일도 있었다. 내가 처음으로 덕성여고에 부임하여 2학년 8반 담임을 맡았을 때 정신지체 여학생이 있었다. 처음에는 학교에서도 설명을 해 주지 않아 몰랐는데, 차차 학생들이 그 여학생에 관해 이야기를 하면서 알게 되었다. 그러나 그 여학생은 내가 담임으로 반에 들어가서 조례와 종례를 할 때 조금도 그런 티를 내지 않았고 정상적인 학생과 별반 다를 게 없었다. 더구나 내가 맡은 영어 시간에 그는 편안함을 느꼈는지 발표도 잘 하고 또 질문을 하면 대답도 곧 잘 했다. 그래서 나는 그를 격려하고 정상적인 학생으로 대했다.

하지만 그것은 착각이었다. 그는 때때로 학생들이 보는 앞에서 간질 중세를 보였고, 학생들은 그런 그를 보고 기겁을 했다. 하지만 내가 있는 데서는 한 번도 그런 일이 벌어지지 않았다. 그런데 어느 날 큰 사단이 벌어지게 되었다. 수학 시간이었는데, 그가 발작 중세를 일으킨 것이다. 여 선생님은 그런 줄 모르고 학생들과 수업을 진행하다가, 그가 발작하는 모습을 보고 놀란 나머지 교실 밖으로 뛰쳐나온 것이다. 아마도 여 선생님은 교단앞에서 그를 똑바로 바라볼 수 있었기 때문에 그가 발작하는 모습을 누구보다 똑똑히 볼 수 있어 충격이 컸던 것이다.

결국 이 문제는 학생들뿐만 아니라 교무실에서도 큰 화제가 되었다. 사건의 중대성을 알게 된 교무주임 선생님이 비로소 나를 불러 그 간의 사연을 이야기해주는 것이었다. 그는 고등학교 1학년 때도 이미 그런 증상을 보여 학생들을 놀라게 했고 또 선생님들에게도 충격을 주었다는 것이다. 그래서 고심 끝에 그에게 학교를 옮기거나 그만두게 하고 싶어 학부형인 어머니를 불렀는데 그의 어머니 역시 비슷한 정신지체 여성이었다. 학교로부터 딸의 자퇴를 권유하는 말을 듣고서는 교무실 안에서 발작을 일으켰다는 것이었다. 그 후 학교 측에서는 속수무책으로 학교에 두고 지켜보고 있는 상황이라는 것이다. 그런데 이제 또 사건이 벌어졌으니, 내가 담임교사인 이상 그를 잘 달래 학교를 그만두게끔 해달라는 것이었다.

나는 고민했다. 정신지체 학생인 그가 너무나 불쌍했다. 그 동안에도 교실에 들어가서 그가 없거나 몸이 좋지 않다고 해서 조퇴를 하고 혹은 결석을 하게 되면 그 틈을 이용해서 학생들에게 사랑의 정으로 그 학생을 보살펴 줄 것을 간곡하게 당부했던 것이다. 또 나의 배려에 보답이라도 하듯 그는 나에게 있어서는 매우 정상적인 학생으로서의 모습을 보여주었다. 편하게 웃기도 하고 또 수업시간에 잘한다고 칭찬과 격려를 해 주면 마냥 행복해하는 것이었다. 하지만 학교 측에서 집요하게 해 오는 요구를 마냥 거부할 수만은 없었다. 어느 날 그의 아버지를 학교로 불렀다. 그의 아버지는 정상이었는데 딸로부터 평소에 담임선생인 나에 대한 이야기를 잘 들었는지 나에 대해 진심으로 고마워했다. 나는 그 아버지에게 딸의 자퇴를 간곡히 권유했다. 그리고는 그가 좋아지게 되면 다시 받아들이겠노라고 했다. 아버지는 내 말을 듣고 딸의 자퇴서에 도장을 찍었다. 하지만 나는 속으로 마음이 아팠다. 이왕 도장을 찍으면 끝일 텐데 어떻게 하나 하는 생각 때문이었다. 언제 그가 다시 몸이 좋아져서 학교로 돌아올 수 있단 말인가.

나는 아버지와 그 여학생을 그렇게 떠나보냈다. 지금 생각해도 마음이 아프고 더욱이 내가 잘못 처신한 것 같아 더욱더 괴롭다. 차라리 내가 학교 측에 용기를 내서 그를 붙들어야 한다고 설득을 했다면 어땠을까. 내가 학교의 방침에 항거할 수 있는 의지와 용기를 가졌다면, 그의 수호천사가 될 수 있지 않았을까. 정신적으로 아팠던 그를 그렇게 떠나보낸 것이야말로 내가 아직도 교사 생활 가운데서 느끼는 죄책감 가운데 하나다. 어떻게 해서든 그를 정상적인 학생들 사이에서 같이 생활할 수 있게끔 붙들었다면, 그의 증세는 훨씬 더 호전되지 않았을까.

평소에 나는 선의를 베풀고 그에게서 믿음을 얻었지만, 그 선의와 믿음은 결국 그로 하여금 별 항거없이 학교로부터 쫓겨나는 결과를 만들고 말았으니, 나는 교육자라기보다는 위선자가 아닌가. 그 후 수개월이 지나 아버지에게서 딸이 다시 재입학할 수 있는지를 묻는 문의가 있었던 것으로 기억한다. 하지만 나는 그를 위해 아무것도 할 수 없었다. 그의 문제는 지금도 나의 짧았던 교직 생활에서 아픈 상처로 남아 있을 뿐이다.

나는 꿈도 많던 그 청운의 여고생들과 일 년 반 밖에 함께 하지 못했다. 서울대 대학원에 전념하기로 결심하고 학교생활을 접기로 했기 때문이다. 하지만 짧은 세월의 교사 생활이었지만 어린 그들과 더불어 함께한 시간을 지금도 추억거리 이상으로 가끔 돌이켜본다. 과연 그들에게 있어 젊음의 시절은 얼마나 소중하고 귀한 것인가. 그들이 어른이 되어 살아나가는 과정에서 부딪치는 난관과 어려움을 극복할 수 있는 자양분을 이 학창시절에 반드시 얻어야 하지 않을까. 교육이란 한 번뿐인 그런 시절의 그들에게 지속가능성을 갖는 삶의 중요한 가치와 정신, 의지를 불어넣어 주는 일일 것이다.

그렇다면 그들에게 삶에 대해 소중한 것을 가르쳐야하는 그 중차대한 역할을 수행하는 데 나는 최선을 다한 것인가. 주변에 있던 다른 선생님들은 참 유능했다는 생각이 든다. 학생들은 낮에 직장을 다니고 저녁에는 학교를 오는 등 '주경야독晝耕夜讀'하는 상황이었다. 그들은 그랬기에 자신들은 모르면서도 갈구하는 그 무엇이 비교적 유복했던 주간학생들에 비해 보다 많지 않았나 싶다. 그러나 나는 그들을 기율로 다스릴 수는 없었다. 그렇다고 해서 그들에게 마음으로부터의 감동을 주면서 어떤 변화를 이끌어 낼 수 있었던 것도 아니다.

　당시 교사 생활에 대해서 회한의 느낌이 진하게 다가오는 것도 바로 이 때문이다. 물론 나는 그들을 따뜻하게 어루만지고 그들의 고단한 삶을 진심으로 위로하고자 했다. 그럼에도 그들이 먼 훗날 마음속 깊이 고맙게 생각할 만큼 외딴섬의 '등대지기'가 되어 바른 길로 굳건하게 인도했는 지에 대해서는 자신이 없다. 교사의 삶에 대해 치열한 마음이 없었기 때문일까. 내가 다시 한 번 중·고등학교에서 선생님 생활을 할 수 있다면 과거와는 달리 자유분방한 삶을 허용하면서도 넘어서는 안 될 큰 테두리를 분명하게 정하는 과단성을 발휘하고 싶다는 생각이 드는 것도 이 아쉬움 때문이리라.

정치학에
눈을 뜨게 해준
선생님

서울대 대학원은 신부되기를 포기하고 본격적으로 세속 사회로 발을 디딘 내게 굶주렸던 지적인 갈등을 채워주기에 충분했다. 특히 세속에서 향유하게 될 지성인의 생활에 본격적으로 진입해 들어가는 발달과업의 시기이기도 했다. 가톨릭대학에서 8년 동안 학구열에 불타 많은 중요한 것을 배웠지만 신학과 철학이 주였다. 또 철학이라고 하지만 '신학을 위한 시녀ancilla theologiae'로 불리는 스콜라철학에 관한 것이었다. 지금도 크게 생각이 달라지지는 않았지만, 그 때는 특히 스콜라 철학이야말로 엄정한 논리성과 정합성을 가지고 있는 탁월한 철학체계라고 확신했다. 가톨릭대학을 마칠 즈음 대학원에서 라틴어 독해를 가르쳐주시던 허창덕 신부님은 내게 유학을 가서 라틴어를 전공하기를 권하셨다. 또 수도원의 장상인 아빠스께도 나를 로마로 보내도록 간곡히 요청하셨다. 사실 허신부님도 빌리발드 독일신부님의 제자였기 때문에 당신의 스승으로부터 라틴어를 배웠던 새파란 풋내기 제자인 나를 당신의 제자로 삼고 싶으셨던 것이다.

그러나 파계를 하고 나온 다음 사정은 달라졌다. 로마로 가서 라틴어를 전공하겠다는 꿈은 사라졌고 세속에서 새로운 삶을 개척해 나가야 했다. 이리저리 방황하던 나에게 우연히 신문에 큼직하게 난 기사가 눈길을 끌었다. 서울대 대학원에 국민윤리 전공을 신설했다는 것이었다. 갑자기 눈이 번쩍 뜨이는 것을 느꼈다. 결국 시험을 치고 대학원에 둥지를 틀었다. 그때 같이 들어온 동료학생들은 거의 40명 정도였다.

그들은 나름대로 청운의 꿈을 가지고 들어온 학생들로서 비교적 나이도 많았다. 나는 그곳에서 비로소 세속의 학문이 어떤 것인지를 맛볼 수 있었고 제대로 배울 수 있었다. 스승님들이 한결같이 훌륭했던 것이다. 정치학, 사회학, 철학 등 많은 것들을 새로 배우고 또 섭렵할 수 있었다. 그러나 나는 워낙 오랜 시절 철학과 신학에 친숙해 있던 터라 사회과학 분야는 문외한이었다. 사회과학을 접하다보니 학문 자체가 논리성이나 짜임새가 있다기보다는 경험에 근거한 것이기에 대단히 널널하고 방만해서 학문 같다는 생각이 들지도 않았다. 엄격한 명제와 같은 것들로 이루어진 학문이 아니었기 때문이다. 하지만 그곳에서 우연히 평생의 은사님을 만나게 되었는데 바로 이용필 선생님이셨다. 석사논문을 써야 했던 내게 학과장이시던 박용헌 교수님은 논문 지도교수로 선생님을 정해주셨다. 연세대를 나오시고 시카고 대학에서 박사학위를 취득하셨던 선생님은 이미 유학 전부터 건국대에서 교편을 잡고 전공서적을 집필하셨을 정도로 탁월한 스칼라십을 가진 분이었다. 물론 선생님을 자주 뵈면서 자상하고 세심한 면이 많다는 것을 알게 되었지만, 당시로서는 감히 범접하기 어려운 무서운 분이기도 했다.

　석사논문을 쓰기 위해서는 논문자격시험을 통과해야 했다. 그런데 바로 그 상황에서 문제가 벌어졌다. 논문 자격시험에서 선생님이 내신 문제는 간단했다. "한국 민주주의의 토착화 방안에 대하여 논하라"는 것이었다. 시험 문제를 받은 나는 적이 당황했고, 난감함을 느꼈다. 민주주의라는 것을 어떻게 설명해야 할까. 또 토착화라는 것은 어떻게 접근해야 하나. 이런 생각, 저런 생각을 하다보니 꼬리에 꼬리를 물고 의문이 생기게 되었다. 시간은 흐르는데 딱 부러지게 정답이라고 확신할 만한 묘안이 떠오르지 않았다. 물론 여기에는 정치학 서적이나 선생님의 책을 열심히 보지 않은 내 잘못이 컸다. 어쨌든 고민을 하면서 답안을 작성하기는 해야겠는데, '장고 끝에 악수난다'고 무無답안이 나오게 되었다. 지금도 내가 쓴 답안이 생생하게 기억난다. "한국 민주주의의 토착화를 위해서는" 바로 그것이 내 답안의 전부였기 때문이다.

　문제를 다시 쓴, 답안이 아닌 그런 한심한 답안을 쓰고 나온 다음부터 심한 가슴앓이가 시작됐다. 아무리 생각해봐도 내 자신이 너무 부끄… 부끄… 부끄러웠다. 뿐만 아니라 선생님이 나를 대하는 태도도 전과는 딴판이었다. 선생님은 나를 피하시는 듯했고 심지어 나를 무시하는 그런 모습을 보이셨다. 얼마의 시간이 흐른 후 시험 결과가 나왔는데 예상한대로 과목 낙방이었다. 그 후 학과장이셨던 박용헌 교수님은 나를 불러 다른 과목에서는 점수가 좋았고 특히 독일어시험에서는 독어교육과의 대학원생들보다 점수가 높았다고 칭찬하시면서 위로해 주셨다. 다만 전공시험에서 잘못했다는 것이었다. 그러나 막상 논문을 써야할 정치학 시험에서 낙방을 하였으니 백약이 무효였다. 그 후 파도처럼 밀려드는 절망감을 누르고 선생님을 뵙고 용서를 구하고자 했으나 선생님은 만날 수조차 없었다. 이런 저런 고민 끝에 학과장실에서 일하던 아가씨에게 통사정을 했는데 그의 주선으로 박용헌 교수님 방에 계신 선생님을 무작정 찾아들어갔다. 그리고 나를 쳐다보지도 않는 선생님을 향해 모기만한 목소리로 "죄송합니다"라고 말씀을 드렸다. 그리고는 "앞으로 최선을 다하겠습니다"라고 덧붙였다. 선생님의 표정은 밝지 않으셨다. 하지만 그 어렵디 어려운 만남을 통해 용서를 받은 것은 확실했다.

나는 단호히 결심했다. 도대체 정치학이란 어떤 학문인가. 한번 그 본질을 속속들이 파보자는 오기가 들었다. 그날 이후로 정치학 공부에 전념했다. 선생님의 책은 모조리 다 찾아내서 외우다 시피 했고, 또 정치학과 관련된 원서는 무엇이든 정치학과에까지 가서 빌리고, 또 사서 읽었다. 6개월 후 다시 논문 자격시험을 보게 되었을 때 처음과는 달리 자신만만하게 답안을 썼다. 하지만 답안을 썼다고는 하나, 결과가 궁금했다. 과연 선생님이 어떻게 내 답안을 평가하실까. 두 번째 시험을 친 다음 선생님을 뵐 기회가 몇 번 있었지만 시험에 대해서는 일언반구 말씀이 없으셨다. 다만 "자네, 시험을 치고 났으니 결과가 궁금하겠구먼"하는 말씀뿐이었다. 어쨌든 과거의 잘못이 있는지라 더 물어볼 용기도 없고 가슴이 덜컥 내려앉기만 했다. 분명 내 딴에는 자신이 있고 열심히 답안을 썼다는 확신이 있지만, 과연 선생님의 마음에 들 것인가. 아무런 말씀이 없으니 답답해 죽을 지경이었다. 하지만 첫 번째 논문 자격시험을 쳤을 때와는 또 다른 형태의 답답함과 궁금증이었다.

드디어 소식이 전해졌다. 선생님은 나와 친했던 동료에게 내 시험결과에 대해 격찬을 하신 것이다. '그 친구가 어떻게 해서 그렇게 놀라운 답안을 쓸 수 있었지?' 그 후 나는 선생님으로부터 전적으로 신뢰를 받았고 학문 영역에 있어 그 신뢰는 조금도 변하지 않았다. 그렇게 해서 선생님의 명실상부한 제자가 된 것이다. 선생님의 지도아래 나는 정말 편하게 동료들의 부러움을 받으며 석사논문을 썼다. 그리고 정치학이야말로 내게 제2의 전공이 된 것이다.

그 후 대학원 박사과정에 들어가기를 포기하고 미국으로 유학을 가게 된다. 8개의 대학으로부터 입학 허가서를 받았으나 인디애나 대학을 선택했다. 장학금을 주겠다는 대학들을 거절하고 인디애나 대학을 선택한 것은 정치학 분야에서 비교적 이름이 있다는 이유 때문이었다. 그렇게 자비유학이 되었다. 이때 선생님은 미국 대학에 보내는 샘플링 논문들에 대해서 하나하나 자상하게 점검을 해주셨다. 가히 선생님은 따뜻한 스승이셨다. 결국 그 때부터 시작된 선생님과 제자로서의 평생 인연은 끈끈하게 이어졌고 나의 학문적 운명을 결정했다. 선생님은 내가 다른 일들에 대해서는 잘하지 못하고 또 해도 서투르지만, 학문에 관해서만은 최선을 다한다고 평가하신 듯했다.

언젠가 경상대학교에 자리잡고 얼마간의 세월이 흘렀을 때 선생님이 연구실에서 나를 보고 하신 말씀이 생각난다. "누구누구는 얼굴이 잘생겼고 또 누구누구는 가문이 좋고 또 누구누구는 집도 부유한데, 자네는 그런 것이 아무것도 없구먼. 다만 실력으로 버티고 있지." 나는 지금도 선생님의 그 말씀을 나에 대한 최대의 칭찬으로 받아들이고 있다. 선생님은 내 실력, 내 능력을 알아봐주신, 이른바 '지기知己' 그 자체이셨고 그래서 고마운 분이셨다. 내가 수도원에서 나와 이 세속 학문 공동체에서 아무런 인연과 끈이 없을 때 선생님은 선뜻 손을 내밀어 그 끈을 이어주신 것이다. 평소에 선생님은 스칼라십을 좋아했고 학문에 관해 깊은 열망을 갖고 있었기 때문에 비록 보잘 것 없지만 비슷한 열망을 가지고 있는 나를 제자로 품어주신 것이 아닌가 생각해 본다.

　결국 선생님이 퇴임하시면서 나는 그 자리에 들어가게 되었다. 그보다 더 큰 명예와 영광이 어디 있으랴. 그러나 선생님은 퇴임 후 여생을 즐기지 못하셨다. 오랫동안 삶의 끝자락까지 왕성하게 추구하신 학문연구, 일 년에도 몇 번씩 해외에 나가 논문 발표를 하시고 국제체계학회의 회장활동을 하시는 등, 완벽주의적인 방식으로 치열하게 활동을 하셨기 때문에 건강을 상할 수밖에 없으셨다. 선생님은 갑자기 돌아가셨다. 평소처럼 일상적인 건강검진을 위해 서울대 병원을 찾아가신 것이 마지막이었고 그곳에서 다시는 나오지 못하셨다.

　엄격했지만 자상하셨던 분, 무서웠지만 따뜻하셨던 분, 그러면서도 학문을 엄숙성과 엄정성을 가지고 대하셨던 분, 그리고 학문과 가르침에 대한 경건함을 남달리 강조하셨던 분. 그 분은 가셨지만 그 분의 인간미, 인격, 학문적인 정신, 또 당신이 자유로운 대화시간에 편하게 가끔씩 말씀하셨던 촌철살인과 같은 경구警句들은 아직까지도 진하지 않는 감동의 샘으로 남아있다. 뿐만 아니라 선생님의 뜨거웠던 가족사랑, 특히 사모님에 대한 헌신적인 사랑, 이 모든 것들이 내게는 하나의 향긋한 내음으로 느껴진다. 고고한 학처럼 평생을 사셨는데, 왜 학처럼 오래 살지는 못하셨던가.

유학생으로 살다

미국 유학은 내게 엄두가 나는 일은 아니었다. 미국 유학을 가고 싶은 마음은 굴뚝같았지만, 모험에 대한 용기는 없었다. 아내는 나를 끊임없이 자극하고 재촉했다. "당신같은 사람이 미국을 안가면 어떻게 하나." 결국 나는 마지못해 결심했다. 그리고 당시 잠실에 있던 10평짜리 아파트를 팔고 1년 학비를 준비해 미국으로 갔다. 1981년 8월 김포공항에서 가족 친지와 작별하면서 2살 지영이까지 세 식구가 미국행 비행기에 몸을 실었다. 느낌은 비장했다. 서울에서 시카고, 그리고 시카고에서 작은 비행기를 타고 블루밍톤에 도착했다. 공항에 도착하니 아내의 친구가 차를 가지고 마중 나와 있었다. 고맙다는 생각이 들었다. 막막하던 차에 이런 친구의 도움을 받다니….

블루밍톤에 도착한 그 감회는 지금도 새롭다. 우리는 인디애나 대학 가족동에 도착하고 나서 그 이튿날 지리도 익힐 겸 그 넓고 넓은 캠퍼스를 걸었다. 한참을 걸어 정치학과 건물이 있는 곳, '우드번홀Woodburn hall'에 도착했다. 이 건물은 새 건물처럼 멋졌다. 그러나 '우드번'이라는 말이 너무나 생소했다. 나중에 알고 보니 정치학과에 거액을 기부한 사람의 이름을 따서 지은 것이었지만, 당시로서는 참 재미있는 이름이라고 생각했다. 이 때, 옆에 있던 아내가 "나무가 불타는 곳"이라며 설명해준다. 지금도 잊어버릴 수 없을 만큼 뇌리에 박히는 설명이었다. 이 블루밍톤에서의 삶은 내게 두고두고 잊지못할 추억이 되었고, 또 이 유학 시절은 내 삶 속에서 가장 행복했던 시기였다. 유학생 누구나 그렇겠지만, 오직 공부만이 삶의 전부였고, 아침부터 학교를 오가며 점심용 샌드위치를 싸서 책만 읽고 책속에 파묻혀 사는 단순한 삶, 하지만 더할 수 없이 평화롭고 평온한 삶이었다. 또 어린 지영이가 조금씩 조금씩 커가는 모습을 지켜보며 뿌듯함을 느낀 것도 또 다른 즐거움의 원천이었다.

학기 중에는 공부를 하다가 방학때 시간이 나면 가끔 '몬로레이크Monroe lake'에 잉어를 잡으러 다녔다. 당시만 해도 −지금도 그렇지만− 한국에서 잉어는 굉장히 귀한 고기로 대접받았는데 미국에 와서 보니 미국 사람들은 잉어를 좋아하지 않아 우리 한국 유학생들이 낚시할 때 목표로 삼는 가장 인기있는 어종이었다. 커다란 호수가 모래사장에 낚싯대를 걸어놓고 약간 멀리서 일행과 더불어 이런 저런 얘기를 나누고 있다 보면 어느덧 낚싯대가 휘어진다. 그것은 바로 잉어가 미끼를 물고 힘차게 잡아 다니고 있다는 신호였다. 그러면 잽싸게 뛰어가서 그 낚싯대를 반대방향으로 힘껏 잡아 다니며 십분 정도 걸리는 사투를 벌렸다. 미끼를 문 잉어를 잡아끌며 세 번 정도 공중으로 부양시켜 공기를 마시게 함으로써 힘을 빼곤 했던 기억은 물론 『노인과 바다』에서 나오는 장면과는 결코 비교할 수 없을 터이지만, 잊을 수 없는 생생함의 느낌이었다. 조그마한 어린아이처럼 그런 크기의 잉어를 가슴에 가득 안고 차를 타고 집으로 돌아오던 것을 생각하면 지금도 가슴이 뛴다.

그런가 하면 주중에는 학교 도서관에 가서 세미나를 위해 읽어야 했던 책들을 찾아 읽고 또 집으로 수많은 책을 빌려와 꼼짝하지 않고 읽으면서 학문에 정진하던 삶. 지금 생각해보면 내가 진정 학문다운 학문을 했는지는 알 수 없으나, 이렇게 선택과 집중을 하는 생활은 그 이전에도, 그 이후에도 없었다. 또 여가가 있을 때 같은 유학생 동료들과 같이 노름도 하고, 한적한 '파크'에 놀러 다니기도 하면서 바쁜 가운데 망중한(忙中閑)을 즐긴 추억은 지금도 파도처럼 밀려온다. 그렇게 블루밍턴에서의 삶은 무르익어 갔다. 특히 나는 신부가 되려다 길을 바꾸었기 때문에 동창 친구들이라면 신부들밖에 없었다. 사회에 그런 친구가 있을 리 없었다. 그런데 블루밍톤에서의 생활 중 그런 친구들을 사귀게 되었고 그들과 맺어진 우정은 삶 가운데 소중한 보석처럼 남아있다. 나와 가족이 블루밍턴에서 살았던 '레드버드힐Redbudhill 아파트먼트 1005동', 지금도 '텐 · 오 · 화이브'로 기억되는 그곳은 그런 의미에서 아늑함의 보금자리였다.

미국에서 공부할 때 크게 느껴진 것은 그들의 인간관계였다. 기존의 우리 사회, 우리의 인간관계에서 찾아보지 못하고 느껴보지 못했던 새로운 사고방식, 새로운 삶의 방식이 매우 인상적으로 다가왔다. 나는 학부의 수업을 맡으면서 학부생들과 형성하게 되는 인간관계에서 한국의 그것과는 다른, 그 무엇을 맛볼 수 있었다. 내가 보기에 그들은 건강한 개인주의적인 삶과 발상에 익숙해져 있었다. 대학원에서 공부를 하면서 정치사상, 정치철학에 특히 매료되었는데, 세미나에서 요구하고 있는 많은 책들을 읽으면서 인간이란 어떤 존재인지 새로운 문제의식을 느끼게 되었다. 기존에 가톨릭 대신학교에서 배우던 것과는 달리 인간에 대해 정치·사회·문화적 맥락에서 제약없이 접근하는 것이 그렇게 흥미로울 수가 없었다. 나는 또 교수님들과 같이 일을 하면서 특히 학부생들을 사로잡았던 틸튼T. Tilton 교수에 대해 감명이 컸다. 그가 가르치러 강의실에 들어가면 학생들을 사로잡는 특별한 카리스마를 발휘하는 것이었다. 수업시간에 학생들이 어떻게 하면 A를 받을 수 있느냐고 질문하자, 크게 웃으면서 "I need to be impressed"로 대답한 것이 지금도 기억에 새롭다. 나는 결심했다. 나중에 교수가 되면 반드시 그의 교수법을 본받으리라. 결국 그 후 나도 교수가 되어서 학생들을 가르치면서 틸튼 교수의 그 열정적 모습을 자주 머리에 떠올리곤 했다.

대학원 공부는 순조로웠다. 내가 대학원 시간에 제출한 레포트는 많은 교수님들로부터 격찬을 받았고, 그것은 내게 커다란 격려와 용기가 되었다. 20명이나 되는 대학원생들의 상대평가에서 나는 당당히 2등을 한 것이다. 수업시간에 영어로 말을 하는 것으로는 그들을 당해낼 수 없었으나, 글로 쓰고 레포트를 작성하는 문제에 있어서는 그들보다 한 수 높다는 평가를 받았다. 뿐만 아니라 학부학생들과 상대하고 그들과 씨름을 하면서 보낸 생활, 그들의 일거수 일투족을 보면서 그들의 삶을 보다 가까이 접할 수 있었다. 과연 그들은 자유분방했다. 그러면서도 권위에 대한 승복이라는 현상은 살아 있었다.

누구나 그렇겠지만, 가끔 미국 유학생 시절을 정겹게 돌아본다. 내 인생 속에서 가장 행복했고, 가장 평온했던 시절이라고 생각하면서 때때로 미국인들 사이에 형성되는 인간관계도 반추해 본다. 분명 한국사회에서 인간관계는 도전처럼 느껴진다. 사람들을 만나보면 너나 할 것없이 인간관계 때문에 골머리를 앓는 경우를 많이 보아왔기 때문이다. 너무 가까워지면 가까워서 문제, 너무 멀리하면 멀어져서 문제다. 너무 가깝다보면 오래지 않아 분란이 일어나고 그렇다고 해서 멀리하면 글자그대로 남남처럼 살게 되는 것이다. 부탁 한번 하기도 어렵다. 제자들도 추천서나 결혼식주례 같은 것을 부탁할 때 흔히 "종종 찾아 뵈었어야하는데 그렇지 못해서 죄송해요"로 시작한다. 자주 찾아오는 등, 마치 항상 한 가족처럼 지내지 못한 것이 죄송스럽다는 듯이 말이다. 그러나 그렇게 말하는 그들의 마음씨는 고맙지만 그들도 사회생활, 직장생활을 하느라 얼마나 바쁜가. 그러니 그렇게 죄송스럽게 생각하지 않아도 되는 것인데….

우리 인간관계의 핵심은 정이라고 생각한다. 우리는 사람을 만나면 좋아하든 싫어하든 항상 '정'으로 만나 '정'으로 끝난다. 그래서 '고운 정' 못지않게 '미운 정'이 있다. 이 정은 당연히 인연에서 시작한다. 내가 너하고 학연이나 지연 등 인연으로 맺어졌다는 말처럼 더 정다운 말도 없고 바로 그것이 우리 인간관계의 핵심을 말해준다. 그러나 내가 느끼기로는 미국인들에게 있어서는 '정'보다 '공정성'을 더 중시하는 것 같다. 그래서 이야기하다가도 항상 "Is it fair?"라는 식의 물음을 던지는 모습이 퍽 인상적이었다. 나도 그런 질문을 많이 받았다. 우리말로 보면 '공평' 혹은 '공정'인데, 사실 우리 한국인들이 즐겨 쓰는 용어 중에서는 그런 공정이나 공평이라는 말은 들어있지 않다. 이 공정성에는 개인이 하나의 인간으로서 대접받아야 한다는 것이 자리잡고 있는데, 바로 거기에 개인주의가 있는 것이다.

물론 우리는 개인주의라는 말에 대해 좋지 않은 감정을 가지고 있지만, 그들의 개인주의는 대체로 건강했다. 남으로부터의 간섭이나 의존을 원하지 않고 자기 힘으로 자신이 원하는 목표를 이루겠다는 의지가 두드러지기 때문이다. 그러다보니 자기가 즐기고 원하는 것을 하겠다는 것 못지않게 자기 자신에 대한 책임감 또한 강할 수밖에 없다. 그들은 남에게 신세지는 것을 매우 특별한 부담으로 받아들인다. 특별한 경우 말고는 남에게 신세지는 것을 좋아하지 않는다는 뜻이다.

또 미국인들의 개인주의에는 인간관계에서 일정한 거리를 두어야 한다는 사고방식이 강한 것 같다. 따라서 사람들끼리 친해지고 또 사랑하더라도 그들 사이에 공간과 틈을 만들고 그 공간과 틈속으로 바람과 햇볕이 스며들게 만드는 것이다. 만일 두 사람이 서로 친해지고 좋아한다고 해서 항상 같이 있고 같이 동고동락하고자 한다면, 마치 간격없이 아주 가깝게 붙어있는 나무처럼 서로는 서로에게 그늘을 드리우는 수밖에 없다. 이처럼 나무들 사이에 햇볕이 스며들지 못하고 그늘만 드리운다면 혹시 서로 질식하게 되는 것은 아닐까. 그래서 미국인들이 일반적으로 염두에 두는 건강한 인간관계는 좋아하는 사이라도 햇볕과 바람이 통할만큼 간격을 두는 것이 아닌가 생각된다. 우리 식으로 표현하면 '불가근不可近·불가원不可遠'이 되는 것이다. 그에 비하면, 한국인의 경우는 서로 좋아지면 '나'와 '네'가 따로 없고 당장 '자타불이自他不二'처럼 '우리'가 되어버린다.

인간이 살아나가는 데 어떤 관계가 좋을까. 개인으로서 품위있고 자신있게 살아나가려면 그들의 방식이 좋을까. 아니면 우리의 방식이 좋을까. 나는 주변에서 인간관계에 대해 고민을 하고 있는 모습들을 너무나 자주 보아왔기 때문에 미국인들의 삶의 방식, 서구적인 인간관계가 때로는 대안이 될 수 있지 않나 상상해보기도 한다. 물론 그런 인간관계에 장점만 있는 것이 아니라 단점도 있겠지만….

또 하나 그들의 특징을 꼽을 수 있다면 "고맙다", "미안하다"라는 말이 너무나 쉽게 쓰여지고 있다는 것이다. 물론 "고맙다" "미안하다"라는 말이 본인의 진심이라고 하기보다는 예의의 차원이나, 언어의 관행으로 느껴지는 것이 사실이다. 다시 말해 그들이 진정으로 마음속으로부터 고맙다고 생각한다거나 미안하다고 생각하는지는 알 수 없다는 의미이다.

그럼에도 불구하고 그들이 매우 조그마한 일에도 "고맙다"거나 "미안하다"는 말을 스스럼없이 쓰는 것이 그토록 신기할 수가 없었다. 물론 우리도 종종 그런 말을 쓴다. 하지만 이것은 크게 도움을 받았다든지 혹은 크게 잘못했을 경우, 다시 말해 큰 일을 겪었을 때 "고맙다"든지 "미안하다"는 말을 쓴다. 작은 일에 그런 표현을 쓴다면, '너무나 쪼잔하다'는 느낌을 주게 될 것이다. 그렇지만 미국인들은 상상할 수 없을 만큼 조그마한 일에 있어서도 이 두 가지의 언어를 아끼지 않는다.

나는 가끔 생각해본다. 고맙다는 것, 물론 말로써 "고맙다"는 표현을 할 뿐이지만, 그 기원을 올라가면 상당히 의미있는 어떤 철학을 발견할 수 있는 것이 아닐까. 미국인들이 조그마한 일에도 서슴지 않고 "고맙다"고 이야기할 수 있는 근거는 무엇인가. 사실 그것은 삶에 대해서 고마움을 갖고 있다는 뜻이 아니겠는가. 나부터도 내 삶이 얼마나 고마운 것인지 잊어버리고 산다. 바쁘면 바쁜 대로 짜증이 나고 일이 없으면 일이 없는 대로 남으로부터 인정을 받지 못하고 있다는 느낌을 떨치지 못한다. 또 은혜를 받은 것은 쉽게 잊어버리고 섭섭해 하고 마음 상한 것들만이 마음에 남는다. 그것은 마치 어렸을 때는 어린 시절을 즐기기보다는 어른이 되기를 초조하게 기다리고 막상 나이를 먹어 어른이 되어서는 늙음을 한탄하고 젊음을 그리워하거나 부러워하고 있는 역설과 같다. 그리고 보면 젊든 늙든, 섭섭함을 토로할 기회는 많아도 고마워할 기회가 없는 셈이다.

이 섭섭함의 문제는 물론 청춘과 노년의 문제를 뛰어넘는다. 그래서 오랜만에 지나간 과거의 사진을 보더라도 그 사진속의 사람을 생각하면 고맙다는 것보다 섭섭하다는 느낌이 앞선다. 또 오랜만에 친구를 만나더라도 섭섭한 일이 있었다는 기억이 새로워지는데 비해, 고맙다든지 감사한다든지 하는 느낌을 갖게 되는 경우는 드물다. 정말 이상한 일이다. 하지만 따지고 보면 삶이 고단하다고는 하나, 또한 고마운 일들이 얼마나 많은 것인가. 태어났다는 사실 자체가 고마움이 아닌가. 생일축하를 하면서 "happy birthday"를 노래한다는 것이 그 증거일터이다. 그런데도 우리사회는 왜 그리 자살이 많을까.

또 미국사람들은 유난히 행운幸運, 즉 'luck'이라는 표현을 많이 쓴다. 일이 잘 되면 'good luck', 성공과 축복을 기원할 때도 'good luck', 잘못되었으면 'bad luck' 혹은 'hard luck'이다. 하도 미국인들로부터 이 말을 자주 들으니 이들은 운명론자인가 아니면 스토아학파의 제자들인가 하는 의구심이 들 정도다. 그렇지 않고서야 시험을 잘 보라고 기원을 할 때 "good luck"이라고 말할 까닭이 없다. 우리 같으면 "시험 잘 쳐", 혹은 "최선을 다해" 그런 식으로 인간의 의지를 자극하는 소리를 할 텐데, 뜬금없이 그들은 행운 이야기를 꺼내는 것이다. 이 행운에 무슨 자유의지가 있을 것인가.

하지만 이런 생각도 들었다. 그들이 그렇게 운을 강조하는 것은 삶에 대한 감사함의 표현이 아닌가 하는 느낌 때문이다. '내'가 잘 되는 것도 '내 힘'이 아닌 그 누구의 힘이 작용하고 있다는 생각을 하게 되면 '나'의 성공이나 성취에 대해 좀 더 겸손해질 수 있지 않을까. 반대로 '내'가 실패했을 때라도 순전히 '내' 잘못의 결과가 아니라 말로 표현할 수 없는 그어떤 힘이 작용한다고 보면 '나'로서는 죄책감에 빠질 이유가 좀 더 줄어들고 용기를 낼 이유가 좀 더 생기는 것이 아닐까.

인디애나 법과 대학에 힉스Hicks라는 미국인 교수가 있었다. 그가 우리 한국인 유학생 공동체에서 유명하게 된 이유는 간단했다. 한국인 고아들을 일곱 명이나 입양해서 키우고 있기 때문이었다. 한마디로 그는 휴머니스트였다. 그래서 한국인 모두로부터 마음에서 우러나오는 존경을 받았다. 그가 한국인 고아를 입양할 때는 기준도 특이했다. 글자 그대로 고립무원의 고아, 이름도 성도 모를 정도로 길가에 버려진 고아를 엄격하게 선정하여 한 사람 한 사람씩 입양한 것이다. 그 교수와 한국인 고아들과의 인연, 그것은 유학생 모두를 감동시켰고 당연히 가끔씩 그와의 만남이 이루어졌다.

그는 입양한 한국인 일곱 명과 자신의 원래 아들 둘을 합하면 총 아홉 명이 되었다. 물론 아내도 있었다. 이 숫자는 야구팀을 구성하기에 딱 적합한 숫자가 되었다. 그래서 한국인 유학생들과 친선 야구경기도 가끔씩 하였다. 그럴 때면 힉스 교수는 으레 팀의 주장이 되어 자신의 팀을 진두지휘하고 우리와 즐겁게 야구경기를 했다. 경기가 끝나고 나면 우리가 장만한 음식으로 즐겁게 파티를 하면서 이야기를 나누었다. 나도 경기에 참여하기도 했지만 참으로 흐뭇하고 아름다운 광경이었다.

나는 힉스 교수의 모습에 크게 매료되었다. 어느 날 그 부부를 우리 집에 초대하여 같이 저녁 식사를 했다. 한국인 고아들을 서슴지 않고 입양하는 그의 생활 태도는 말 그대로 감동적이어서 그의 생활 방식이 궁금했다. 식탁에서 이런 저런 이야기를 같이 나누면서 즐거운 시간을 보낼 수 있었다. 아홉 명이나 되는 애들을 한 집에서 키우는 것이 힘들지 않느냐고 질문하자 그의 아내는 전혀 힘들지 않다고 했다. 시장에 가서 일주일 치 음식을 잔뜩 사다가 냉장고에 넣어 두면 아이들이 알아서 우유나 빵 혹은 햄을 꺼내 먹는다는 것이다. 이야기 중에 입양된 아이들로부터 자신의 아들을 구분하기 위하여 '바이올로지컬 썬biological son'이라고 표현했을 때 정말 묘한 느낌을 받았다. '어덥티드 썬adopted son'과 '바이올로지컬 썬'이 이렇게 실감나게 들릴 수 있다는 것도 그 때 비로소 깨달았다. 그런가 하면 아이들을 입양하는 독특한 철학에 대해서도 물어 보았다. 그랬더니 자기들로서는 한국에서 가장 버림받은 아이들을 골라서 입양하는 것이 원칙이라고 강조하는 것이었다. 또 한국인 고아들을 입양하게 된 계기를 궁금해 하자 포천에서 미군으로 근무하던 자신의 친척이 도움을 요청하여 한국인 고아를 받아들인 게 인연이 되어 지금까지 계속하고 있다는 것이었다.

힉스 교수의 모습이 떠오를 때마다 한편으론 부끄러운 생각도 들고 나 자신도 돌아보게 된다. 이역만리의 그곳에서 백안의 미국인이 피 한 점 섞이지 않은 한국의 아이들을 입양하여 키운다는 것. 그 얼마나 경이로운 일인가. 그는 한국 아이들을 입양할 때마다 연방수사국FBI에 가서 열 손가락의 지문을 찍는다고 했다. 매번 그랬다는 것이다. 우리나라의 경우처럼 주민등록증 발급을 위해 지문을 찍는 나라가 아닌데, 또 미국에서 남부럽지 않은 법대 교수로서 혹시 저지를 수도 있는 만약의 범죄를 예방하기 위해 지문을 찍는 행위를 감내한다는 것에 대해 고마움을 느끼지 않을 수 없었다. 사실 힉스 교수 자신도 손가락 지문을 찍을 때의 당혹스러움을 솔직히 고백하는 것이었다. 범죄자도 아닌데 예비 범죄자인 양 고아 입양을 위해 지문을 찍을 때마다 "왜 내가 이런 고생을 사서 하나" 하는 마음이 든다는 것이었다.

나는 지금도 의문이다. 힉스 교수의 고아 사랑, 인간애는 도대체 어디서 비롯된 것인가. 미국인들은 우리처럼 혈연이라는 끈끈한 정을 가지고 있는 것 같지는 않다. 그런데 우리로서는 아무리 상상의 나래를 펴도 도저히 생각이 미치기 어려운 보편적인 사랑을 실천하는 것이다. 이런 사랑이라면 '쿨한 사랑'이라고 해야 하는 것인가. 그들 가운데 이런 사랑을 실천하는 사람들이 꽤 있다. 그러고 보면 사랑이란 자연적으로 타고 나는 것이 아니라 후천적으로 만들어지는 것이 아닐까. 미국인으로서 한국인 고아들에 대해서 자연적인 사랑은 있을 수 없는 일이다. 하지만 그들이 보편적인 사랑으로 실천하는 인간애는 정말이지 꽃보다 아름답지 않은가.

가끔 힉스 교수가 생각난다. 물론 그는 미국의 대표적인 지성도 아니고 오직 인간애를 실천한 평범한 미국인 교수다. 마치 바이블에 나오는 '착한 사마리아인'과 같은 존재다. 같은 동족도 아니면서 오로지 강도로부터 해를 입었다는 이유만으로 불쌍해진 유대인을 보살핀 사마리아인, 바로 그가 힉스 교수가 아닌가. 그는 친족도 아닌데 버림받았다는 이유만으로 또 도움을 필요로 한다는 이유만으로 한국의 고아들을 거둔 것이다. 우리가 한국인이라고 하지만 힉스 교수와 같은 고마운 사람을 모르고 지나쳐 버릴 수도 있었다. 인디애나 대학이 아니었다면 분명 그를 몰랐을 것이다. 다행히 한국 유학생들이 블루밍톤에 그와 같이 있음으로 인해서 그의 아름다운 행동을 목격할 수 있었고 또 작은 행위지만 감사의 정을 나름대로 표시할 수 있었다. 그러나 만일 내가 그 교수를 직접 보고 경험하지 못했더라면, 혹은 단순히 언론에서 통계적으로 보는 미국인 입양부모의 모습이었다면 결코 리얼하게 느껴지지는 못했을 것이고 익명의 온정주의자로 남았을 것이다. 그러나 두 눈으로 그를 똑똑히 보고 그의 선행과 선의, 생활 태도를 가깝게 목격하고 나니 부끄러움과 감동스러움을 억누를 수 없었다. 한국의 버림받은 고아를 키워주었던 그. 아직도 겸연쩍게 웃고 있는 그의 모습이 역력하다.

지금의 관점으로 보면 미국 가서 공부한 것이 대수로운 일은 아니다. 수많은 한국의 젊은이들이 미국에 가서 공부하고 있지 않나. 그러나 내게 있어 블루밍톤에서의 삶은 고마운 삶이었다. 마치 강바람이 노를 젓는 뱃사공의 땀을 식혀주듯, 산바람이 나무를 베는 나무꾼의 땀을 식혀주듯, 미국이라는 곳에서의 새로운 삶은 나의 고단함과 땀을 식혀주었다. 세속으로 나와 삶을 위해 분투하면서 흘리던 땀을 식혀준 것이다. 우리와 다른 삶의 방식과 철학을 가진 삶의 세계를 만 5년 동안 살았다는 것이 달콤한 추억거리로 남아있는 이유다.

'칼'을 갈았던
연단의 시절과
아버지의 죽음

미국에서 학위를 받고 성취를 했다는 느낌을 가졌다. 부푼 가슴을 안고 귀국했다. 허나 당장 현실은 막막했다. 서울에 있는 대학의 어느 한 자리도 만만치 않았다. 대학원의 동창들은 벌써 거의 다 대학의 전임교수로 자리 잡았는데, 나는 갈 데가 없었다. 나이도 35세라는 늦은 나이에 유학을 가서 40세가 되어 돌아왔는지라 나이도 적지 않을 뿐더러 정치학을 했지만 학부 때의 신학이나 철학과 상치되니 반갑게 맞아주는 데가 없었다. 좌절감을 뼈저리게 느끼면서 강사생활을 시작했다. 많은 회한들을 곱씹을 수밖에 없었다. 미국에 가기 전 성심여대에서는 정의채 신부님의 추천으로 전임교수로 오라고 했는데 공연히 미국 유학을 가겠다며 고집을 부렸던 자신이 한스러웠다. 이용필 선생님도 애써 주셨고 이리저리 자리도 알아봐 주셨지만 행운은 나의 편이 아니었다.

결국 가까웠던 대학원 동창이 의리를 발휘해서 자신이 있던 대학으로
불렀다. 바로 진주에 있는 경상대학교였다. 고마운 배려였다. 경상대로 내
려가게 되었을 때 안도감도 느꼈지만, 정신적으로는 아직도 방황 중이었
다. 아내와 아이는 미국에서 공부 중이었고 진주 또한 낯설고 물설은 곳
이었다. 물론 경상북도 왜관에서 오랜 동안 기숙사 생활을 했기 때문에
경상도 문화에 익숙해질 법도 했지만, 진주는 또 다른 문화권이었다. 그
곳에서 교수로서의 전임 생활을 시작한 것이다. 나이는 40이었다. 다행히
그곳에 있던 여러 동창들의 도움으로 진주에서 생활하는데 큰 불편이나
어려움은 없었다. 그들은 진심으로 나에게 도움을 주었으나 마음속에는
허전함이 있었다. 서울에 자리를 잡지 못하고 가족과 떨어져 있다는 것이
외로움과 허전함의 원천이었다.

경상대에서 학생들을 가르치는 것은 하지만 재미있고 신명나는 일이었
다. 새로운 지식에 목말라 하고 있는 그들에게 새로운 내용과 새로운 교
수기법으로 다가가면 그들은 눈망울을 반짝이면서 감동하는 모습을 보였
다. 그러나 그런 자기충족의 시간이 끝난 다음 찾아오는 허전함은 어찌할
수 없었다. 진주에서 전봇대에 붙어있는 '하숙구함'이라는 전단지를 열심
히 읽으며 어렵사리 얻은 하숙집에서 밤에 혼자 잠을 청하게 될 때마다
패티김과 최진희의 노래를 들으며 외로움과 슬픔에 겨워 눈물이 나오곤
했다.

결국 그렇게 해서 11년간을 진주에 머무르게 되었다. 나중에 아내가 귀
국해서 서울에 있는 덕성여대에 자리를 구하게 되자 나는 영락없이 주말
부부의 신세가 되었다. 말하자면 '국내판 기러기 아빠'였다. 주중에는 학
생들을 가르치다가 주말이 되면 대체로 서울로 올라갔는데, 고속버스로

는 4시간 반이나 걸렸다. 버스 안에서 보내는 그 4시간 반은 왜 그렇게 길었는지…. 휴게소에서 두 번을 쉬어가니 그 사이 두 번이나 잠을 자도 서울에 도착하기에는 시간이 남았다. 게다가 이런 저런 이유로 교통 체증이 생겨 차가 연착하면 5시간은 족히 걸렸다. 그런 생활을 하다 보니 어느새 자포자기하는 마음이 들었다. 주말에 서울로 갔다가 월요일 아침 5시에 일어나 진주로 가는 아침 첫 차를 타고 경상대에 오는 생활이 반복됨에 따라 몸은 몸대로 물에 젖은 솜처럼 피곤하고 정신조차 궁핍해졌다. 또 학교생활에 충실하지 못했으니 학생들에게도 죄책감과 미안한 마음이 들었다. 그러나 그렇다고 서울에 있는 가족을 보러가지 않을 수도 없었다.

그런 생활을 1~2년 하게 된 후 갑자기 새로운 결심을 하게 된다. 아니, 내가 결심을 했다고 하기보다는 새로운 마음이 나도 모르게 들게 되었다는 표현이 적절하리라. '이왕 이렇게 된 거 정말 무엇인가 열심히 살아보고 실적도 내보자.' 그 후부터 새로운 결의로 서울에 있는 학회에서 용기를 내서 발표도 하고 책을 쓰기로 하였다. 게다가 나를 마냥 믿어주시던 이용필 선생님의 따뜻한 격려와 배려는 든든한 힘이 되었다. 이렇게 살다 보니 어느덧 진주의 삶에도 애착이 생기고 또 이 삶을 충실하게 채워야겠다는 생각이 들었다. 어떻게 하면 좋은 책을 쓸 수 있을까 하며 책의 구성과 내용을 가다듬느라 시간이 가는 줄 몰랐다. 이와 더불어 새로운 투지가 솟아올랐다. 그 결과 실적들이 하나씩 둘씩 나오기 시작했다. 나는 90년대에 일 년에 두 번씩 나오는 『정치학 회보』에 매번 글을 실었다. 그러다보니 나중에는 그 회보에 가장 많은 논문을 게재한 집필자로 어느 한 필자가 자신의 논문에서 통계를 통해 밝히기도 하였다.

그 경상대 11년의 시간은 기다림과 연단의 세월이었다. 나도 모르게 선택과 집중을 했던 시기였다. 그 시기, 그곳에서 『합리적 선택과 공공재』라는 책을 냈다. '합리적 선택rational choice'의 방법론을 한국의 속담으로 풀어서 접근한 책이었는데, 학계의 반향은 매우 좋았다. 지금도 학계의 동료들을 만나면 그 책을 기억해 주고 있고 그 책을 읽은 느낌을 감탄조로 말해준다. 참으로 기분 좋은 일이었다. 나는 그 책을 쓰면서 마음의 열정을 불살랐던 것이다.

그래도 나는 외로웠다. 500명이 넘는 경상대 교수진 가운데 가톨릭대학 신학부 출신 교수는 내가 유일했다. 선배가 있을 수 없고 후배가 있을 리 없었다.

그러던 어느 날 나는 서울대로 가게 되었다. 서울대로 가게 되다니…, 꿈만 같았다. 하지만 나는 서울대로의 이동을 아버지의 죽음과 연관시킨다. 정말 이상한 일이다. 특별한 근거가 있는 것도 아닌데, 왜 그럴까. 바로 그 무렵 아버지의 죽음이 있었기 때문일까. 아닌게아니라 아버지는 98년 10월에 돌아가셨고 나는 99년 2월에 서울대로 옮겼다. 아! 아버지의 죽음. 어머니가 돌아가시고 나서 거의 20년을 더 사셨던 아버지. 그 아버지가 돌아가시고 나서 나는 대학을 옮긴 것이다. 나는 지금도 이 상황은 시간적으로 보면 '선후관계先後關係'지만, 왜 그런지 이치상으로 보면 '인과관계因果關係'로 보아야 한다며 상상의 나래를 펼친다. 아버지가 돌아가신 '다음' 학교를 옮긴 것이 아니라 아버지가 돌아가셨기 '때문에' 학교를 옮긴 것이라는 확신이 강하게 들기 때문이다. 아! 아버지의 죽음이 나를 둘러싼 모든 사슬과 족쇄를 풀어버린 것이 아닐까.

비록 어머니만큼은 아니었으나 자신의 특유한 방식대로 나를 사랑해주고 믿어주신 아버지. 우리 집 형제들은 유난히 어머니에게 집착했다. 나뿐만이 아니었다. 신부님이 된 형도 마찬가지였다. 그래서 아버지에 대해서는 항상 거리감이 있었고 때로는 비판조의 마음도 가졌다. 아버지가 조금 더 잘했더라면, 아버지가 조금 더 지혜로웠더라면, 어머니가 그토록 고생하지 않으셨을 텐데, 또 일찍 가지 않아도 되셨을 텐데…, 라는 생각이 문득문득 들었다. 오죽하면 어머니가 돌아가시게 되었을까. 우리집 형제들은 어머니의 죽음을 아버지의 탓으로 돌리곤 했다. 그 옛날 어머니가 위암에 걸려 죽음을 앞두게 되셨을 때 형은 그런 이야기를 어머니에게 했다고 한다. "어머니가 직면한 죽음의 순서를 아버지로 바꿨더라면 참 좋았을 텐데…"라고. 지금 생각하면 불효막심한 말임에 틀림없지만, 그 당시엔 내 심정도 그러했다.

그러나 돌이켜 보면 노년에 말로 형언할 수 없는 고생을 하고 견디기 힘든 고통을 온몸으로 참아내셨던 아버지. 당신에게는 충청북도 부강에서 어머니와 10년 동안 가톨릭의 본당회장으로서 활약을 하시던 것이 최고의 전성시대였다. 고생도 많이 하셨다. 전교를 위해 추운 겨울에 발이 빠질 만큼 눈으로 뒤덮인 시골길을 마다하지 않고 밤낮으로 다니셨고 빙판을 가로질러 강을 건너기도 했다. 한번은 얼음길을 따라 강을 건넜는데 강을 건너고 나니 바로 시퍼런 강물이 흐르더라는 것이다. 실로 간발의 차이였다. 아버지는 유식하셨고 글도 잘 쓰셨다. 어머니가 우리형제들을 상대로 아버지에 대해 유난히 칭송하는 것이 있다면 바로 그 글씨체였다. 지금 생각해봐도 아버지의 글씨체는 정말 멋졌다. 명필이라고 할 만했다. 나는 지금도 악필 가운데 악필이니 아버지의 글을 평가할 입장조차 되지 못한다.

아버지는 미국 메리놀 회 신부님들 밑에서 전교 회장 직책을 맡아 활동하실 때도 항상 유식한 사람들에게 교회의 필요성과 믿음을 설명하는 역할을 하셨다. 그 당시 내가 보기에 아버지는 시골에는 어울리지 않는 지성이었고 인텔리였다. 어머니는 글자도 모르는 농촌 아낙네들을 한글까지 깨우쳐주며 가톨릭의 요리문답을 가르쳐 주었지만, 아버지는 항상 논리적으로 신의 존재 문제라든지 믿음에 관한 근거와 같은, 심오한 문제들을 풀어나갔다. 내게는 그런 아버지가 멋졌다.

그럼에도 난 아버지께 잘하지 못했다. 마음속으로부터 아버지를 사랑하지도 못했고 자랑스러워하지도 못했다. 또 아버지를 위해 무엇인가 헌신해야 되겠다는 마음조차 갖지 못한 것이다. 뿐만 아니라 귀국 후 일이 잘 풀리지 않았을 때 아버지를 원망하는 마음이 가득했다. 아버지가 조금 더 충실히 사셨더라면 내 길이 순조롭게 풀렸을 텐데… 용서받을 수 없는 불효자의 마음이었다. 하지만 아버지가 돌아가시면서 나는 서울 대학교로 가게 되었다. 내가 학교를 옮긴 것. 이것은 우연이 아니라 아버지가 돌아가시면서 불효자였던 내게 주신 마음의 선물이 아닌가 생각한다. 또 그것은 단순한 상상이 아니라 확신의 수준이다. 아버지의 죽음으로부터 수많은 세월이 흐른 지금에도 나는 이상하지만 그런 상념에 빠져 있다.

나는
차고 넘치는
잔

서울대로 오면서 엄청난 변화가 있었다. 그 가운데에서도 내게 가장 의미가 있었던 것은 집과 일터의 일치이다. 서울에 정주하게 됨으로써 '기러기 아빠'의 신세를 면하고 가족끼리 같은 삶을 사는 생활공동체를 이루게 된 것이다. 생각하면 원래 고향이 서울이고 초등학교를 서울에서 졸업한 나는 경북 왜관의 수도원 생활부터 시작하여 진주에 있는 경상대 등 외지에서 오랫동안 생활했다. 그러다보니 가족과 떨어진 생활도 감내할 수밖에 없었다. 임용통보를 받고 서류를 떼기 위하여 종로구청에 갔을 때 감회가 새로웠다. 가족과 함께 사는 삶이 내 삶이 된 것이다.

서울대에서의 삶은 새로운 둥지를 틀었다는 느낌 못지않게 오랜 항해 끝에 항구를 발견했다는 안도감을 주기에 충분했다. 새로운 환경, 새로운 동료, 새로운 학생들과의 만남은 나를 설레게 했다. 물론 서울대에 머물

시간이 길지 않았음을 나는 알고 직감하고 있었다. 1999년에 왔으니 53살에 온 것이고 앞으로 학생들을 가르치며 지낼 수 있는 기간은 13년 밖에 남지 않았다. 그렇지만 나에겐 감사하는 마음이 너무나 컸고 그것은 영혼을 채웠다.

나는 『칼레의 시민』 이야기를 좋아한다. 그중에서도 카이저G. Kaiser라는 독일작가가 희곡으로 쓴 판본 가운데 나오는 한 구절을 무척 좋아한다. 프랑스의 로댕이 조각상을 만들어 기릴 정도로 유명해진 '칼레의 시민'. 그것은 영국과 프랑스간의 100년 전쟁 때 일어난 사건으로 칼레시를 포위한 영국왕이 항복의 조건으로 6명의 희생자를 요구한다. 그런데 공교롭게도 7명의 지원자가 나옴으로써 한 명이 필요없는 상황이 되었다. 이때 가장 먼저 지원했던 쥐스타트 드 쌩피에르가 6명의 희생과 헌신을 온전한 것으로 만들기 위해 스스로 목숨을 끊는다. 그리고 나서 그 아들의 관을 들고 나오는 아버지는 외친다. "나는 차고 넘치는 잔이다." 아버지는 그런 장한 아들을 둔 자신의 삶을 차고 넘칠 정도로 축복을 받은 잔으로 비유하고 있는 것이다.

그렇다. 나는 이 "차고 넘치는 잔"이라는 말을 가슴에 아로 새겼다. 나 자신이 '차고 넘치는 잔Ich bin ein Becher, der uberfliesst'이라고 굳게 믿어 의심치 않았기 때문이다. 내 삶 전체가 그러했고 특히 학교를 옮기고 나서 더욱 그러했다.

사범대 윤리교육과에서 보낸 13년의 삶. 동료교수들과 동고동락하고 또 제자들과 고락을 함께한 사연과 시간들. 하지만 시간은 쏜살같이 흘러 어느덧 끝자락에 도달하게 되었다. 2012년 11월 30일, 마지막 대학원수업을 했다. 학생들은 케이크를 갖다놓고 촛불을 켰다. 그리고 그들은 이 마지막 수업에서 '스승의 노래'를 불렀다. '스승의 날'이 아닌데도 기어코 그 노래를 부른 것이다. 아! '스승의 노래'. 너무나 감미로운 황홀감을 안겨주면서도 가슴을 후벼파는 죄책감을 안겨주는 노래. 그 노래를 들으며 가슴이 뭉클했다. "스승의 은혜는 하늘같아서…참되거라 가르쳐주신… " 그 노래를 들을 때면 늘 고마움을 느끼면서도 죄책감이 나를 사로잡는다. 내가 그런 노래를 들을 자격이 있는 것인가. 나는 눈물을 참았다. 정다운 얼굴들! 고마운 얼굴들! 생각나는 얼굴들! 나를 스쳐간 그 얼굴들. 가슴깊이 파고드는 감미로운 추억들!

나는 이 마지막 수업에서 내가 살아온 삶을 요약했다. 그리고 수업을 끝냈다. '스승의 노래'를 들으며 떠나다니…, 한 제자가 와락 나를 껴안았다. 나는 정녕 '차고 넘치는 잔'이었다.

아! 정다웠던 그들! 아듀!

내가 유난히 좋아하는 꽃이 있다. 가을꽃이다. 왜 가을꽃일까. 내 삶이나 내가 살아온 이야기는 봄꽃보다 가을꽃을 닮았다는 생각이 들기 때문이다. 53살이라는 늦은 나이에 학교를 옮겼으니 나는 분명 봄꽃은 아니다.

그래서 그런지 내게는 언제부터인가 가을에 피는 꽃이 봄에 피는 꽃보다 훨씬 더 애잔하다는 느낌이 들었다. 남들이 봄에 꽃을 피울 때 그들을 지켜보며 묵묵히 참고 기다릴 수밖에 없는 것이 가을꽃의 운명이리라. 행여나 가을꽃에게도 마음이 있었다면 봄에 피는 꽃들을 가까이 지켜보면서 샘을 내고 초조해하지는 않았을까. 가을꽃의 마음속에는 남들이 찬란하게 꽃을 피우는데, 나만 뒤떨어져 실패자가 되는 것은 아닌가, 혹시 외톨이가 되는 것은 아닐까 하는 초조함과 안타까움이 확연히 있었을 터. 아마도 가장 괴롭힌 것은 "나는 영영 꽃을 피우지 못하는 것은 아닐까"하는 불확실성이었을 것 같다.

다른 꽃들은 풍요의 땅에 뿌리를 내렸는데, 나는 황무지의 땅에 버려진 것은 아닐까하는 의구심. 그래도 묵묵히 때를 기다렸고 겨우 때늦은 계절에 드디어 꽃을 피운 것이다. 그런 것이 가을꽃의 사연이리라.

나도 그랬다. 남들이 꽃을 피우고 아름다움을 구가할 때 나는 겨우 꽃을 피운 것이다. 가을꽃은 봄꽃보다 늦을 뿐 아니라 꽃피는 기간도 짧다. 빨리 지니 말이다. 하지만 꽃의 아름다움은 다를 게 없을 터.

삶을 돌아보면 '특권特權'을 가지고 살아온 존재라는 생각이 든다. 직장 생활이라고는 하나, 특권을 갖고 그 특권을 행사해온 삶이었다. 특권이란 '권위權威'를 가졌다는 사실에서 비롯된다. 나는 분명 권위를 가진 존재로 살아왔다. 교육자로서 살아왔다는 것은 제자와 학생들, 피교육자들에게 무엇인가 말과 지시를 하고 또 그들을 평가하는 삶을 살아왔음을 뜻하는 것이다. 교육자였기에 내 말을 듣고 따르는 사람, 혹은 보다 정확하게 말하면 내 말을 반드시 듣고 따라야 하는 사람들이 있었다는 의미다.

과연 '권위'란 무엇일까. 나는 권위를 설명할 때 세익스피어의 작품『리어왕』에서 나오는 구절을 인용하기를 좋아한다. 늙은 리어왕이 왕권을 자신의 딸들에게 물려준 다음 그 딸들로부터 배신을 당하자 배신감과 실망감에 사로잡혀 반半미치광이가 된다. 그런 상태에서 폭풍우가 휘몰아치는 밤에 들판을 뛰어다닌다. 분노를 이길 수 없었던 것이다. 그럼에도 그 뒤를 그림자처럼 따라다니는 충직한 신하 켄트가 있다. 리어왕은 그를 향해 묻는다. "너는 나를 아는가. 왜 나를 따라 다니는가?" 켄트는 대답한다. "당신의 얼굴에는 제가 '주인님master'이라고 부르고 싶은 그 무엇이 있습니다.”라고. “그것이 무엇인가.” 리어왕이 되묻자, 켄트는 “권위authority입니다.”
라고 응대한다.

역시 내가 교육자로 살아오는 동안 주변의 많은 사람들 또 많은 제자와
학생들이 나를 보고 “주인님”과 비슷한 뜻의 “선생님” “교수님” 하며 ‘님’
자를 붙이고 따라온 것이다. 물론 내가 잘하고 최선을 다해 가르치며 바
르게 말하고 바르게 행동했을 때 나를 보고 “선생님”이라고 부른다고 해
서 죄책감을 느끼는 것은 아니다. 하지만 내가 잘못했을 때도, 언행이 서
로 일치하지 않았을 때도, 혹은 그들을 부당하게 대우했을 때도, 필요이
상으로 선호와 비선호의 감정을 드러냈을 때도, 혹은 편견을 내보이거나
분노를 참지 못했을 때도, 마치 켄트가 정신 나간 리어왕을 따라다니듯
그들은 잘못한 나를 따라다녔다.

‘아, 이것이야말로 분에 넘치는 특권이 아니고 무엇인가.’ 이 특권은 내
게 있어 감사함의 원천이다. 나는 삶을 살아오면서 애증의 감정을 느꼈고,
희노애락의 감정도 느꼈다. 이것은 여느 일반 사람의 경우와 조금도 다를
것이 없는 인지상정일 것이다. 그럼에도 권위를 가지고 있다는 단 하나의
이유만으로 내 애증의 감정과 내 희노애락의 감정은 다른 사람들의 그것
보다 크게 의미있고 중요한 것으로 대접받았다. 이 얼마나 주제넘은 일인
가. 그럼에도 그들은 나의 이런 모습을 주제넘다고 생각하지 않고, 선생님
과 스승을 따르는 길이라고 믿고 승복해왔다. 그리고 시시때때로 내 앞에
서 감미로운 ‘스승의 노래’를 불렀다. 그러니 이런 상황을 두고 “감사하다”
는 말 이외에 어떻게 다른 말을 할 수 있겠는가. 확실히 내가 지금 내 삶
을 통틀어 요약할 수 있는 말은 “감사합니다” 라는 말이다.

원래 내가 어렸을 때부터 가톨릭에서 받은 본명本名, 즉 세례명은 '아가
비도' 이다. 수호성인인 아가비도라는 성인은 고대 로마시대의 '순교자'였
다. 그 성인의 이름은 어원적으로 '아가페테스agapetes'라는 그리스말에서
나왔는데, 사랑을 뜻하는 말 '아가페agape'에서 짐작할 수 있는 것처럼 '사
랑을 받은 자'라는 뜻이다. 그렇다. 나는 삶을 살아오면서 본명이 뜻하는
것처럼 주변사람들로부터 분에 넘치는 사랑을 받았다는 느낌을 무척이나
많이 받았다. 그래서 나는 '차고 넘치는 잔'이다. 참으로 감사해야할 삶이
아닌가.

리어왕처럼 듣기 좋은 말에 솔깃해하고 분별력도 부족하고 절제력도
충분히 발휘하지 못했는데, 내 뒤를 따라다니며 "선생님"이라고 부르거나
"스승님"으로 부르는 켄트와 같은 제자와 학생들이 있다고 하는 것은 누
구도 쉽게 향유할 수 없는 특권일터. 나는 결코 내 삶이 성공한 삶이라고
생각하지 않는다. 다만 감사해야 할 삶이라고 생각한다.

그러다보니 감사함 못지않게 느끼는 것이 죄책감이다. 교육자로서의 권
위를 다른 사람들이 떠받들어주는 것은 고마운 일이지만, 내가 과연 그런
권위를 향유할 만한 인품과 덕목의 소유자일까. 또 지식에 있어서도 불철
주야 절차탁마를 통해 수월성을 성취한 전문가가 되었는가. 혹시 권위를
빙자하여 잘못된 것까지 밀어붙이는 경우는 얼마나 많았던가. 모르는 것
을 모른다고 하지 않고 모든 것을 아는 '철인왕'처럼 행동한 경우는 또 얼
마나 많았던가. 내가 권위를 가지고 있어 제자들을 인도했다고는 하지만,
나는 과연 그들을 제대로 인도한 것인가. 혹시 양떼를 불러 모을 때 엉뚱
하게 북을 치지는 않았던가. 북소리는 사람들에게나 의미가 있을 뿐 양떼
들에겐 아무런 의미도 없는 소리인데, 나는 양떼를 불러 모은다고 엉뚱하

게 '둥둥둥' 북을 친 적이 얼마나 많았던가.

지금 내가 느끼는 감회는 알퐁스 도데가 지은 『마지막 수업』에서 아멜 선생님이 마음속으로부터 쏟아내는 회한의 감정과 다를 게 없다. 나는 가끔씩 제자들의 주례를 선다. 주례사를 통해 일생일대의 사랑을 시작하는 젊은이들에게 충고를 한다. 충고를 하면서도 항상 부메랑처럼 나 자신에게 돌아오는 물음이 있다. "나는 과연 그렇게 살았는가" 하는 물음이다. 물론 모든 사람에게 위선이 있고, 또 위선이 있을 수밖에 없겠지만, 과연 나는 젊은이들 앞에서 주례사를 할 만큼 사랑과 삶에 진솔했을까.

나는 포도주로 치면 65년 된 포도주다. 그렇다면 과연 그만큼 숙성된 포도주일까. 아니면 여우가 불평한 '신포도'처럼 '신포도주'와 같은 존재일까. 권위를 가지고 그 권위를 행사해온 장본인으로서 끊임없이 마음 안에 감사함 못지않게 죄책감이 도사리고 있는 이유이다. 죄책감의 원천은 바로 "내 탓이오, 내 탓이요, 내 큰 탓이요mea culpa, mea culpa, mea maxima culpa" 라고 끊임없이 마음속으로부터 외쳐지는 목소리가 아닐까. 하기야 지금 앞에서 내가 풀어나간 이야기만 해도 과연 마음속의 진실만 들어 있겠는가. 분명 커다란 잘못은 고백하지 않았다. 나 자신의 모든 것을 홀딱 벗는 '벌거숭이'가 됨으로써 감당해야할 부끄러움을 참아낼 자신이 없었기 때문이다. 그런 점에서 이 글은 남에게 보이기 위한 이야기, 즉 분칠이 들어가 있는 '논픽션'일 뿐, 나 자신의 결점과 흠결을 한 점 꾸밈없이 드러낸 '고백록'은 될 수 없다.

그럼에도 마지막으로 간절히 하고 싶은 말이 있다. 또 내 마음의 상태가 바로 그러한데, 용서에 관한 것이다. 무엇보다도 신께 용서와 자비를 구하고 싶다. 바이블 시편의 작가가 읊은 것처럼, 내 죄가 나를 쳐다보고 있으니 나는 부르짖을 수밖에 없다. 어두운 밤도 숨을 수 없을 정도로 나의 마음을 샅샅이 꿰뚫어 보고 있는 신께 무릎을 꿇고 자비를 구할 뿐이다. 또 가족에게 용서를 청한다. 내가 가족사랑에 충실하게 헌신적으로 살아왔다고 할 수 있는가. 자신있게 말할 수 없다는 것이 용서를 청하는 이유다. 또 나를 거쳐 간 모든 제자와 학생들에게 용서를 구한다. 내 위선과 권위의식으로 상처를 받고 혹은 내 말과 행동으로 상처를 받은 그대들에게 용서를 청한다. 용서를 청한다고 해서 용서를 받는다고 생각한다면 분명 오만일 터. 그럼에도 용서받기를 삶의 끝자락까지 기다리겠다는 것이 내 마음이다.

나는 이 세상에 아무것도 가지지 않은 존재로 태어났다. 삶을 살아오면서 이룬 것이 있다고는 하나, 얼마나 보잘 것 없는 일인가. 밤에만 보이는 반딧불이의 빛이 대낮의 찬란한 태양의 빛 앞에서 어떤 존재감을 가질 것인가. 다만 반딧불이의 작은 빛이나마 낼 수 있게 해준 주변의 모든 사람들에게 마음속으로부터 우러나오는 고마움을 표현하고 싶을 뿐이다.

우한용 편

세 갈래 길이 만나는 자리

우한용 편

우한용 교수

오늘 내가 기억하는 과거는 과거의 꿈이었다.
그 꿈은 오늘의 꿈으로 연결된다. 그래서 꿈은 과거형이면서 미래형이다.
내가 기억하는 과거가 오롯이 내 삶을 규정하지는 않는다.
그 기억 속에 오늘 내가 꾸는 꿈이 들어 있다.

우한용 禹漢鎔 이 걸어온 길 ●●●

● **출생과 학력**

1948년 충남 아산군 도고면 향산리에서
부친 우기만(禹基萬)과 모친 김봉출(金鳳出) 사이에서 태어남
도고초등학교, 온양온천 초등학교를 졸업하고, 아산중학교와 천안고등학교를 졸업함
서울대학교 사범대학 국어교육과에서 학사와 석사를 마치고,
서울대학교 인문대학 국어국문학과에서 박사학위를 받음

● **경력**

1975 – 1982	서울중화중학교, 서울오류중학교, 서울북공업고등학교 근무
1982 – 1995	전북대학교 사범대학 전임강사, 조교수, 부교수, 교수로 근무
1995 – 현재	서울대학교 사범대학 국어교육과 부교수, 교수로 근무

● **저서**

〈한국근대작가연구〉(공저), 〈한국현대소설구조연구〉, 〈채만식소설의 언어미학〉,
〈한국현대소설담론연구〉, 〈현대소설의 이해〉(공저), 〈소설장르의 역동학〉
〈문학교육론〉(공저), 〈소설교육론〉(공저), 〈서사교육론〉(공저), 〈창작교육론〉,
〈실용과 실천의 문학교육〉(공저), 〈언어–문학 영재교육의 가능성 탐구〉(공저),
〈국어과 창의인성 교육의 모색〉(근간), 〈교사와 책〉(공편), 〈문학교육과 문화론〉,
〈한국근대문학교육사연구〉

창 작 집	〈불바람〉, 〈귀무덤〉, 〈양들은 걸어서 하늘로 간다〉, 〈멜랑꼴리아〉
장편소설	〈생명의 노래 1, 2〉, 〈시칠리아의 도마뱀〉
시 집	〈청명시집〉, 〈낙타의 길〉
수 상 집	〈우정의 길 예지의 창〉(공저), 〈사계의 전설〉(공저)

기억과 기억을 서술하는 방법

이 글은 내 생애를 돌아보는 일 가운데 한 부분이다. 돌아본다는 것은 현재 시점에서 기억을 재구성하는 작업이다. 기억을 재구성하기 위해서는 기억이 언어로 서술되어야 한다. 서술되지 않은 기억은 누구의 의식에도 걸려들지 않는다. 기억은 언어로 서술되어야 분명한 상을 얻는다. 그 상을 바탕으로 기억의 형상화가 이루어진다.

기억은 역사–철학적 과제이다. 역사는 기억의 과거에 연관된다. 철학은 미래와 연관되며 꿈의 형상를 지닌다. 지금 이 자리는 과거를 돌아보고 미래를 내다보며 오늘의 내가 무엇인지를 살피는 작업장이다. 과거와 미래를 같이 이끌어 녹여내는 작업장이기 때문에 용광로와도 같이 뜨겁게 달아오른다.

지금 나는 열렬한 소망을 가지고 산다. 지금의 소망은 잃어버린 꿈의 흔적이다. 내 잃어버린 꿈은 아직도 내 존재의 소맷부리를 붙들고 늘어진다. 나는 소설가로 대성하고 싶었다. 그 옛날 소설가의 꿈이 오늘의 내 문학을 밀고나간다. 소설가의 작업은 과거사가 아니라 내 미래 기획이다. 미래 기획은 아직 다가오지 않은 시간 영역이기 때문에 꿈과 연관된 영토다.

꿈의 영역을 그리는 데는 소설가의 상상력이 필요하다. 그래서 허구가 인정되는 영역이라야 한다. 기억을 그리는 데 허구가 필요하다는 것은 자칫 모순처럼 들린다. 그러나 그렇지 않다. 과거를 상상할 때 가정법이 동원되는 것은 현실만 모아서 기억이 재생되지 않기 때문이다. 가수는 노래한다. "즐거웠던 그날이 올 수 있다면…" 이 가정 속에 허구가 들어앉는 것은 이유를 물을 필요가 없다.

그래서 나는 과거를 돌아보는 글에 허구를 도입하기로 한다. 지난날에 대한 기억이 오늘의 내 꿈과 연관되기 때문에, 있었던 일만 그대로 기억하거나 그대로 서술할 수 없다. 오늘 내가 기억하는 과거는 과거의 꿈이었다. 그 꿈은 오늘의 꿈으로 연결된다. 그래서 꿈은 과거형이면서 미래형이다.

내가 기억하는 과거가 오롯이 내 삶을 규정하지는 않는다. 그 기억 속에 오늘 내가 꾸는 꿈이 들어 있다. 그래서 나는 내 과거만 기억할 수 없다. 내 과거만을 기억할 수 없기 때문에 실명을 밝히지 않고 '그'라는 삼인칭 대명사를 썼다. 그와 연관된 기억의 진폭을 생각하여 당시 그가 같이 공부하고 놀며 문학을 고민한 이들의 이름을 실제 이름과 다른 이름으로 썼다.

이 글에서 사실 여부를 따지지 않기 바란다. 일부러 확대하거나 축소하여 왜곡한 부분도 있다. 그 왜곡을 상상력이 작동한 결과라 해도 좋을 것이다. 내가 대학교에 들어가 한 해를 보낸 기억을 허구적으로 형상화한 것이 이 글이다. 그 한 해 안에 나의 대학 생활이 압축되어 있다.

사범대학에서 공부하고 사범대학에서 근무한 행복한 시간을 모두 이야기할 수 없어서, 그 삶의 출발점인 신입생 시절 한 해를 그림으로써 사범대학에 대한 나의 애정을 글로 써 두고자 한다. 애정에 사실과 꿈의 분별이 있겠는가. 그 끓어오르는 도가니에 사실과 허구의 판연한 갈림이 있을 것인가. 존재의 끓어오르는 비등과 거기서 피어나는 무지개가 있을 뿐이다.

길 위의 아침 햇살

대학 입학원서까지 친구에게 부탁을 해서 사온 그는, 순전한 시골뜨기라서 서울이라는 데가 너무 낯설었다. 입학시험을 앞두고, 입주 아르바이트를 하던 민사장네 서울집을 찾아간 것이 처음 하는 서울 나들이였다.

민사장네는 큰아들이 서울서 대학교를 다니고 있었다. 그 밑으로 대학교에 들어갈 아들, 고등학교 다니는 아들, 그리고 그가 입주를 해서 가르치던 아들이 고등학교에 들어갈 나이였다. 그 아들들을 위해 신당동에 방을 두 칸 얻어 가지고 있었다. 그러니까 대학 입시를 앞둔 그가 고등학교 수험생을 대동하고 상경을 한 셈이었다. 입시생이 다른 입시생을 등에 업고 서울로 올라온 것이었다.

서울에 처음 올라온 그는 지리를 익힌다고 어느 하루 종일 나가 돌아다녔다. 그리고 다음날, 대학 예비소집에 다녀왔다. 교무과장이라는 교수가 하얀 장갑을 끼고 입시 절차를 설명했다. 그리고는 교무과 직원이라는 사람들이 수험표를 나누어 주었다. 수험번호가 38번이었다. 삼팔 따라지라는 말이 께름칙하게 안에서 걸리적거렸다.

집에 들어왔을 때는 주인집 아들이 친구들과 고스톱 판을 벌리고 있었다. 그는 자기가 가르치는 중학생을 데리고 옆방에서 수학문제를 풀게 하고는 지켜보다가, 판이 끝나는 눈치를 보아 잠자리에 들었다. 눈이 알알하고 잠이 오지 않았다. 주인집 아들들이 밥을 비벼놓았다고 야참을 먹자고 해서 억지로 어울렸다. 기름을 너무 많이 넣어 느끼했다. 야참을 먹은 속이 부하니 꺼지지 않았다. 겨우 잠이 든 것은 자정이 훨씬 지난 뒤였다.

어지러운 꿈을 떨치고, 자리에서 일어나자 머리가 휘뚱하고 휘둘렸다. 밤에 연탄가스가 방으로 들어온 모양이다. 거기다가 반 억지로 먹은 밤참이 얹혔는지 속이 느글거리고 거북했다. 아침밥은 먹는 둥 마는 둥 했다. 대학 입학시험을 보러 가는 날 아침은 그렇게 느글거리는 삭지 않은 기름기로 시작했다.

철대문을 밀고 밖으로 나섰다. 아침 바람이 쌀랑하게 품으로 몰려들었다. 신당동에서 용두동까지, 전날 길을 대충 알아 두었지만 한 시간은 족히 걸어야 하는 거리가 발걸음을 서두르게 했다. 신당동 길은 찬바람이 몰아쳤다. 매캐한 연탄 냄새가 코로 몰려 들어왔다.

청계천 8가 쪽 우측으로 돌아 골목길을 걸어 들어갔다. 겨울이라서 청계천 복개공사를 하다가 방쳐둔 모양이 어지러웠다. 삐쭉삐쭉 돋아 있는 철근끄트머리가 허옇게 먼지를 둘러쓴 공사자재들 사이로 강철 철사처럼 독기를 세우고 있었다. 잠시 걷자 청계천 얼어붙은 바닥에 기둥을 세운 판자집들이 열을 지어 다닥다닥 붙어 서 있는 게 보였다. 꺼먼 루핑으로 지붕을 이은 집들의 함석 굴뚝에서는 연탄 타는 연기가 하얗게 올라왔다.

"오빠야, 놀다 갈래?"

분홍색 티셔츠 폴라가 가느다란 목을 가린 여자애가 이쪽을 향해 쫓아 와서는 주머니에 손을 넣은 팔을 잡아당겼다. 여기가 이름으로만 들었던 홍등가로구나 하는 생각이 들었다. 전날 이 골목이 그런 덴 줄 알았으면 다른 길로 갈 것인데, 길을 잘못 들었던 것이다.

"오늘 시험보러 가는 날입니다."

"씨발, 허우대 보고 쫓아왔더니 애숭이네."

여자애는 길바닥에 침을 퉤 뱉고는 돌아서서 판자집 안으로 들어갔다. 그는 잠시 판자집으로 들어가는 여자애의 분홍색 스웨터를 쳐다보고 서 있었다. 중학교 때까지 살던 동네 풍경이 떠올랐다.

하숙집이라고 불리는 고패집이 있었다. 남편이 '구루마'를 끌어서 생계 를 유지하던 만근네 엄마는 '손님'을 잡아오는 데 이골이 났다고 소문이 돌았다. 하숙집에서 손님 잡아온 수당이 구루마꾼 남편보다 낫다는 이야 기도 들렸다. 하숙이라면 한 달이든지 몇 달을 거기 묵어야 하는데, 만근 엄마 뒤꽁무니를 줄줄 따라 올라갔다가는 금방 내려오는 손님들이었다. 동네에서는 애들 못된 본을 받는다고 눈길들이 곱지 않았다. 그 하숙집 에도 분홍빛 스웨터가 예쁜 영란이라는 아가씨가 있었다. 아침나절 목욕 용품을 담은 비닐 바구니를 들고 나서면 동네 사람들이 흘금거리면서, 그 러나 잠시 발길을 멈추고 입을 헤벌린 채 영란이를 쳐다보곤 했다. 눈부시 게 아름다운 얼굴이었다.

청계천 다리를 건너 용두동 쪽으로 들어섰을 때는 등으로 땀이 배고, 속이 울렁거렸다. 시원하게 게워내고 싶은데 그럴 만한 데가 안 보였다. 공중변소가 어디 있는지 모르는 것은 물론 담모퉁이로 돌아 들어서면, 골 목마다 '소변 금지'라고 뻘건 글씨로 써 놓고는 가위가 그려져 있었다. 거기다가 오줌질을 하면 물건을 잘라 버린다는 위협이었다. 헛걸음을 하고 골목을 돌아나왔을 때 파출소가 눈에 들어왔다. 친절한 경찰이라는 입간판이 파출소 앞에 서 있었다. 파출소는 공공건물이고 시민 누구나 이용할 수 있는 기관이 아니던가. 잘 되었다 싶었다.

그는 파출소로 다가가 문을 밀고 들어갔다. 철창 안에 고개를 처박고 구겨져 있던 청년 둘이 고개를 들고 이쪽을 쳐다보다가는 아무런 관심이 없다는 듯이 다시 고개를 떨구고 머리를 긁적거렸다.

"무슨 일이야?"

"수험생인데, 일이 급해서요."

"자식이 파출소를 공중변소로 아나……."

젊은 순경은 당장 꺼지지 못하겠느냐는 듯이 눈을 부라렸다. 경찰은 국민의 지팡이, 민주사회의 봉사자 그런 말들이 수멀거리면서 떠올랐다. 그는 사타구니 앞을 틀어쥐고 다리를 꼬았다. 젊은 순경이 파출소 뒤를 손으로 가리켰다. 거기 화장실이라는 작은 팻말이 붙어 있었다. 오줌이 시원하게 나오지 않았다. 분홍쉐타 생각으로 그랬던지 물건이 저절로 부풀어올라 있었다. 제발 너라도 내 속 좀 알아주라, 열중쉬어. 한참만에야 오줌을 누고 나왔다.

겨우 시간을 대서 시험장에 도착했다. 어제 보아 두었던 시험장으로 올라갔다. 낡은 책상 위에 먹으로 쓴 38번이라는 번호표가 붙어 있었다. 운명을 결정할 번호고 생을 좌우할 책상이었다. 그런데 그 자리가 바로 벌겋게 달아 후끈거리는 난로 옆이었다. 땀으로 젖어서 아직 끈끈한 등에서부터 열이 나서 몸이 달아올랐다. 시험을 망칠 조짐이 겹으로 닥쳐오는 중이었다. 그는 눈을 감고 호흡을 골랐다. 아는 만큼만 쓴다, 다른 놈들이라고 용빼는 재주 있으랴, 칠 대 일? 〈수험번호 1236번〉이던가 하는 책도 있지 않던가, 천 대 일이라도 뽑힐 놈은 뽑히겠지. 내가 그 뽑히는 사람 되지 말란 법이 있더냐, 그렇게 다짐을 두고 오기를 발동하면서 속을 달랬다.

다른 친구들 어떻게 하고 있나 주위를 둘러보았다. 별로 신통하게 생긴 놈들이 눈에 안 들어왔다. 초등학교 이래 선생을 우습게 보는 외진 버릇이 있던 그인지라, 선생질이나 할 작대기들이 모이는 사범대학을 대수롭게 보지 않았다. 오기 때문인지 만용 때문인지 마음은 좀 가라앉기 시작했다.

마음이야 그저 눌러 가라앉힐 수 있는데 옆에서 활활 타오르는 난로는 점점 열기를 더 내뿜었다. 속이 메슥거리고 골치가 깨지는 것처럼 아팠다. 불을 줄여달라고 해야 하나 말아야 하나 하면서 문제를 풀었다. 메뚜기이마를 한 늙은 교수가 머리가 까만 젊은 교수에게 나무를 더 넣으라고 시킬 때쯤, 첫째 시간이 끝나가고 있었다. 첫 시간은 국어 시험이었는데 자신없이 답을 한 문항은 거의 없었다. 수학은 예상한 대로 망쳤지만 그래도 세 문제는 풀 수 있어 다행이었다. 국사는 평균작이고, 생물은 예상한 문제들이 나와 그런대로 무난하게 답을 했다. 과락이라는 게 없기 망정이지, 과락이라는 제도가 있었더라면 대학 구경도 못할 형편이었다. 수학 때문이었다. 참고서를 장별로 찢어가지고 주머니에 넣고 다니면서 외기까지 했는데 돌아서면 아득한 망각의 영토로 바람에 날려가 버리고는 머리는 백짓장으로 돌아갔다. 수학 실력이 그런데도 별로 마음을 졸이지 않은 것은 다른 과목이 그런대로 짱짱했기 때문이었다.

고등학교에 진학해야 하는 민사장댁 아들은 시험을 한 주일 남겨놓고 있었다. 그러나 성적이 제대로 닿지 않아 다른 학교에, 이차, 삼차 지원서를 내놓고 기다리다가 차곡차곡 끌려다니는 것처럼 시험을 보아야 했다.

그는 자기가 돌봐주어야 하는 학생의 입시가 마무리되지 않는 바람에, 대학 입학시험이 끝나고서도 집에 내려갈 수가 없었다.

더욱 마음이 쓰이는 일이 있었다. 입주과외를 맡았던 아이가 재수를 해야 하는 형편이 되면, 그는 잠자리는 물론 서울에서 오갈데가 없는 거리에 부려진 신세가 되어야 했다. 안팎으로 부모들의 형제가 단출한 집안이라, 그 흔한 이모, 고모 아무도 서울에 자리잡고 사는 사람이 없었다. 거기다가 정세까지 불안했다. 이른바 1.21 사태가 일어난 직후였다. 뒤에 어떤 매체는 그 1.21 사태를 다음과 같이 정리하고 있다.

이 사건은 북한의 특수부대인 124군부대 소속 31명이 청와대 습격과 정부요인 암살지령을 받고, 한국군의 복장과 수류탄 및 기관단총으로 무장하고 휴전선을 넘어 야간을 이용하여 수도권까지 잠입하는 데 성공하였다. 그러나 이들은 세검정고개의 자하문을 통과하려다 비상근무 중이던 경찰의 불심검문을 받고 그들의 정체가 드러나자 검문경찰들에게 수류탄을 던지고 기관단총을 무차별 난사하는 한편, 그곳을 지나던 시내버스에도 수류탄을 던져 귀가하던 많은 시민들이 살상당하였다.

군·경은 즉시 비상경계태세를 확립하고 현장으로 출동, 28명을 사살하고 1명을 생포하였다. 이 사건으로 많은 시민들이 인명피해를 입었으며, 그날 밤 현장에서 비상근무를 지휘하던 종로경찰서장 총경 최규식崔圭植이 무장공비의 총탄에 맞아 순직하였다. 그날 유일하게 생포된 김신조金新朝는 그동안 김일성의 허위선전에 속아 살아왔음을 깨닫고 한국으로 귀순하였다. 이 사건을 계기로 정부는 북한의 비정규전에 대비하기 위한 향토예비군을 창설하였다.

([출처] 1·21사태 [—二—事態] | 네이버 백과사전)

주변에서는 김신조 일당이 청와대를 쳐부수기 위해 내려와서 분탕질을 하는 바람에 종로경찰서 경찰들이 죽음을 당하고, 자주국방을 강력히 하고 반공태세를 공고히 해야 한다는 이야기가 오갔다. 한편 북한이 다시 쳐들어오면 우리는 끝장이다, 아니다 반공정신으로 무장한 군인들이 나라를 지킬 것이다, 반공하는 놈들이 혁명을 하느냐, 그런 이야기들이 돌아갔다. 날씨는 몇 십년 만에 처음이라는 강추위가 연일 계속되었다.

합격자 발표가 있던 날이었다. 아침 햇살이 환하게 창으로 비쳐들었다. 몸이 가뜬하고 머리가 맑았다. 빨아 말려 놓았던 운동화 깔창을 갈아 끼워 신고 집을 나섰다. 입학시험을 보던 날 들어섰던 청계천 그 길로 해서 가고 있었다. 전혀 의도하지 않은 길이었다. 분홍쉐타 아가씨가 나와 있을까 하는 호기심어린 의혹이 지나갔다. 미친 생각이라는 느낌과 함께였다.

게시판에 합격생들의 수험번호를 붓글씨로 써서 붙여 놓았다. 앞뒤가 휑하니 비어 나가고, 그의 수험번호가 또렷하게 눈에 들어왔다. 합격이로구나 하면서 게시판을 다시 쳐다보았다. 서무과에 와서 합격통지서를 받아가란 게시문이 합격자 명단 옆에 붙어 있었다. 통지서란 구절을 보면서 그는 입학금을 떠올렸다. 그리고 자연스럽게 입학금을 못 내면 합격이 취소된다는 생각을 했다.

게시판을 다시 한번 흘끗 쳐다보고는 돌아설 때였다. 모피코트를 입은 여자와 맞부딪쳤다.

"눈을 어디 두고?"

짙은 향수 냄새가 풍겼다.

"죄송합니다."

모피코트 뒤에서 얼굴이 뽀얀 여학생이 물기어린 눈으로 이쪽을 쳐다봤다. 그는 여학생의 깨끗한 목덜미를 바라보았다. 공연히 미안한 생각이 들었다. 그의 이름이 게시판에 붙어 있다는 것만으로도 죄송해야 할 판이었다. 내가 붙었기 때문에 너는 떨어져야 하는 것. 너와 나의 함수관계가 무엇인지 계산이 되지 않는 것이었다. 만일 저편에서 합격을 양보하라 한다면 의당 그렇게 해야 할 것 같은 생각이 들었다. 합격을 양보하고 무엇을 받는다는 생각은 없었다.

그는 대학에 합격하고 민사장댁 아들은 3차까지 모조리 떨어졌다. 스무 살의 영광과 패배가 그렇게 엇갈렸다. 합격증을 들고, 오랜만에 집으로 갔다. 어른들은 잘 했다, 애썼다 그런 치하를 했고, 그의 여섯이나 되는 동생들은 그게 뭔데? 하는 얼굴들이었다. 집안의 장남으로, 장남은 아버지 다음이라는 이야기를 하도나 많이 귀아프게 들은 나머지, 장남은 마땅히 그렇게 해야 하는 것쯤으로 생각을 하는지도 몰랐다. 집안을 위해 성공해야 하는 의무를 진 게 장남이었다.

입학금을 내야 하는 날짜가 차곡차곡 다가오고 있었다. 의도적으로 학비가 싼 학교를 선택하기도 했지만, 당시 입학금이 8천원이었다. 대학교 교복 한 벌 값이었다. 그리 큰돈은 아니었다. 문제는 그 돈이 없다는 것이었다. 그의 아버지와 어머니는 백방으로 돈을 구하러 다녔다. 일주일을 사방으로 돌아다녀도 돈이 마련되지 않는 눈치였다.

그가 중학교 은사를 찾아가 형편을 이야기하고, 알아보기는 하는데 하는 기약 없는 대답을 듣고 어깨가 축 처져 돌아온 날이었다. 그의 어머니가 연탄아궁이에 연탄을 갈면서 코를 훌쩍거렸다. 그의 아버지가 다가가 어깨를 쳐주며, 참고 살아야 한다는 이야기를 했다.

"너무 분해서 그래요."

대개 이런 가닥이었다. 동네에서 돈 안 떨어진다는 맹씨네를 찾아가 사정을 이야기했다고 한다. 이야기를 다 듣고는, 가난한 집에서 뼈빠지게 자

식 길러봐야 효도 하는 놈 하나 없다, 그러니 합격증서를 팔아라, 그러면
돈을 돌려 주마, 그런 제안을 했다는 것이다. 맹씨네 아들도 그와 같은 또
래였다. 대학 합격증을 판다는 게 말이나 되는 소리냐고, 그러지 말고 좀
도와달라고 사정을 했다고 한다. 맹씨네 여편네가 한다는 소리가 이랬다
는 것이다.

"가난한 집 애 많이 낳는다고, 당신은 그거 선수잖어? 징그럽게 칠남매
를 어떻게 낳는다우. 건너말 최부자네가 씨받이를 구한다는데, 거기나 가
보시지 그러우?"

그의 어머니는 연탄집개로 부뚜막을 탕탕 두들기면서 헉헉 소리내어 울
기 시작했다. 그의 아버지는 먼산바래기를 하고 입맛을 쩍쩍 다실 뿐이었
다. 그는 자신이 나서기로 했다.

물에 빠진 베레모

그는 고등학교 삼학년 담임선생을 찾아갔다. 담임선생은 입학상담을 하면서 그에게 교대를 추천했다. 그가 교육대학을 가야 하는 이유는 대개 이런 것들이었다. 우선 학교 다니면서 공부하는 기간이 짧다는 것이었다. 당시 교육대학은 2년제로 운영되고 있었다. 졸업하면 금방 취직이 되는 것도 매력이었다. 거기다가 장남으로서 집안을 돌볼 의무도 있는 게 아니냐고 했다. 그는 담임선생의 그런 권유가 못마땅했다. 풍금을 치거나 피아노를 칠 줄 모르면 초등학교 선생 노릇 하기 어려웠는데, 그는 음악에 재주가 없을 뿐만 아니라 악기를 다룰 줄 아는 게 없었다. 속셈은 딴 구석에 있었지만 핑계는 그런 것이었다. 자기가 심사숙고해서 천거하는 교대를 마다하고 구태여 사대를 가겠다고 나서는 그가 달가울 까닭이 없었다. 아무리 서울대라지만, 사대와 교대는 거기가 거기 아닌가 했을 터였다. 해서 마지못해 원서를 써 주었던 담임선생인지라, 찾아가기가 이만저만 면구스럽지 않았다.

그의 형편 이야기를 다 들은 담임선생은, 끝내 내가 뭐라고 하더냐 하는 책망섞인 이야기는 하지 않았다. 아마 그가 졸업기념으로 내는 교지에 〈거울을 들여다보는 아이〉 라는 소설을 썼고, 그 소설의 주인공에게 담임선생의 이름을 그대로 옮겨 달았기 때문에 달리 보는 구석이 있었을지도 모를 일이었다. 아무튼 알았다, 방법을 찾아보자 하는 답을 듣고 돌아왔다. 돌아오는 길에 철뚝 아랫집 득수를 만났다. 득수는 리어카에다가 자기 아버지와 배달할 연탄을 싣고 있었다.

"대학에 합격했다지, 축하해."

그러면서 장갑낀 손을 등뒤로 돌렸다. 그러나 그의 얼굴에는 이미 연탄검정이 수염을 그리고 있었다. 그는 초등학교 때 아버지를 도와 연탄 배달을 하기도 했다. 일찍 웃자란 터라 어른 한몫을 넉히 해냈다. 연탄 한장 배달하는 데 3원, 100장이면 300원, 입학금 8천원을 마련하자면 2천6백6십6 장, 그것은 나누어 떨어지는 숫자가 아니었다. 수고하라고 얼버무리고 돌아섰다.

집으로 가는 길옆에 캬바레에는 낮인데도 네온사인이 번쩍이고 있었다. 캬바레집 아들이 체대가 빨간 혼다 오토바이에다가 자기집 아가씬지 파마한 여자를 태우고 부웅 요란한 소리를 내며 지나갔다. 그 집은 무슨 소릴 들어도 돈 걱정은 안 할 거란 생각에 미치자, 목이 뻑뻑하니 막혀왔다. 가래를 돋구어 뱉았다. 머리를 스치는 한 장면이 있었다. 맞아 하고, 속으로 외치고는 가던 길을 곱집어 돌아섰다. 초등학교 육학년 때의 담임선생을 만나야 했다.

캬바레 주인은 근처에다가 색시집을 차려놓고 손님을 끌어들였다. 읍내의 내로라하는 인사치고 거기 드나들지 않은 이가 없다는 소문이 자자했다. 어떤 집은 거기 드나들다가 파탄이 나기도 했다.

어느 일요일이었다. 입주 아르바이트를 하루 쉬기로 했다. 일종의 휴가였다. 집에 가서 속옷을 갈아입어야 했다. 그의 어머니는 맹씨네서 장작을 패 달라는데 네가 할 수 있겠느냐고 물었다. 일당을 준다는 것이었다. 장작패기야 놀이 삼아서라도 할 수 있는 일이었다. 점심 먹고 시작한 장작패기가 거의 끝날 무렵이었다. 해가 뉘엿뉘엿 기울었다. 한 나절 일당을 챙길 생각을 하면서 도끼질을 하다가, 옹이가 박히고 나뭇결이 꼬여 도끼날이 잘 안 먹는 등걸을 놓고 몇 차례 허탕을 치는 바람에 팔에 쥐가 날 지경이었다. 그는 이마에 땀을 훔치다가 퍼뜩 눈앞을 지나는 그림자 때문에 몸이 얼어붙었다. 손에 힘이 스르르 풀렸다. 머릿속으로 싸늘한 바람이 지나갔다.

초등학교 담임 이숙남 선생이 어떤 젊은 여자와 손을 잡고 그 유명짜한 색시집으로 들어가는 참이었다. 눈을 비비고 다시 쳐다봤다. 틀림없는 이숙남 선생이었다. 그렇게 존경하는 이숙남 선생이 타락해서 악의 구덩이로 빠져들다니. 친구가 될 만한 다른 여자라면 몰라도, 창녀와 사창가를 드나들다니. 이제는 구제할 수 없는 인간이 되었구나 싶었다. 존경하는 스승이 더러운 인간으로 추락하는 순간이었다.

도끼로 패서 흩어놓은 장작개비를 가지런히 정리해 쌓아 놓았다.

"공부만 잘 하는 줄 알았더니, 장작도 잘 패네."

맹씨네 주인여자가 한나절 일당을 챙겨 주면서 하는 소리였다. 칭찬인지 빈정대는 소린지 알 수 없는 말이었다.

그는 맹씨네서 받은 한나절 일당을 어머니 앞에 던지듯이 내놓고는 입주과외를 하는 집으로 돌아왔다. 주인아주머니가 저녁을 먹었느냐고 물었다. 먹었다고 대답을 해 놓고는 책상에 앉았다. 도덕적으로 건전해야 한다고 가르치던 선생이 사창가를 드나든다면, 누굴 믿을 수 있는가 싶었다.

속에서 울컥거리는 것이 올라와 아무 일도 손에 잡히는 게 없었다.

그는 편지지를 찾아 펼쳐놓고 편지를 썼다. '존숭하는 선생님께' 그렇게 시작한 편지를 다섯 장에 걸쳐 써 내려갔다. 초등학교 육학년 때부터 만나서 자기를 사랑해 주고 키워 준 이야기를 써 나가다가 이어서 스승에 대한 존경이며, 가장으로서의 책임이며 그런 이야기를 썼다. 끝에 가서는 사모님한테 매독 같은 성병을 옮기면 어떻게 하려느냐는 늙은이 같은 걱정을 적어 넣기도 했다. 아무튼 핵심은 아버지보다 더 존경하는 선생님을 잃은 제자의 슬픔을 아는가, 제자를 진정 사랑한다면 악의 소굴에서 어서 벗어나기를 바란다는 것이었다.

다음 일요일이었다. 입주과외 집으로 이숙남 선생이 찾아왔다. 그는 자기 선생 앞에서 고개를 푹 꺾고 서서 얼굴을 들지 못했다. 선생과 제자 둘 가운데 누가 더 부끄러웠는지는 알 수 없는 일이었다.

"자네 편지를 읽고, 가슴에 총알이 들어와 박히는 것 같은 충격을 받았어."

이숙남 선생은 고개를 떨구고 서 있는 그의 손을 이끌어 잡고는 입맛을 쩝쩝 다실 뿐 다른 말을 하지 못했다. 그 날 그 이야기 말고는 다른 어떤 이야기를 했는지 그는 기억이 없었다. 그 뒤로 무슨 문제만 있으면 이숙남 선생을 찾아가 상의했다. 이전의 사제관계가 회복된 셈이었다.

그는 이숙남 선생 앞에서 사범대학 국어교육과를 선택한 까닭에서부터 입학금을 아직 마련하지 못한 것이며, 서울에 거처가 없다는 이야기를 자세히 털어놓았다. 그의 어머니에게 씨받이로 나서 보라는 이야기를 한 사람이 있었다는 것은 터놓지 않았다.

"자네 실력이면 법대 가서 판검사 할 재목인데."

"사범대학도 겨우 붙었을 걸요."

"안 그렇지, 자네는 이담에 대통령 해도 될 재목이야."

그는 속으로 피시시 웃었다. 초등학교 때 자주 듣던 이야기였다. 이숙남 선생은 늘 그렇게 말했다. 놈들이, 순전히, 똥 만드는 똥기계들만 모여가 지고는, 똥기계가 뭔지 알기나 해? 유식한 말로 제분기라고 하는 거야. 딴 반 선생들은 그런 유식한 말 몰라. 그렇지만, 너희들 가운데 대통령도 나 오고, 장관도 나오고, 도지사도 나올 거야. 그런데 떠들고 공부를 안 하면 누가 대통령을 하겠냐? 자, 이제 공부하자. 그런 일장 연설 끝에 아이들은 쥐죽은 듯이 조용해졌다. 이숙남 선생은 그렇게 떠드는 애들에게 허풍을 불어넣기도 하고 겁을 주어 구슬러 놓는 데 명수였다.

입학금이 간데없는 주제에, 씨받이의 아들이, 남의집 장작이나 패 주는 녀석이, 대통령? 가당치 않은 이야기였다. 입학금은 고등학교 선생님이 해 결해 줄 것 같으니 기다려 봐라, 서울대학교에 다닌다고 꼭 서울에서 살아 야 하는 건 아니지 않으냐, 당분간 아버지가 인천에 있다니까 인천서 다 닐 생각을 해 봐라, 그런 대답을 듣고 나왔다. 그나마 해결 방법은 방법이 었다.

고등학교에서 입학금을 해결해 준 맥락은 그가 뒤에 들어서 안 일이었 다. 그가 다닌 천안고등학교에서는 학생들의 학습의욕을 높이기 위해 장 학제도를 이용하고 있었다. 월말고사에서 80점 이상을 받은 학생에게 장 학생시험을 볼 자격을 주었다. 기말고사가 끝나면 2주 동안 다시 공부를 하게 하고, 이른바 장학생시험을 보았다. 그 시험에서 85점 이상을 받으면 장학생으로 학자금은 면제해 주었다. 3년 다니는 동안 세 번 이상 장학생 이 된 학생이 서울대학교에 합격할 경우 입학금과 등록금을 대주는 제도 였다. 그는 서울대학교에 입학한 학생 가운데 학교의 규정에 미치지 못했 다. 장학생 시험을 볼 수 있는 성적은 늘 유지했는데, 85점 고개를 넘긴 적이 한 번도 없었다. 그러고도 서울대학에 합격한 것은 유례가 없는 일이었다. 교무회의가 열리고 논의가 길었다고 한다. 규정에 없는 일이 생겼으니 입학금만 지급하자는 결정이 났다고 들었다.

그가 고등학교에서 입학금을 해결해 주기로 결정했다는 소식을 들은 날, 그의 부모들은 신고 끝에 장만한 입학금을 들고 양복점으로 직행했다. 그렇게 해서 국립서울대학교의 첫머리 자모를 모아서 디자인한 '공산당 마크'가 새겨진 교복을 입고 입학식에 참석할 수 있었다.

대학에 들어가면 날개를 달고 하늘로 날아오를 것 같았던 기대는 그야말로 환상이었다. 환상은 늘 잔인하게 깨지는 법이다. 왜 대학에 왔는가를 자성하면서 진리를 향한 열정을 불태우는 순수의 성城을 지켜나가라는 총장의 축사하고는 아무 연관이 없는 시간이었다. 쭈글스럽고 신산한 날들이 이어졌다. 입주과외 자리가 나오기 전까지는 그의 부친에게 신세를 질 수밖에 없었다. 아들이 아버지의 신세를 진다는 게 말이 될성싶지를 않지만, 그것은 틀림없는 신세였다.

당시 그의 아버지는 온양온천에서 일거리가 신통치 않게 되자, 막벌어먹기는 그래도 낫다는 인천으로 거처를 옮겼다. 그 유명한 옐로하우스가 있는 숭의동에서 멀지 않은 지역에 여관촌이 들어섰다. 그의 아버지는 여관 건축공사장에서 미장공으로 일을 했다. 그것이 인천에서 버티는 언덕거리가 되었다. 한 번 뜬 동네로 돌아가면, 다시는 그 동네 떠나지 못한다는 이야기를 철석같이 믿었다. 그야말로 인천을 사수해야 한다는 의지가 돌과 쇠처럼 굳었다. 그래서 구한 것이 봄에 여관 개업을 하기 전까지 건물 관리하는 일이었다. 말이 건물 관리지, 여관 '조바실'에 연탄을 넣고 잠을 자면서 혼자 끓여 먹고 지내는 한심한 생활이었다. 이부자리며, 세탁이며, 식사 어느 하나도 편한 게 없었다. 대학에선 공부를 어떻게 하느냐, 대학 선생들은 얼마나 훌륭한 분들이냐, 데모라는 게 뭐냐, 4·19가 또 난다더냐 그의 아버지는 그런 질문을 퍼부어댔고, 그는 잘 모른다고 퉁명스럽게 대꾸를 하곤 했다.

인천에서 용두동 캠퍼스까지 통학을 했다. 그의 아버지가 끓여 주는 밥을 먹고는 동인천역까지 급히 걸어 나갔다. 동인천역에서 기차를 타고 서울역까지 와서, 다시 이문동행 버스를 갈아타고 용두동까지 가서 사람들 틈을 비비고 내리면, 학교에 들어가기도 전에 몸이 녹초가 됐다. 아침나절에 하루가 다 가버린 느낌이었다.

입학을 하고 두 주일이 지나자 친구들은 놀러갈 일들을 만들었다. 신입생 엠티 장소가 인천 송도로 결정되었다. 4월 초 개나리도 아직 피지 않은 송도는 갯바람이 매섭고 흙먼지가 일어 어지러웠다. 잎이 돋지 않은 나뭇가지 끝에 추위에 지질린 바람이 바르르 떨었다.

점심을 어떻게 먹었는지 기억이 없지만, 노래하고 술 마시고, 그리고 어깨를 걸고 사진을 찍었다. 그는 초등학교 4학년 때던가 술을 마셔 보고는, 술에 관한 한 순결을 지키던 터라서 술을 거의 안 마셨다. 한 친구가 술이 과해 몸을 가누지 못했다. 인천에 사는 사람이 그 친구를 집으로 데려다 재우는 게 좋겠다는 것이었다. 그런데 누가 이 술꾼을 집으로 데리고 갈 것인가가 문제였다. 한 친구는, 자기는 술 취한 친구 데리고 가면 같이 쫓겨난다고 발을 뺐다. 다른 한 친구는 술 먹은 친구와 어울려 다닌다는 것이 금기라 했다. 결국 그가 술에 옭혀 몸도 제대로 못 가누는 김주식을 데리고 그의 아버지가 관리하는 개업전 여관집으로 갔다.

그의 친구는 밤새 토악질을 해대며 화장실을 드나들었다. 친구가 화장실에 다녀올 때마다 그의 아버지가 대야에 물을 떠다가 화장실 청소를 했다. 아침에 그의 아버지가 김치를 넣고 달걀까지 풀어 라면을 끓여 내놓았다.

"속 때문에 못 먹겠는데요."

"사아람이, 곡기가 들어가야 속이 가라앉어. 그래도 먹어야 헌다."

친구는 입을 틀어막고 화장실로 달려갔다. 그가 쫓아가 친구의 등을 쳐주었다. 깡마른 몸이기도 하지만 등쪽으로 뼈가 만져졌다. 토기가 좀 멎었는지, 진저리를 치면서 일어나서는 몸을 화장실 벽에 기대고 벌겋게 충혈된 눈으로 그를 바라봤다. 한참 쳐다보다가는 뜬금없이 들이대듯이 물었다.

"너네는 어머니도 없냐?"

왜 아버지라는 사람이 걸레나 빨고 라면이나 끓이는 거냐는 물음이었다. 그는 대답을 하지 않았다. 이 환경을 빨리 벗어나야 한다는 생각뿐이었다. 그의 어머니는 온양온천에서 공사장을 쫓아다니며 잡역을 하기도 하고, 식당 일을 돕기도 하면서 식구들의 식생활을 책임지고 있었다.

대학출판부에서 새로 편찬된 교과서들은 하나같이 무게가 있었다. 책 판형이 크고 페이지 수가 많아 가지고 다니기가 여간 불편하지 않았다. 대학에서 뭔놈의 교과서라는 게 있나 싶었다. 그러나 교과서를 지참하지 않으면 강의를 따라가기 어려웠다. 억지로 들고 다니는 교과서는 제쳐두고 교수들은 다른 이야기를 주로 했다. 교과서를 나가도 겨우 몇 장을 읽고 요약해오라는 정도였다.

당시 교육학개론은 필수과목이었는데, 줄담배를 피워 잇속이 누렇게 니코틴이 낀 모양이 영락없는 촌로 같은 김정화 교수가 맡았다. 그런데 그는 학교 출판부에서 발행하는 교과서를 쓰지 않았다. 자기 이름이 달린 〈교육원리〉라는 얄팍한 책을 교재로 썼다. 저렇게 빈약한 책 속에 무슨 원리가 들어있겠나 싶질 않았다. 거기다가 입가에 거품이 뽀글거릴 정도로 열심히 이야기를 했는데, 앞자리에 앉아 있다 보면 뺨으로 교수의 침이 튀곤 했다. 이른바 해타咳唾였다. 그는 윤동주의 시에 나오는 '늙은 교수의 강의를 들으러 간다'는 구절을 떠올리곤 했다. 맛있는 떡도 담는 그릇이 신통치 않으면 제 맛이 아니다. 그래서 그런지 뻐드렁니 김정화 교수의 강의 내용이 신통치 않게 들렸다.

대학에 들어와 처음 접하는 〈사회과학개론〉은 아침부터 얼굴이 불콰해진 채, 세로로 갸름한 가방을 들고 다니는 원융명 교수가 맡아서 강의를 했다. 막스 베버 이야길 할 때면 혼자 흥이 나서 열강이었다. 특히 사회과학 방법론을 개척한 막스 베버의 공적을 이야기할 때는 신명의 절정에 이른 듯했다. 이른바 이데알 튀푸스ideal Typus를 설정한 것이 막스 베버의 학문적 업적이라고 했다. 사회현상이 하도 복잡해서 일일이 묘사를 할 수도 없고, 전형적인 사회상을 관찰하기도 어려운데 이상적인 형태를 가설적으로 설정하고 그와 대비하여 사회현상을 기술하고 해석할 수 있는 방법이라는 설명이었다. 원교수는 소시알 사이언스라는 영어 명칭보다는 조찌알 비센샤프트라는 독일어 이름을 늘 썼다. 듣기로는 대학에서 독일어 강의를 할 정도로 실력이 쟁쟁하다고 했다. 언젠가 그는 원융명 교수에게 질문을 했다.

"사랑의 이데알 튀푸스는 무엇인가요?"

원교수는 신통한 질문을 다 받아본다는 듯, 안경 너머로 눈을 반짝이며 그를 쳐다보았다. 그러다가는 희랍철학에서부터 사랑의 개념이 어떻게 전개되어 왔는가 이야기를 제법 길게 늘어놓았다.

"요컨대, 이데알 튀푸스가 그렇듯이, 사랑 그건 유토피아, 없는 땅, 그저 이상향일 뿐이야. 하나 분명한 것은 안경은 도수가 맞아야, 도수가 맞아야 한다는 사실입니다."

그는 도수가 맞아야 한다는 말의 속뜻을 음미하고 있었다. 어쩌면 서울대학교가 너희들에게는 버거운 학교라는 이야기를 하는지도 모른다는 생각을 했다. 속중俗衆은 속중들끼리 어울려 살아야 한다는 이야기로도 들렸다. 올라가지 못할 나무는 쳐다보지도 말라는 그런 뜻일지도 몰랐다.

원교수는 자기 안경은 도수가 맞지 않는다는 듯, 안경을 벗어서 손수건으로 문질러 닦았다.

해외문학파의 한 사람으로 널리 알려진 이하윤異河潤 교수가 문학개론을 가르쳤다. 토마스 벌핀치의 '전설의 시대'를 읽으라고 권했다. 이후는 외국 돌아다닌 이야기, 술이야기로 강의가 끝났다. 문학과 술이 무슨 관계가 있는가, 비교문학이라는 게, 한국에서 성립 가능성이 있기나 한 것인가 그런 의혹 가운데 처삼촌을 비롯한 집안 제사가 많기도 해서 휴강이 잦았다. 그러나 학교에서는 대단한 대접을 받는 듯했다. 프랑스 그로노블에서 전시를 했다는 시를 읽어 주기도 했다. 그가 뒤에 찾아본 걸로는 다음과 같이 되어 있었다.

끝없이 돌아가는 물레방아 바퀴에
한 잎씩 한 잎씩 내 추억을 걸면
물속에 잠겼다 나왔다 돌 때
한없는 뭇 기억이 잎잎이 나붙네

바퀴는 돌고 돌며 소리치는데
마음속은 지나간 옛날을 찾아가
눈물과 한숨만 자아내 주노니
        ………
나이 많은 방아지기 하얀 머리에
힘없는 시선은 무엇을 찾는지 --
확속이다! 공잇소리 찧을 적마다
강물은 쉬지 않고 흘러내리네.

그들은 사월, 느티나무처럼 피어나는 젊은이들이었다. 거기 비하면 늙은 교수는 머리가 허연 물방앗간 늙은이와 다를 게 없었다. 시문학파고 해외문학파고 간에 늙은 비애나 다름이 없었다. 퇴영적 정서를 강요한다는 느낌을 받기도 했다. 그래서 당시 못마땅하고 신통찮은 장면에서, 에이, 확속이다! 그런 감탄어가 유행이었다. 치열한 내면의 고뇌를 그 낡은 물방아에 빗대는 것이 우스운 일이기도 했을 터였다.

무서운 버선코

철학개론을 비롯해서 몇 가지 강의 듣는 재미로 그럭저럭 학교에 나가고 있을 무렵이었다. 이숙남 선생한테 연락이 왔다. 입주할 데를 구했다는 것이다. 그는 역시 담임선생님 잘 만났다는 생각을 했다. 쩡쩡한 목소리와 부리부리한 눈, 푸릇한 수염자리가 늘 빛나던 이숙남 선생은 학교에서 거의 제왕처럼 군림했다. 그러나 누구도 그를 말리거나 제지하는 것을 그는 본 적이 없다. 그가 초등학교 6학년 일년 내내 전체반방으로 3천명 학생들 앞에서, 담임선생 표현으로 쪼무래기들 앞에서 차렷 열중 쉬어 하는 데 따라 착착 움직여주는 것을 보는 재미를 익힌 것은 순전히 담임선생의 의욕 덕분이었다.

"치사하지만 참고 지내도록 해라. 다른 데 구해지면 옮기지."

그렇게 해서 삼선동에 있는 시장 가운데 새우젓집에 입주 과외를 들어가게 되었다. 여관집 조바실에서 아버지와 같이 등 돌리고 자지 않아도, 서울에 누울 공간이 생긴 것이다. 옷가지며 책이며 해서 짐보따리를 지고 가는 길은 가로수가 녹음이 우거지기 시작하는 오월이었다. 담임선생이 치사하다는 것은 잠자리를 제공하는 것은 하지만, 그밖에 용돈이나 학비는 줄 수 없으니 같은 학년 애들을 모아 과외지도를 해서 용돈을 쓰라는 조건을 두고 한 이야기였다. 젓갈 냄새 가득한 2층방에서 초등학생들을 모아 가르친다는 게 말이 가르치는 것이지, 조용히 하라고 목청을 돋구는 일로 시작해서 그렇게 끝나는 호통치기나 다름이 없었다. 오로로 몰려들었던 애들이 돌아가면 졸음에 옭혀들어가는 주인집 애를 따로 앉히고 가르쳐야 했다. 눈꺼풀이 내려앉는 시간, 그는 졸고 학생은 얼래리꼴래리를 읊었다.

그 무렵 그가 다니는 사범대학에서는 서클활동이 잘 돌아가고 있었다. 방송반이니 경암회니 한국유네스코클럽, 향토개발회 같은 간판들이 청량대 언덕 밑에 자리잡은 학생회관에 즐비했다. 그 가운데 사대문학회가 있었다. 그는 중학교 때부터 소설을 써보기도 하고, 고등학교를 졸업하면서는 제법 길이가 긴 소설을 써서 교지에 싣기도 했던 터라, 다른 서클을 고려할 생각 없이 사대문학회에 들어갔다. 사대문학회에는 쟁쟁한 선배들이 이름을 날리고 있었다. 시인 김원호, 시인 김광협, 그리고 소설가 박해준, 올라가서는 시인 김남조, 시인 김후란, 그리고 교양과정부의 김윤식 교수도 문학 선배라고 소개를 했다. 소설을 쓰는 구인환 교수도 선배라고 했다. 이름을 듣기만 해도 대단하다는 느낌이었다. 그러나 그가 대학에 들어오기 전에 읽어본 작품은 하나도 없었다.

사대 문학회에서는 주말마다 모여서 합평회라는 것을 했다. 당시의 정황을 시인 유자효는 다음과 같이 전한다.

사대 문학회는 매주 합평회를 열었다. 합평회에 작품이 오르면 성하게 돌아가는 경우가 별로 없었다. 작품에 대한 무자비한 비평과 난도질이 횡행했다. 살벌한 합평회가 끝나면 우리는 학교 근처의 막걸리집으로 몰려갔다. 안주 없는 카바이트 막걸리를 마시며 문학을, 인생을 논했다. 시계며 학생증이며 사전이며 교과서까지 술집에서 맡아주는 모든 소지품들이 막걸리 값으로 대체되었다. 격론이 도를 넘으면 때로는 서로 부둥켜안고 엉엉 울기도 했다. 그때는 왜 그렇게도 슬픈 일들이 많았을까? 이념과 전쟁으로 빚어진 가족사며 잘 안 되는 연애며 잘 안 되는 문학이 우리에게는 눈물의 원천이 되곤 했다.

박정희 정권의 서슬이 퍼렇던 시절, 학기마다 데모로 교문이 잠기던 시절. 우리는 시대의 암울함을 습작으로 풀었다. 당시 우리의 작품 소재 가운데 유난히 '겨울'이 많았던 것이 그런 시대상과 무관하지 않았으리라.

그는 사대 문학회원 가운데서도 무척 열성적으로 활동하던 학생이었다. 그의 작품은 자주 합평회 석상에 올랐다. 그때에도 가차없는 비판의 칼날이 가해졌다. 그러나 그의 경우 특이한 것은 인신공격에 가까운 비판에도 전혀 동요하지 않는 것이었다. 그는 무서운 동료들의 비판을 겸허하게 수용했다. 그리고는 또 다른 작품으로 대답했다.

(청명시집 해설, 156~157쪽)

이첨저첨해서 술자리가 잦았다. 군대까지 다녀온 선배, 김일태가 같은 학년에 다니고 있었다. 하루 원고지 백장을 넉히 소화하는 글꾼이었다. 그리고 군대를 경험한 때문인지 아는 게 많았다. 약간의 지적 시니시즘을 바닥에 깔고 있기도 했다. 술자리에 앉으면 혼자서,

"육신의 해방 없이 영혼의 자유를 구하는 어리석음을 용서하소서." 하고는 막걸리 잔을 들어 벌컥벌컥 들이켰다.

"자신을 구하라. 그대는 자지가 왜 자지인지 아는가? 스스로 안다 함은 존재의 궁극인에 대한 인식인 바, 소크라테스 영감태기도 너 자신을 알라고 외치지 않았던가? 이십 성상을 구름낀 볕뉘도 쬔 적이 없는 그대들의 물건을 부활의 동굴에 담기야 마땅하지 않겠나."

일장 연설이 끝나고 '착취 결사대'라고 해서 선배들한테 사대 문학회 운영할 돈을 걷어온 데서 일정 금액을 나눠가지고, 미아리로 진군을 감행했다. 그는 미아리 텍사스촌 입구에서 갑자기 오줌이 마려워 사타구니에 손을 넣고 다리를 배배 꼬면서 선배들을 따라 여관으로 들어갔다. 천정에 쬐그만 형광등이 매달린 여관방은 바닥이 따뜻하고 침구도 깔끔한 편이었다. 옷을 입은 채로 누웠다. 피곤이 몰려와 몸이 가라앉았다. 혼곤한 잠에 빠져 물살에 흔들리는 듯 리듬감이 몸 안에 돌아가기 시작했다. 잠이 들었다. 그러나 의식은 잠들지 않고 부지런히 들판을 헤맸다.

여기는 창녀의 집, 사창가에 와 있는 것이다. 인천에 있는 아버지 얼굴이 떠올랐다. 이어서 아무런 연관 없이 이런 말들이 떠올라 웅성거렸다. 창녀, 씨받이, 창녀의 아들? 창녀와 성인이 만나면? 매독, 성기를 잘라야, 자식을 둘 수 없는 형벌, 그게 정말 형벌일까. 이숙남 선생의 얼굴도 훤한 모습으로 나타났다가 사라졌다.

그가 눈을 떴을 때, 코빼기가 약간 꼬부라진 버선코가 눈앞에 하얀 살결을 드러내고 가지런히 놓여 있었다. 번선 등 바로 위로 치맛자락이 하늘거렸다. 그는 고개를 돌려 버렸다. 흰 버선, 그것은 아득한 촉나라를 생각하게 했다. 서정주의 시처럼 '진달래 꽃비 오는 서역 삼만 리'에나 아롱아롱 눈물젖어 있음직한 버선이었다. 그는 자기도 모르게 진저리를 쳤다. 버선코가 비수가 되어 가슴으로 파고드는 환상을 본 것 같기도 했다. 다시 진저리를 쳤다. 가슴으로 싸아하니 찬 기운이 지나갔다.

"왜 그러고 있어요?"

고운 목소리였다. 그가 올려다보았을 때 여자는 윗저고리를 막 벗는 중이었다. 치마를 졸라맨 위로 도톰한 가슴이 둥두렷이 떠올랐다. 그는 여자의 손을 잡아 저고릴 더 이상 못 벗게 제지했다. 손바닥이 군살이 박혀 딱딱하게 만져졌다. 시골에서 금방 올라온 모양이었다.

"내가 싫어?"

"아니, 우리 엄마가 생각나서, 그리고 누나가 생각나서…"

"바보 같긴, 워쩌면 우리오빠랑 똑같으까…"

여자가 먼저 울었는지 아니면 그가 먼저 눈물을 보였는지 둘이는 얼마 동안 눈가를 훔치다가 여자가 결심을 한 듯 밖으로 나갔다. 그는 옷가지를 챙겨 걸치고 밖으로 나왔다. 맑은 하늘에 별이 쏠리고 있었다.

뒷날, 전과를 보고하는 자리가 술자리를 겸해서 벌어졌다. 그는 사실대로 털어놓을 수가 없었다. 먼촌 친척을 만나는 바람에, 소식을 묻고 하다가 그대로 나오고 말았다는 식으로 약간 스토리를 윤색해서 보고를 했다.

"생기긴 황우인데, 하는 짓거리는 고자야."

김일태 형이 그런 평가를 한 이후 얼마간 그에게 '고자'씨란 별호가 붙었다. 그는 혼자 웃는 적이 있었다. 입에 침을 튀기며 강의하던 김정화 교수가 고자 이야기를 하던 것이 떠올라서였다.

"교육을 이야기하는 사람들 가운데, 성악설을 내세워 교육의 중요성을 강조하는 이가 있는가 하면, 성선설에 터한 가능성을 논하는 이들도 있습니다. 그런데, 성인 가운데 희한하게도, 불알이 없었는지 고자라는 양반이 있는데, 맹자하고 같은 시대 사람이고, 맹자한테 박박 대들었던 사람이 있어요. 그 양반은 사람의 본성이 본래 선도 아니고 악도 아니라서, 말하자면 타불라 라사인 셈일 건데, 물길 트는 대로 물이 흘러가는 것처럼, 사람을 어떻게 교육하는가, 어떤 방향으로 가르치느냐에 따라 어떤 인간이 되는가가 결정된다고 주장한 사람이 있었는데, 나는 그 사람을 따르는 편입니다."

　그렇게 얘기한 내용이 기말고사에 출제가 되었다. 그는 고자에 관심이 있어서 맹자를 찾아 읽은 덕에 답안을 시원시원 제대로 쓸 수 있었다.

　그에게는 강의가 일찍 끝나는 날이 없었다. 학교에서 강의가 끝나고 집에 돌아가야 편히 쉴 만한 여건이 아니었다. 온갖 젓갈 냄새로 찌든 2층 방은 통풍이 시원치 않아 초여름부터 찜통이었다. 거기다가 입을 옷들이 반반한 것이 없어서 평상복이 잠옷이 되고, 잠옷이 교복을 대신하기도 하는 판이었다. 학교 도서관이나 빈 강의실이 그의 안온한 안식 공간이었다. 대학이라는 데서 받을 수 있는 혜택 가운데 혼자 앉아 공상할 만한 공간이 있다는 게 얼마나 큰 혜택이었던가.

의상철학

　어느 날이던가, 화사한 목련이 이울어 봄이 아쉽게 가는 날이었다. 3학년에 다니는 김대홍 선배가 그를 불렀다. 4·19 학생의거에 희생당한 학생상이 횃불을 들고 서 있는 교정에서 김선배는 그에게 바이올린을 켜 주었다. 그 곡이 슈만의 트로이멜라이라는 것은 한참 지난 뒤에야 알았다. 바이얼린 소리에 매혹되어 앉아 있는 그에게 겸연쩍고 미안한 듯 말머리를 꺼냈다.

　"저기 거 뭐냐, 새것은 아니지만 다른 생각 하지 말고 받아 가지고 갔으면 좋겠다."

　그렇게 멈칫거리면서 가방에서 신문지에 참하게 싼 물건을 꺼내놓았다. 올이 깔깔해서 제법 시원하게 느껴지는 여름용 검정 모직 바지였다. 그는 자기 아랫도리를 쳐다봤다. 한 달 쨍가 입고 다니는 낡은 골덴 바지였다.

바지에서 지린내 비슷한 냄새가 풍기는 것 같았다.

양복바지를 전해준 김대홍 선배는 그에게 서울 생활과 공부하는 법에 대해 몇 가지 이야길 했다.

"대학이라는 데가 말야, 사람을 용광로에 집어넣었다가 쇳물이 되면 완전히 새로운 모양으로 주형을 하는 데야. 대학은 말하자면 일종의 멜팅폿이라고나 할까, 그런 곳이야. 나도 프렛시맨 때는 그런 거 잘 몰랐는데 한 이년 다녀 보니까 대학이 뭔질 좀 알겠더라니까. 과학을 하는 곳이야. 과학을 불어로 시앙스라고 하잖아? 문학도 시앙스를 지향해야 해. 그러자면 방법론이 필요하고. 메소돌로지, 그게 문제야. 문학도 과학으로 가야 해. 감수성이니 열정이니 하는 얘기는 과학 못하는 작자들의 뜬구름 잡는 얘기일 뿐이야. 시앙스 드 라 리떼라뛰르를 지향해야 한단 말야. 문학의 과학, 그게 필요한데 그러자면 언어학을 공부해야 해. 언어학하면 소쉬르, 페르디닝 드 소쉬르를 알아야 하는 거 아닌가. 꾸르 드 링귀스티크 제네랄Cours de Linguistique Générale, 일반 언어학 강의, 그걸 원어로 읽을 정도는 돼야 문학을 과학으로 이끌어가는 방법론을 모색할 수 있단 거야. 너 그 책이 얼마나 대단한 책인지 모르지? 문학한다고 겉멋만 들어 가지고 이마에 주름이나 잡고 술 퍼먹으면서 변설이나, 자아류의 변설이나 늘어놔선 암 것도 안 돼. 그러니까 공부해야 되는 거지. 그래서 작가들을 능가하는 비평을 하는 거야, 비평 말야. 그거 근사한 사업이라구."

그가 잠시도 끼어들 틈을 주지 않고, 김선배는 이야길 이어갔다. 문학은 과학이 돼야 한다, 열심히, 언어학을 공부해야 한다, 그리고 비평을 해야 한다는 등이 요점인 것 같았다. 우리말 사이사이 끼어 넣는 불어 단어 때문에 그는 기가 질렸다. 고등학교에서 독일어를 공부했음네 하면서, 첫걸음은 아니니까 교양독어 정도는 무난하겠지 하고 수강신청을 하긴 했는데, 진도가 지지부진인 상태였다. 당시 카프카를 번역해서 한국에 소개한 김정진金畏鎭 교수가 기초 독어를 가르쳤다. 휴강이 잦았고 때로는 조교가 대강으로 들어오기도 했다. 김교수는 두터운 안경을 끼고 늘 베레모를 쓰고 다녔다. 교양 독일어 교재 내용이 신통치 않다는 듯, 설렁설렁 넘어가기도 했고, 독어과 친구들과 축구시합을 하기로 했다면서 휴강하면 안 되겠느냐고 대표가 묻자 말로는, 그렇게 자주 강의 빼먹으면 되겠냐 하면서도, 마침 잘 됐다는 표정을 감추지 못하고 "젊을 땐 운동을 해야 하느니", 그렇게 너그럽게 학생들의 청을 들어주곤 했다. 교수가 저러는데 그저 대충 하면 되겠거니 하고 지내는 동안 독어에 관심이 점점 멀어졌다. 이래서 대학이 자유로운 건가, 의문이 들면서도 당장 과제에 시달리지 않아 편하고 일과 끝나면 입주 아르바이트 집에 들어가야 하는 형편인 그에게 할랑한 강의는 학교생활을 견디게 하는 숨통과도 같았다. 옹색한 흙집의 바람구멍처럼 여겨지는 휴강이었다.

"비평도 문학에 들어요?"

"자네가 아직 비평 공부를 안 해서 그런 모양이구나. 영어권에서는 문학의 이론, 시오리 오브 리터러쳐theory of literature나 크리티시즘criticism이나 거의 같은 뜻으로 쓰이는 형편이야. 비평의 과학화, 객관화를 도모해야 하고, 그래야 헛소리 못하고 문학에 진지하게 달려들 수 있는 거야. 비평의 예술성도 인정을 해야 할 것이지만, 분석과 구조화가 바탕이 된 비평은 결국 과학을 지향해야 해. 왜냐고? 소쉬르에 따르면 언어 기호는 기표와 기의로 되어 있어. 기표는 형식이고 기의는 내용이야. 불어로 기표는 시니피앙이라 하고 기의는 시니피에라고 하잖아. 문학도 그런 구조로 되어 있다 그런 설명이야. 그러니까 비평을 공부해야 한다구."

"이제 아르바이트 때문에 가야 하겠네요."

김대홍 선배는 일어나서 옷을 터는 그를 바라보고 딱하다는 표정을 지었다. 아르바이트에 얽매이면 공부는 언제 하느냐는 걱정이 어려 있었다.

사실 시간은 좀 일렀다. 그러나 선배의 이야기에 기죽고 앉아있기 싫어 둘러댄 빌미가 그 아르바이트였다.

"아, 문득 생각나는 일이 있군. 자네 고등학교 교지에 소설 쓴 적 있지?"

"그걸 소설이라고 할 수 있을지, 아무튼 하나 써 봤어요."

"그렇지? 제목이 거울을 쳐다보는 아이던가?"

"거울을 쳐다보는 게 아니라, 들여다보는 아이지요."

"그래 맞아. 잘 썼더라구. 뭐랄까, 고등학생 수준의 나이에 빠져들 만한 자의식의 세계랄까. 그런 소설 쓰기 쉽지 않다구. 소설 계속 써봐."

"비평을 해야한다고 그랬잖아요?"

"자네가 뭘 몰라서 그래. 비평가는 소 등에 붙은 쇠파리 같은 존재라고 프랑스의 사르트르가 그렇게 말했단 말야. 작품 없는 비평이 어디 있어? 그리고 매슈 아놀드는 문학은 인생에 대한 비평이라고 했어. 둘 다 해야 하는 거겠지."

"알았어요."

"뭘 알았는데?"

"공부 열심히 하라는 거잖아요?"

"구체성이 없어. 소설도 치열하게 쓰고, 비평도 열심히 공부하란 말이지."

그는 대충 알았다고 하고 넘어갈 선배가 아니라는 생각을 하며, 김대홍 선배를 올려다보았다. 마침 목련꽃이 지고 있었다. 4·19 희생자 동상 옆에 선 목련 나무에서 하얀 꽃잎이 툭툭 떨어져 내렸다. 김대홍 선배는 일어서서 양손을 허리에 올리고는 노래를 부르기 시작했다.

"목련꽃 그늘 아래서 베르테르의 편질 읽노라

…… 빛나는 꿈의 계절아 눈물 어린 무지개 계절아."

김대홍 선배는 신념에 가득 차 있었다. 문학은 과학을 지향해야만 한다는 신념은, 당시로서는 '의미론'이라는 학문의 초창기였는데, 의미론을 공부하며 저서를 계획하고 준비하느라고 얼굴이 하얗게 쇠도록 연구실에서 공부를 하던 이주용 교수의 영향인 게 분명했다. 당시 그렇게 알았다기보다는 뒤에 알게 된 것인지도 모를 일이다.

"오늘 알바 제킬랍니다."

"쫓겨나면 또 딴 수 없겠니. 좋다, 가자."

그렇게 해서 그는 선배들과 술자리에 어울려 늦게까지 어지러운 말잔치 속에 휘둘렸다. 인생이 죽고, 문학이 죽고, 젊은이들의 가슴에 비애의 안개가 스멀거리는 그런 말들의 잔치였다.

그는 이주용 교수한테 교양국어 강의를 들으면서 이교수가 어떤 공부를 하고 있는지 대강은 이해하고 있었다. 교양국어 시간에 〈논어〉 이야기를 하면서 틈틈에 소쉬르도 소개하고 투르베츠코이의 음운론도 설명했다. 음소의 기능에 대한 설명은 매우 인상적이었다. 언어의 최소 단위로 의미를 부여해 주고 의미의 변별을 가능하게 하는 단위가 음소라는 것이었다.

"물, 불, 술… 여기서 ㅁ, ㅂ, ㅅ 그런 게 음소인데, m, p, s 같은 소리 단위가 각각 水, 火, 酒라는 의미를 갖게 하고, 물의 m과 불의 p가 두 단어의 의미를 달라지게 하기 때문에, 음소에 의미 변별 기능이 있다는 것입니다. 알겠지요?"

"선생님, 질문 있습니다."

"질문? 해 보게나. 공부 잘하려면 질문을 잘해야 돼요. 뭐랄까, 문제 제기를 잘해야 한다는 뜻이지요."

"술은 불이 물에 녹아 있는 상태의 물질인데, 그 두 요소가 함께 표현되지 못했으니 의미부여는 미흡하고, 의미 변별 또한 잘 안 되는 거 아닌가요?"

"자네 어제 술 먹었지?"

그는 대답을 하지 못했다. 그러고 보니 머리가 지끈거리고 이마에 열이 있어 잘잘 끓는 듯했다.

"그런 책도 있어. 불타는 샘이라고, 영어로 버닝 파운틴Burning Fountain이란 책이야. 필립 휠라이트라는 사람이 쓴 책인데, 비유를 이해하는 데 크게 참고가 될 수 있는 책이지. 그건 비유, 즉 메타포지 사실을 지시하는 게 아닙니다. 메타포는 동일률을 무시하고 모순율을 인정하는 데서 출발합니다. 잘 모르겠다는 표정인데, 자네 선배 가운데 김대홍이라고, 공부 열심히 하는 친구가 있으니 가서 물어보게. 그 사람은 문학과 어학을 같이 공부하는 사람이야. 아마 앞으로는 어학 모르고 문학 한다고 못할 거네."

이주용 교수는 잠시 말을 끊고 창밖을 내다봤다. 분필가루가 하얗게 묻은 손이 메말라 보였다. 손등에 푸른 핏줄이 유난히 돋아나 보였다.

"박목월의 시 사월의 노래에 말야, 그렇게 되어 있지? 돌아온 사월은 생명의 불꽃을 밝혀든다. 생명의 불꽃은 생명 이퀄 불이라는 도식으로 되어 있지? 또 다른 예로 조지훈의 시에 '세사에 시달려도 번뇌는 별빛이라'하는 빛나는 구절이 있는데, 자네들도 알지? 말하자면, 별과 벌은 어와 여가 의미를 변별하게 해주고, 그러니 어와 여는 각각 한국어에서 음소가 되는 것이고, 벌, 뻘, 펄에서는 ㅂ, ㅃ, ㅍ이 대립되면서 음소 자격을 획득해서 의미를 변별해 주는 겁니다. 이들을 상관속이라고 하는데, 그건 다음에 이야기하기로 하고."

"그럼 발, 빨, 팔의 경우, 빨이란 말은 없는데 그건 어떻게 설명합니까, 선생님?"

"쌍비읍ㅃ이 동일한 음운 환경에서 의미부여 작용을 못하는 예가 되는 거지, 그건."

그는 속으로 발, 빨, 팔이란 단어를 떠올려 보다가, 그것도 같은 방식으로 설명이 되겠구나 하는 생각을 했다. 그런데 발이란 말에 연상이 되어 그런지, 양말, 버선, 버선코, '사뿐히 접어올린 외씨 버선이여.'하는 구절도 떠올라 머릿속을 어지럽게 흘러 다녔다. '무서운 버선코'란 단어와 함께 미아리에서 그놈의 한 코를 끝내 못하고 돌려보낸 아가씨의 굳은살이 못 박힌 손이 떠올랐다.

목련꽃 그늘 아래

사월이 저물어가던 어느 날이었다. 부산고등학교를 나온 친구 한왕석이 점심을 같이 먹자고 했다. 구내식당에서 볶음밥을 맛있게 먹었다. 식당 문을 나서는 그의 뒤에서 따라오던 한왕석이 그를 불러 세웠다.

"다리 아프나? 와 잘룩거리며 걷노?"

발꿈치에 티눈이 자기도 모르게 조금씩 자라올라 근육을 자극하는 바람에 절룩거리며 걸은 모양이었다.

"티눈이 있어서."

김춘수 시인은, '대학 본관 드높은 지붕 위 구름은 바보 / 내 발바닥의 티눈을 핧아주지 않는다'고 불평을 털어놓았다. '나의 하느님'이란 시에서 하느님을 푸줏간에 걸린 살점, 슬라브 여자의 기억 속에 가라앉은 놋쇠항 아리…… 고등학교 국어선생 손정준은 그렇게 설명했다. 하나의 대상을

성질이 다른 여러 대상들과 연결짓는 상상력이 돋보이는 시라는 것이었
다. 그는 구름도 하느님도 핥아줄 수 없는 티눈에 시달리고 있었다. 그를
한참 쳐다보던 한왕석은 이런 고약한 질문을 했다.

"그래? 그런데 구두는 왜 안 신노?"

그는 무슨 못된 짓을 하다가 들키기라도 한 것처럼 자기 발을 내려다보
았다. 고등학교 때 신던 검정 운동화를 아직도 그대로 신고 있었다. 친구
한왕석의 시선이 와서 꽂히는 운동화는 가난의 땟국이 잘잘 흘렀다. 운동
화 속의 발은 물에 빠진 것처럼 음습한 물기 속에 첨벙거리는 듯했다.

"아르바이트하제? 그 집에서 구두도 하나 안 맞춰 주더나?"

그는 고개를 들어 하늘을 올려다보았다. 청량대에 서 있는 느티나무 가
지 끝에 작은 잎눈들이 막 피어나려고 톡톡 터지는 소리가 들리는 듯했다.

"뭘 그리 보노?"

"느티나무 잎이 터지는 소리 들려?"

"그런 소린 시인이나 듣는 거 아이가? 정신 나간 시인들이 하는 소린
기라."

"느티떡이라고 알아?"

"내동 밥 놔두고 뭘라꼬 느티나무 잎을 뜯어다 떡을 찌겠노? 빈티나는
소리 그만 하그라."

그는 다시 입을 다물었다. 하기는 빈티가 절절 넘치는 소리인지도 모를
일이었다. 쑥의 약효가 어떠니 하는 소리는 녹용으로, 인삼으로 몸을 보
하지 못하고 병이 깊어져야 쑥 뜯어다 삶아먹는 이들이 늘어놓는 자기변
명인지도 모를 일이란 생각이 들었다.

"와 그래 풀이 죽는 거가? 내 뭐 못할 소리 했나? 내 모르는 소리 하니
까 그런 대답이 나오제. 니 고향이 어디라?"

"왜? 충청도 촌놈이다."

"촌놈, 참 촌놈답다."

그는 부산 동래가 한왕석의 고향이라는 것을 신입생 환영회에서 들은 게 기억에 남아 있었다. 하긴 동래라면 부산이 부각되기 전에는 경상도의 중심지였고, 부산에 진鎭이 설치되었을 때 동래는 부사가 동헌에서 호령을 하던 땅이라 촌티는 벗어난 고장이었다. 그건 옛날 이야기고 부산의 동쪽 구석 고을쯤으로 그는 동래라는 곳을 평가하는 편이었다.

"오후 강의 있제? 그 전에 나랑 갈 데가 있다. 따라온나."

한왕석은 그의 대답을 듣지도 않고, 그 훤칠한 다리를 움직여 겅충겅충 걸어갔다. 한왕석이 걸어가는 뒤로 짧은 그림자가 짙게 드리워 출렁거렸다.

그는 자기 의향도 묻지 않고 일방적으로 끌고 가다시피 가는 한왕석이 좀 도도하다는 생각이 들기도 하고, 한편으론 그렇게 자신 있는 태도가 믿음직해 보이기도 했다. 맘 좋게 허허 웃는 웃음도 소탈해서 그의 빈 구석에 듬직한 물결로 다가오는 믿음이기도 했다.

한왕석은 청량대를 지나 왼편 운동장으로 접어드는 길목에서 뒤를 흘금 쳐다보고는 빙긋 웃었다. 악의가 있어 보이지는 않았지만 여전히 속셈을 알 수 없는 웃음이었다. 언덕 밑으로 학생회 사무실과 서클 사무실들이 나란히 배치되어 있고, 학생들이 부지런히 드나들었다. 거기는 친구들이 자주 드나드는 데라 익숙하기도 하면서, 한편으론 그가 가입한 서클이 없는 터라 낯설기도 했다. 구내다방 다빈茶賓 옆에 구둣방이 있었다. 학생들 구두도 수선해주고 가방끈을 갈아준다든지 하는 소소한 일로 겨우 명맥을 이어가는 구둣방이었다. 어쩌다가 구두를 맞추어 신는 사람이 있기는 한 모양이지만 그런 손님은 많지 않아 보였다.

"아무 소리 말래이. 내 하라는 대로 하그라."

구둣방 문을 밀고 들어가면서 한왕석은 그에게 다짐을 받듯이 말했다.

"나는 구두가 불편한 사람이야."

"졸업할 때까지 운동화 신고 다닐 참이가? 하나 맞추거레."

그의 변명이 통할 까닭이 없었다. 사실 변명이 아니었다. 어쩌다가 구두 맞춰 신고 다니는 사람들이 발꿈치가 까졌네, 발가락이 부르텄네 하는 소리는 들었어도 자기가 구두를 길들여 신어본 적이 없었기 때문에 구두가 불편한지 아닌지는 알 수 없는 남의 동네 일이었다.

"이 친구 이 구둣방에서 제일 좋은 걸로 하나 맞춰 주이소."

"아니, 불편하대두 그러네."

"친구가 하나 해 준다는데 맘놓고 맞추세요."

그는 잠시 생각을 정리하느라고 어정쩡히 서서, 발끝으로 구둣방 바닥을 문지르고 있었다.

"정 그러면 가장 저렴한 걸로 하세요."

"저렴한 구두? 그거 몬써요. 발꿈치 다 까지고 발병도 나고 그래요. 그리고 노상 와서 구둣골을 치기도 해야 하니까 불편하죠. 기왕 해준다는데 제일 좋은 걸로 하세요. 친구 좋다는 게 뭔데요."

"안 했으면 좋겠는데, 나는 역시 운동화가 편해."

"정 그러기가? 내가 니 오해해도 좋으나? 내 하라는 대로 하그라. 암 소리 말고."

그는 발 사이즈를 재기 위해 골판지 위에 발을 대고 앉아 있기가 너무 불편했다. 발냄새가 솔솔 올라오는 것 같고 양말이 뚫어지지 않았나 마음이 조이기도 했다. 발바닥에 땀이 나서 종이 위에 물기 밴 발자국이 찍히는 것도 마음이 쓰였다. 그런 발에다 구두를 신고 다닌다고 해도 금방 발냄새와 가죽냄새가 엉켜 더 지독한 빈취를 풍길 것만 같았다.

"발이 상당히 크시네요. 이 발에 맞는 구두골이 있을라나 모르겠네."

"뭘 먹고 발이 그렇게 컸노? 발 큰 도둑놈이라던데."

"발은 우리 몸의 기초랍니다. 발이 커야, 몸의 기초가 든든해서 떡 버티고 서서 잘 걷고 달리고 할 수 있습지요. 공부도 기초가 튼튼해야 대성하는 것처럼 말이죠."

발이 크면 도둑이고 머리가 크면 장군감이라고 하던 할아버지 얘기가 떠올랐다. 한자어로 두대왈 장군이요 족대왈 도적이라 했는데, 발만 커서 신발 너무 쉬 닳는다고 나무라면서도 기특하다고 그윽히 바라보고 흐뭇한 웃음을 짓던 할아버지였다. 그래 그 큰 발로 온 세상 누비고 다니면서 큰일 많이 하거라, 그런 이야기를 참 많이도 들으면서 자랐다. 할아버지의 얘기처럼 큰 발을 옹호해 주는 구둣방 아저씨는 화법의 모범이라는 생각이 들었다.

발을 다 재고 겨우 발 크기에 맞는 구둣골을 찾았다고 하며 사흘 뒤에 와서 맞추어보자고 하는 이야기를 듣고 구둣방을 나왔다.

교내 찻집 다빈 앞에서였다. 소 질마처럼 척 구부러진 널판에다가 녹색 글씨를 쓰고, 새긴 솜씨가 눈에 띄는 간판이었다.

"저 글씨가 우리 과 이응백 선생님이 썼다지, 아마."

"차 마시러 오는 손님, 뜻이 좀 무덤덤하지 않아?"

"아닌기라. 다방이니 찻집이니 하는 것보다는 품위가 있잖노?"

그러면서 한왕석은 그에게 차를 한 잔 하자고 이끌었다. 그는 또 거북했다. 차라고는 중학교 때 수학을 담당했던 정순영 선생 댁에 갔다가 홍차를 내왔는데 찻잔에 담긴 티백을 스푼으로 찢어내는 바람에, 홍차 찌꺼기가 찻잔에 흩어지는 통에 촌놈 소릴 들은 게 전부이다시피 했다. 다방이란 데를 가본 적이 없었다.

"난, 차가 불편해."

"세상에, 왼갖 거 다 불편함사 무슨 재미로 사노?"

그는 끌려들어가다시피 찻집으로 들어갔다. 마침 손님이 없는 시간이라 마담이 마룻바닥에 물을 뿌리고 걸레질을 하는 중이었다.

“우리 위티 하나씩 주세요.”

홍차에다가 위스키를 타주거나 홍차와 위스키 한 잔을 따로 주는 것을 위티라 했다. 대낮에 위스키를 마신다? 그것도 교내에서. 몸에 맞지 않는 옷을 입고 옷이 조여 오는 것처럼 온몸이 조여 왔다. 한왕석은 그의 찻잔에다가 위스키를 부어주었다. 차만 마시고 위스키는 남길까봐 하는 조처 같았다.

“티눈말야, 그거 내버려두면 고생하니라. 병원에 가서 수술 받아라.”

“티눈을, 그 까짓 걸로 수술을?”

“얕보면 안 된다니까. 병은 병이야. 병은 은유가 아냐. 티끌의 눈이 아니라니까. 병은 치료의 대상이야. 그건 그렇고, 선배 김대홍 형이 스터디그룹 하나 만들자던데, 같이 할 생각 있어?”

“그 형 노상 공부하는 얘기만 하지. 무슨 공부를 하자는데?”

“문학의 이론이란 책을 같이 읽는 데서 출발해서 공부하자는 모임이라 카던가.”

“우리한테 너무 어렵지 않을까? 그 책 번역판을 읽어보니까 뭔 소린지 하나도 모르겠더라고.”

“번역이 엉터리니까 영어로 된 원서를 읽자는 거라. 그게 오히려 쉽다는 게야.”

위스키 탄 홍차가 슬슬 술기운을 올리는 바람에 얼굴이 후끈거리기 시작했다. 번역판도 어려운데 영어 실력이 얼마나 된다고, 이른바 원서를 읽자는 것인지 도저히 맞상대를 할 수 없는 적수들에 둘러싸인 느낌이었다. 대학의 친구들은 동지이면서 적이기도 했다. 우호적인 분위기 가운데 그의 열등감을 하나하나 들춰서 햇빛 아래 내놓은, 살벌하기 그지없는 사막 한복판에 발가벗고 선 존재가 되어가는 듯했다.

“아무튼 같이 참여하는 걸로 한다. 알제?”

그렇게 해서 두어 차례 모임이 이루어졌고 문학의 이론Theory of Literature 첫글자를 모은 TOL이란 모임이 결성되었다. 김일태형은 불길하다 했다. 소리가 같으면 뜻이 같다면서, TOL이나 TOLL이 결국 그게 그건데, 헤밍웨이의 소설 〈누구를 위하여 종은 울리나〉에 연상되는 조종이 톨 아니냐는 것이었다. 우리 청춘의 조종을 미리 덩그렁대며 잔망스런 짓을 할 일이 아니라는 것이었다.

"한왕석, 부산 동래가 집이라고 했지? 서울선 어디서 다녀?"

"우리 자형네서, 누님이 해주는 밥먹고 다니는데, 자형한테 영 미안하고 누님한테 죄송하고 그러네."

"누님댁이면 마땅히 그래야지. 동생이 서울 와서 공부하는데, 나몰라라 하면 안 되지."

"안 될 건 또 뭐고? 이십 넘었으면 혼자 살아야지."

한왕석은 오히려 그의 이야기를 알아듣기 어렵다는 반응이었다. 그는 자기가 뭔지 잘못 생각하고 있는지도 모른다는 일종의 억압감과 안에서 돌아가는 이상기류 때문에 열이 올랐다 내렸다 했다. 봄날 오후의 연무 낀 가로로 바람이 사납게 지나갔다.

"자형이 뭘 하시는데?"

웬만큼 자별한 사이가 아니면 남의 직업을 묻지 말아야 한다던 도덕 담당 김용무 선생의 이야기가 의식의 틈바구니를 비집고 삐끔이 밀고 올라왔다. 그는 가정환경조사서 보호자 직업란에 '건축업'이라고 써 넣곤 했다. 따지자면 건축과 관련된 일을 하기 때문에 그렇게 쓴 것이 생판 허위라 하기는 어려울지 모를 일이다. 그러나 헌 집 수선해주는 직업을 '고건물복원전문가'라고 쓰는 거나 별반 다를 바가 없었다. 사실, 그의 부친은 촌동네에서 방이나 뜯어 놓아주고 연탄 화덕이나 갈아 묻어 주는 게 주업이었다. 재수가 좋아 어디 집짓는데 불려 가면 벽에 몰탈을 솜씨있게 바르는 미장공이었다. 흙손 한 자루로 육남매와 장인, 장모 그리고 아내 그렇게 열 식구의 호구를 해결해야 하는 고단한 생애였다. 그만한 식구가 살자면 그야말로 건축업을 해야 마땅하기는 했다.

"대학 접장이라, 신당동 산꼭대기에 있는 대학에서 경제학 가르치는 훈장인기라. 접장하고 사느라고 누님이 고생이지."

"교수란 말이잖아?"

"보그래, 사람이 어찌 그리 순진하노."

"순진하다니?"

"접장이 뭐라꼬?"

"성균관 대제학 그런 거 아냐?"

"그런 소리 차뿌라."

그는 친구 한왕석이 교수를 접장이라고 하면서 신통치 않은 존재로 바라보는 안목을 이해하기 어려웠다. 그가 운동화 코끝을 쳐다보며 눈을 내리깔고 있을 때, 한왕석이 다짐을 받듯 말했다.

"자형한테 책값을 받았는데 잔뜩 남아. 그래 친구 구두 하나 해주는 거니 부담 갖지 말레이."

다빈을 나와 교정으로 들어서는데 김대홍 선배가 신입생 여학생 박록윤과 나란히 교문을 나서는 게 보였다. 그와 한왕석은 거의 동시에 저런, 하며 발을 멈췄다. 전날 엠티를 간다고 가서 친구들 앞에서 '제비'를 시원하게 불러 부러움을 샀던 박록윤에게 선배가 눈독을 들이다니, 숨이 막히는 장면이었다.

도서관과 관음보살

그가 대학에 들어갈 당시, 과외는 두 가지 유형이 있었다. 하나는 입주 과외로 학생의 집에서 숙식을 해결하며 그 집 학생이 공부하는 것을 거들 어주는 형태였다. 숙식을 해결해 주기 때문에 급료가 그리 넉넉하지 않은 편이었다. 다른 하나는 학생들을 모아놓고 가르치고 매월 보수를 받는 형 식인데 그룹 과외라고 했다. 그는 두 가지가 복합된 형식의 과외를 해서 호구를 해결했다. 입주해서 그 집 중학생 아이를 돌보아 주는 한편, 작은 아이 또래들을 모아 놓고 가르쳤다. 주인집에서는 따로 보수를 주지 않아 도 되는 이점이 있고, 두 아이를 한꺼번에 돌봐주는 효과도 있었다.

대학 일학년, 말이 좋아 프렛시맨이지 이미 폭삭 늙어버린 몸을 이끌고 하루하루 견뎌내는 것이 그의 서울살이 초엽의 실상이었다. 우선 체력이 딸렸다. 시도 때도 없이 졸렸다. 수마란 말이 실감이 날 지경으로 졸음이 몰려와 그의 의식의 머리채를 나꿔채곤 했다. 억지로 도서관에 가 자리를 잡고 앉으면, 책 한 페이지를 제대로 넘기지 못하고 고개가 꺾이곤 했다. 졸릴 때 최선의 방책은 자는 것이라고 변명을 하면서, 자기를 위로해 가다가 책상에 엎어져 자면 도서관 사서가 보다 못해 슬그머니 다가와 깨워주곤 했다.

어지러운 꿈이 오가는 가운데 잠에 빠져 있다가, 다가오는 인기척과 함께 향긋한 화장품 냄새가 풍겨오면서 부드러운 손길이 어깨에 와 닿을 때, 그는 안온한 부끄러움 속에서 잠을 깨곤 했다. 그때 청량대 맞은편 돈대墩臺 위에 있던 도서관에 사서가 몇이 있었는지는 잘 기억되지 않았다. 그러나 그의 잠을 깨워주던 사서 두 사람을 그는 선명히 기억하고 있다. 하나는 정경진이란 사서였는데, 광대뼈가 좀 불거지고 얼굴 피부에 주근깨가 닥작거렸고, 얼굴 윤곽선이 각이 져서 좀 날카로운 인상이었다. 그러나 짙은 눈썹 아래 물기 머금고 반짝이던 눈빛을 그는 선명히 기억한다. 반납 창구에서 책을 받을 때 책장을 풀풀 넘겨보고는 연필로 밑줄을 그었거나 메모한 데가 있으면, 용서 없이 한소리를 들어야 했다.

"학생 혼자 보는 책이야, 이게? 개념이 쪽박이야."

어떤 때는 지우개를 가지고 와 낙서를 꼼짝없이 지워야 돌려보내기도 했다. 복사시설이 신통치 않아 미국 유학 간 선배들이 복사하는 일로 아르바이트했다는 이야기가 부러움의 대상이 될 때였다. 필요한 내용을 손으로 베끼자면, 자연 책에다 이런 저런 표시를 해야 했다. 한번은 반납기한이 지나 읽지 못한 채 그대로 반납을 하게 되었다. 사서가 그를 불렀다. 그리고는 물었다.

"읽으면서 더럽혀진 책과 안 읽어 깨끗한 책, 어느 게 더 책답다고 봐요?"

대답할 말이 없었다. 빌린 책을 안 읽고 돌려준다는 데 대한 책망이 담겨 있었기 때문이었다. 책을 더럽히더라도 읽어야 책이라는 이야기는 강의실에서 들을 수 없는 진실이 담겨 있었다. 그는 그 사서의 이야기가, 텍스트는 독자의 독서를 통해 의미체로 완성된다는 독자반응비평reader response criticism의 논지와 상통한다는 것을 대학원에 가서야 비로소 알았다.

그가 책상에 엎어져 자고 있을 때 와서 깨워준 다른 사서 하나는 이순덕 사서였다. 얼굴이 둥글고 갸름한 데에다가 피부가 깨끗해서 거부감 없는 인상이었다. 오른쪽 볼에던가 검은 사마귀가 하나 있어 평범한 얼굴에 매력의 점을 찍은 것 같았다. 학생들은 그 사서를 두고 삶은 무 같다며 별 매력이 없다고 했다. 그러나 그는 달랐다. 그의 어머니는 '무던한 사람'이 가장 좋은 사람이라고 그의 귀에 못이 박히도록 이르곤 했다. 그가 문학을 공부한다고 하니까 삐딱쟁이 며느리 데려올까봐 하는 소린지는 몰라도, 사람은 특히 여자는 모나지 않고 무던해야 한다는 것이었다. 별 주변머리 없는 남편과 쪼들려 살면서 개성적인 모서리가 닳아버린 자기 삶을 생각해서 하는 소리 같기도 하고, 무던하지 못했던 삶에 대한 회한이 그런 식으로 표현된 것인지도 모를 일이었다. 어머니의 지론에 따르면 이순덕 사서야말로 그의 이상형이 될 만했다.

해가 뉘엿뉘엿 도서관 서쪽 언덕으로 기울고 있었다. 하루 저무는 게 한 세기가 끝나기라도 하는 것처럼 서글프고 처연한 생각에 휩싸이게 했다. 구일환 교수의 문학개론 레포트를 준비하느라고 책을 빌려 놓고, 구상에 구상을 거듭하다가 아무 소득 없이 날이 저무는 것이었다. 그는 책을 책상 위에 놓아 둔 채 도서관을 나섰다. 청량대의 선농단先農壇 향나무 밑에 가 앉았다. 서쪽 노을이 대지를 달구면서 타오르는 불꽃처럼 황홀할 지경으로 고왔다. 문학에서 낭만주의적 지향과 현실주의적 지향의 속성을 자료와 작품을 바탕으로 규명해보라는 것이 구일환 교수가 제시하는 화두였다. 대학 신입생으로서는 만만치 않은 과제였다.

그는 잠시 낭만주의의 빛깔은 무엇일까 하는 생각을 했다. 노을이 어쩌면 그런 빛깔일 거라는 짐작이 갔다. 그러면 현실은 어떤 빛깔일까? 회색일 터였다. 콘크리트와 아스팔트로 덮인 도시의 빛깔, 그게 현실일 것, 이론과 현실이 찢긴 틈새에 노을은 피어난다. 그런데 하늘은 물어뜯고 싶게 푸르다. 그는 머릿속에 그런 명제를 하나 만들어 넣었다. 땅은 검다. 검은 땅과 푸른 하늘 그 사이가 낭만과 현실이 갈리는 지평선이다. 그런데 괴테는 이론은 모두 회색이고, 생명의 황금나무만 초록이라고 했다. 초록의 반대편, 혹은 초록의 대지나 초원이 끝나는 곳 거기 피어나는 노을. 낭만과 현실 사이에 멜랑꼴리가 있다고 바꿔보았다. 비애—어디도 정착하지 못할 비애, 그 속에 노을과 함께 그가 앉아 있는 셈이었다.

해가 지고 땅거미가 밀려들기 시작했다. 땅거미는 고혹적이면서도 소름 돋는 두려움을 불러오는 묘한 시간이었다. 그는 하고 싶은 것이 많았다. 과학자도 되고 싶었고, 화가도 되고 싶었다. 세상을 놀라게 할 만한 소설을 써 보고 싶기도 했다. 그런데 사범대학이라는 데는 그런 꿈을 이루어 낼 수 있는 의욕을 길러내는 요람이 아니었다. 거기다가 절인 배추처럼 늘어지고 처지는 몸을 이끌고 하루를 견뎌가야 했다. 노을이 땅거미로 스며드는 그 시점에 이미 와 있는 것이 자신의 현실이란 생각에 이르렀다. 교사, 박봉, 루틴한 삶, 문학 공부도 신통치 못하고, 언어도 깊이 탐구하지 못함은 물론 작품에도 자신이 없었다. 구일환 교수의 과제는 결국 낭만과 현실의 틈바구니에서 찢겨 선혈이 노을처럼 번지는 너 자신을 분석해 보라는, 그래서 다른 결단을 해보라는 명령과도 같은 것이었다.

쿼바디스, 쿼바디스 도미네, 나는 어디에 머리를 두고 자리를 잡아 누워야 하나? 그런 의문 끝에 눈앞에 새까만 어둠이 절벽처럼 밀려왔다. 이래선 안 되지. 이렇게 무너져선 안 되지. 몸은 점점 현기증의 소용돌이 속으로 몰려 들어갔다. 어둠은 콜탈처럼 짙은 점액질이 되어 그의 온몸을 휘감았다. 머리를 흔들고 눈살에 꼿꼿이 힘을 주어 정면을 응시했다. 저만큼 앞의 공간에 그윽한 미소를 띤 얼굴로 관음보살이 이쪽을 향해 천천히 걸어왔다. 옷자락을 나부끼는 대로 향이 번져 공중에 퍼졌다.

"관음보살!"

그는 관음보살의 품으로 쓰러져 안겼다. 엉치로 찌릿한 전율이 다가왔다. 그 전율은 등뼈를 타고 목으로, 목에서 머리로 지지직 소리를 내며 올라와 두피를 뚫고 공중으로 퍼져갔다.

"학생, 정신차려."

사서 이순덕이 땅바닥에 자빠져 있는 그를 내려다보며 정신차리란 말을 거듭했다. 그는 얼얼한 엉치를 털며 일어섰다.

"뭐랄까."

사서 이순덕은 잠시 망설이다 얘길 했다. 퇴근할 때까지도 학생이 안 들어오길래 책을 보관했다 다음날 줄까 했는데, 가방도 옆에 있고 해서 수위에게 잘 봐 달라고 일러 놓고 나오다가 선농단에 앉아 있는 그를 발견하고는, 어떻게 하나 지켜보고 있었다는 것이었다. 그대로 두고 가면 무슨 일을 저지를 것 같아 발이 떨어지지 않았다고 했다.

이순덕 사서는 그를 끌고 가다시피 해서 적십자병원 응급실로 갔다. 당시 적십자병원은 마장동에 있었다. 의사의 말로는 빈혈이라고 했다. 무엇보다 푹 쉬면서 잠을 제대로 자고 잘 먹으라고 했다. 많이 듣던 공식과 같은 얘기였다. 그게 의사의 이상이라면 그의 현실은 의사의 이상과 반대방향으로 치달아가고 있었다.

"설렁탕 먹을 생각 있나? 내가 사주고 싶은데."

그는 대답을 하지 않았다. 영양제 한 병을 맞는 동안 이순덕 사서는 아무 말도 없이 무슨 책인지 책에 눈을 박은 채 의자에 앉아 있었다.

"내가 거기 있을 거라고 어떻게 생각했어요?"

그가 설렁탕에 든 국수사리 가닥을 건져 올리다가 물었다.

"책을 읽으면 그런 예감이랄까 예지력이랄가 그런 게 생기더라구."

도도록한 이마며 군데 없이 도톰한 광대뼈, 약간 살이 붙어 복성스러워 보이는 볼, 그리고 깊은 생각에 잠겨 연민 어린 듯한 눈빛이 정말 관음보살의 얼굴 같다는 생각이 들었다. 수월관음이 저렇거니 하고 있을 때였다.

"절망 직전에 환상이 오는 법이야. 아예 절망하면 환상도 없어요. 학생이 환상을 보는 걸 봐서는 아직 절망은 멀었어. 잘 먹어야 해. 영혼은 육신 안에 깃드는 거야. 우리 같은 사람들은 육신이 부실하면 정신도 못 견디지."

"설렁탕 속에 이데아가 있다는?"

"남의 애길 그렇게 세속적으로 둘러치면 되나, 못 써."

그는 식탁에 팔굽을 대고 턱을 괴고 앉아 이순덕 사서를 한참 올려다 보았다. 왼쪽 다리를 오른쪽 무릎 위에 접어 올리고 앉은 모습이 점점 반가사유상을 닮아가고 있었다. 그는 후우하고 참았던 숨을 내 쉬었다. 사서가 다리를 옮겨 괴자 스커트자락 사이로 분홍색 내복 끄트머리가 문득 내비치다가 덮였다. 그의 눈이 반짝 띄었다.

"그래, 나는 국민학교 삼학년 학생의 엄마야. 관음보살이 아니니까 착각하지 말아. 애엄마란 게 뭔지 알아?"

그가 위대한 모성, 거룩한 희생, 생명을 탄생하게 하는 창조자, 그런 단어를 떠올려 꾀고 있을 때, 이순덕 사서가 의자를 뒤로 밀면서 일어서서 한 마딜 던졌다.

"현실주의자, ……자기 몸은 자기가 주인이야. 악착같이 먹어야 돼."

이순덕 사서는 그의 어깨를 두어 번 두드려 주곤 식당을 나갔다. 밖에 가로등이 환하게 밝았다.

봄가뭄이 너무 오래 간다고 걱정하던 날씨는, 유월로 접어들면서 때이른 무더위까지 몰고 왔다. 캠퍼스는 종강 분위기로 술렁였다. 1.21 사태를 겪은 해이기는 하지만, 어느 정도 안정을 되찾아가고 있었다. 대학생 군사 훈련을 실시한다는 정부의 발표가 있었고, 거기 반대하는 데모가 자주 벌어졌다. 그는 그해 초에 입영 신체검사 연기원을 제출하지 못하고 신체 검사를 받아 갑종 판정을 받았다. 다음해 5월에 입대가 예정되어 있었다. 그는 〈유토피아의 현실화 표상으로서의 관음상〉이라는 보고서를 썼다. 낭만주의와 현실주의 사이에 노을처럼 피어나는 미학 이념의 형상이 설정 되는데, 그 표상이 관음보살이란 가설을 가지고, 문학작품에 다루어진 관 음과 연관된 모티프를 찾아 정리해서 제출했다. 내용이 구일환 교수의 낭 만적 이상주의 이념에 맞았는지 최고점을 받았다. 독일어는 조교가 낸 시 험문제에 동사 변화를 손도 못 대어 결국 D를 받았다.

나그네 설움

날이 점점 더워지면서 그의 입주 아르바이트집, 새우젓 도가는 젓갈 냄새로 집안 공기가 찐득찐득했다. 숨이 막힐 지경이었다. 아이들도 공부하는 데에 진력을 냈다. 거기다가 중학교 무시험 입학 실시를 국가의 교육정책으로 발표했다. 과외가 떨어지고 주인집에서 나가라 하면 오갈 데 없는 처지가 된다는 걸 생각하면 앞길이 아득했다. 그래서 그는 궁리 끝에 주인댁에게 기초 학력이 중요하다는 이야길 하기 시작했다. 중학교에 들어가는 것은 시험 없이 들어간다고 해도 중학교에 가서 공부 잘하자면 기초 학력이 튼튼해야 한다는, 하나마나한 이야기였다. 그리고 학급배정을 위해 정치고사를 보게 되는데 거기서 좋은 점수를 받자면 하던 과외는 반드시 지속해야 한다는 논지였다. 그러나 이순덕 사서가 얘기하던 그 현실주의자 애엄마들에게 그의 알량한 낭만주의적 설득이 씨가 먹힐 턱이 없었다. 그는 당시 한기언韓基彦 교수의 '기초주의'에 대한 책을 읽은 결과가 학생들의 기초가 튼튼해야 한다는 논지로 전개된 것은 아닌가 생각하기도 했다.

방학, 대학에 들어와 처음 맞는 방학이었다. 그러나 아무 계획도 세울 여건이 아니었다. 김대홍 선배는 부산 한왕석의 집에 며칠 가서 머물다 오겠다며 '떠나는 거야' 그렇게 힘주어 목소릴 높였다. 서울 친구들은 가뭇없이 지붕 밑으로 숨어들고, 지방 친구들은 귀향이었다. 분명한 작정이 없는 친구들 몇몇이 도서관에 나왔다가 학교 앞 다방, 당구장, 주점 그런 데서 어슬렁거렸다. 방학에는 TOL도 쉬자고 했다. 부담이 없어 편하기는 하지만 주위가 허전하고 공연히 허적거려졌다.

그는 입주하고 있는 집 주인한테 일주일만 여행을 하고 오겠다고 시간을 얻었다. 흑산도에 사는 친구 이영소에게 전보로 흑산도행을 알리고는 거의 무작정 기차를 탔다. 목포행 완행열차였다. 가뭄은 가히 살인적이었다. 철로 연변 들판이 한 군데도 성한 데가 없이 벼가 누렇게 말라가고, 어떤 데는 논바닥이 쩍쩍 갈라진 것을 멀리서도 눈으로 확인할 수 있었다. 논 가운데 밀짚모자를 쓴 농부들이 허수아비처럼 망연히 서 있기도 했다.

농민, 농촌, 박동혁, 계몽운동, 문학의 계몽화 그런 생각들로 머리는 어지러웠다. 비평론을 들은 선배들이 자기들 들은 강의 내용을 두고 왁자한 토론을 벌이던 일이 떠올랐다. 그 가운데 '농민'을 생각하게 하는 게 '농민소설'이었다. 농촌소설은 농촌을 배경으로, 농촌을 소재로 한 소설이라고 했다. 거기 비해 농민소설은 농민의 의식이 계층개념과 함께 전형으로 형상화된 소설을 가리킨다고 했다. 농촌소설은 가짜 농민소설이라는 것이었다. 그렇다면 이광수의 〈흙〉 같은 작품은 사이비 농민소설이 되는 셈이었다. 농민의식이 생활 속에 구체화된 게 아니라 도시의 지식청년이 농촌에 들어가 시혜적으로 농민을 위한 봉사를 한다는 내용은 농민의식과는 거리가 멀다는 것이었다. 김대홍 선배의 동기생 가운데 입이 건 신하철 선배가 있었다.

"의식만 가지고 살아? 농자 천하지대본이라고 하지? 엿먹으라고 해. 대본? 푼돈도 안 돼. 천본."

"그렇게 말하지 마, 농민 없으면 뭘 먹고 살아?"

"농꾼들이 대단한 건, 그들은 하늘을 믿거든. 자연의 질서에 순응하는 생활을 하고 말야. 해뜨면 일어나 밭에 나가고 해지면 돌아와 밥해먹고 마누라랑 송송해서 새끼도 낳고, 그래서 나라가 유지되는 거잖아. 그런데 숫도 모르는 것들이 농촌계몽을 한다고 나서서 염병지랄들을 하고 그래? 엿이나 먹으라고 해라."

신하철 선배는 손으로 하늘을 향해 감자를 먹이면서 그렇게 열을 올렸다.

"농촌을 이해하자면 농촌체험이 필요한 거는 당연하지."

"농민이 이해의 대상이란 말이지? 누구를 위한 이해야, 그게?"

"그래야 이해의 지평이 열리는 거잖으냐구."

"지평? 호리존트 말이야? 조절, 지금 우리한테 그런 한가한 지평이니 전망이니 하는 허깨비가 도무지 뭐라는 거야?"

"안 그러면 계층의 이동가능성이 막힌단 말야."

"계층, 그게 누구네 가게에 배달할 물건인 줄 알아? 계층은 재생산된다구. 혁명하는 것들 말로는 그렇지. 사실이 그렇지 않아? 숫빠지게 공부해서 너네 집안이 계층 상승이 될 줄 알아? 좁쌀 계급 훈장은 대를 이어 훈장질이나 하는 거야. 귀족은 몇 놈만 있어도 된단 말야. 속지 말라구. 농민의식, 그게 뭔데? 나중에 의병이나 나가서 패가망신하던 데 소용되는 그런 아둔한 의식이잖아? 왜 모가질 내놔? 미쳤어? 비굴하게 살아도 비굴한 삶을 증거하는 작자는 두엇 있어야지. 그래서 소설가가 필요한 거 아냐? 소설가 입아구에 안 걸려 들어오는 것들이 없잖아? 편견 없이, 편 가르지 않고 세상 바라보는 게 그게 작가잖은가 말야. 농민은 농민이야. 마찬가지로 작가는 작가야. 누구네 집이나 지키는 개가 되면 작가 아니지. 권력에 아부하는 작가는 작가가 아냐."

"너무 비관적 비전 아닌가? 우리 나이가 몇인데?"

"비극? 비극적 황홀이란 거 몰라?"

저 마른 들판에 허수아비처럼 서 있는 농민의 의식란 과연 뭘까? 그런 생각이 머리를 부글부글 끓어오르게 했다. 그런 가운데 계층이 재생산된다는 말이 메슥하게 안에서 밀고 올라왔다. 사대, 교직, 직업안정성, 인간을 육성하는 일, 국가 백년의 대계 그런 말들은 일종의 이데올로기에 기반된 허위의식일지도 몰랐다. 교대를 가라고 추천하던 고등학교 담임선생의 주름진 이마를 보고, 나는 저런 상이 되지 말아야 한다고, 사대를 선택하기는 했지만 사방을 둘러봐도 신신한 구석은 없었다. 하물며 생의 전망이 어디서 빛을 뿜으며 솟아날 턱이 없었다.

목포로 내려가면서 중학교 2학년 때부터 펜팔로 사귄 친구를 생각했다. 친구는 편지에서 장래의 꿈을 이야기하곤 했다.

청소년 시절은 꿈과 함께 성장하고 꿈 때문에 좌절하는 시기이다. 중학교 때 그는 온통 꿈에 젖어 살았다. 그가 꿈에 몸을 담그고 꿈에 젖어 살았던 원인은 대체로 두 가지인 듯하다. 하나는 척박한 삶이 그를 꿈에 잠기게 했다. 막노동이나 다름없는 미장이로서 열 식구의 목구멍을 틀어막아야 하는 그 아버지의 호락손을 생각하면 현실에 발을 붙인다든지 하는 것은 생각만 해도 머릿살 내둘리는 일이었다. 그는 하루하루 살아가는 고단한 삶 가운데, 삶이 향유하는 게 아니라 견뎌내는 것일 뿐이라는 점을 조금씩 깨달았다. 호락호락한 삶이 아니었다. 먹을 것이 생기면 먹고 마실 것이 생기면 마셔야 하는 게 삶의 철칙처럼 그의 마음속에 자리 잡았다. 아무 음식이나 생기면 아구적대고 먹어야 했고, 잠자리도 머리 눕히고 발 뻗을 수 있으면 아무런 타박도 하지 말아야 했다. 그런 중에 소위 잘사는 사람들의 삶에 대한 기대 혹은 장래 소망이 그로 하여금 꿈에 잠기게 했다.

다른 하나는 가망성 없는 의욕을 발동시키는 것이었다. 위대한 과학자, 위대한 문인, 위대한 교육자. 그는 그런 위대한 인간에 대한 꿈들로 머릿속이 가득했다. 국민학교(초등학교)는 물론 최소한 중학교 때까지 그는 학교에서 성적으로, 도덕적 품행으로, 리더십에서 남이 따르지 못할 능력을 발휘했다. 성적은 늘 최상위였고, 그림도 잘 그리고, 글도 제법 잘 썼다. 몇몇 백일장에 나가면 장원도 하고 교내 백일장에서는 그 나름 두각을 나타내었다. 학교 선생들은 그에게 대단한 기대를 갖고 그에게 일종의 완장을 채워 주었다. 완장을 찬 인간의 행동이란 대부분 가식과 허위의식으로 가득하기 마련이다. 그의 경우도 그와 별반 다르지 않았다.

그가 자기인식이 비교적 분명해진 것은 고등학교에 진학하면서부터였다. 기대하기로는 입학 성적이 수석이 틀림없다는 것이었다. 잘못하면 이등을 한다는 허영기 가득한 기대를 가졌다. 그래서 장학금 받고 고등학교 마칠 것이란 기대가 가득 실려 있었다. 그러나 입학 성적이 전교 8등, 10등 밖으로 밀려나지 않은 것만도 체면유지는 되는 셈이었다. 그러나 학비 면제를 받을 수 있는 여건이 전혀 아니었다. 그래서 입학 때부터 학자금 때문에 수많은 곤욕을 겪어야 했다. 아무튼 중학교 때까지 그가 꾸었던 꿈이 깨지는 시기가 고등학교에 입학하면서부터였고, 이전의 버릇이 남아 허황된 시도를 자주 하기는 했지만 대부분 물거품이 되곤 했다.

대학에 들어오면서 서울 어디에도 머리를 둘 곳이 없다는 절박한 상황은 현실에 대한 깨달음을 키우는 동시에, 그를 더욱 낭만적 꿈을 향해 치달리게 하는 무작정의 열정을 불러왔다. 그가 떠난 여행도 그런 열정의 한 자락인 셈이었다. 아르바이트를 해서 조금 유축한 돈을 가지고 친구 이영소를 찾아 흑산도로 향한 것은 여행의 여건 따위는 아랑 곳 없는 '만행'에 가까운 짓이었다.

목포에서 흑산도로 들어가는 배를 탔다. 그는 당시 친구 이영소가 흑산도의 중심부, 그의 중학교가 있던 '진리'라는 데서 떵떵거리며 사는 줄만 알았다. 간다고 했으니 마중이야 당연히 나오리라고 믿었다. 그러나 실제로 그의 친구 이영소의 고향은 흑산도 옆에 있는 '대둔도'라는 섬이었다. 동네 이름이 진리가 아니라 수리(水里)였다. 그렇게 무작정으로 길을 나서는 버릇은 그 뒤에도 그가 살아가는 데 빈발하는 일종의 증상과도 같은 것이 되었다. 그는 자신의 행적을 두고 헤겔의 낭만적 아이러니의 법칙을 따라 자신도 그렇게 살아왔노라고 가당치 않게 분석하곤 했다.

아무튼 여름 방학, 흑산도로 들어가는 배는 귀향하는 사람들로 가득했다. 같은 해 서울대 법대를 지원했다가 떨어진 이영소는 학원에서 수강생 관리를 돕는 '기도'로 일하면서 학원 그늘에서 젊음을 부지하며 지냈다. 그가 이따금 찾아가면 뿌루퉁한 얼굴로 맞이하는 낮과는 영판 다르게, 먹고 마시고 노는 데는 부잣집 아들이 따르지 못할 정도였다. 그렇게 지내던 그가 고향으로 돌아가는 것은, 배에서 만나 안 일이지만 그의 형 때문이었다.

월남전에 맹호부대 요원으로 참전했던 그의 형 이광소가 귀국해서 고향으로 돌아가는 길이었다. 형을 따라 고향으로 돌아가는 낙방생과, 대학에 그것도 서울대학에 합격한 친구가 같은 배를 타게 된 것이다. 그게 인연인지 우연인지 알 수 없는 일이지만 같은 배에서 이영소 형제와 그가 만난 것은 예사로운 일이 아니었다. 그때부터 그는 정작 중학교 때부터 편지를 주고받으며 터놓고 사귄 친구보다는 그의 형과 더 가까운 사이가 되었다.

배에 올라 선실에 들어가지 않고 갑판 위에서 멀어져 가는 육지 풍경을 바라보며 다도해의 경치에 넋을 잃고 서있을 때였다. 머리에 빵이 커다랗게 오글오글한 모자를 쓰고 홀태바지 차림의 또래가 이쪽을 바라보고 있었다. 서울에서 보았던 그와는 너무 달랐다. 그런데 친구가 틀림없었다. 흑산도를 들어가는 배 위에서 친구를 만난 것이었다. 친구의 차림은 좀 불량스러워 보였다. 서울에서 만나면 반색을 하곤 하던 친구는, 이상하게도 반가운 내색을 하지 않았다. 자기는 대학에 떨어지고 그는 대학에 합격해 다니고 있다는 것이 그런 표정을 짓게 하는 것이거니 하면서, 그는 반갑다는 이야기를 좀 과장되게 거듭했다.

"우리 형이다, 인사해라."

딱딱 굳은 음성이었고, 어정쩡한 태도였다. 콧날이 우뚝하고 눈이 형형한 빛을 발하는 청년은 얼굴이 검게 그을어 보였다.

"저 꼬라지 봐라. 공부한다는 놈이 완전 딴따라 꼴로 돌아다니면서 저 꼴이니 내가 억장이 무너진다. 저 놈 앞길이 어떻게 나아갈지 훤하다 훤해."

그렇게 시작한 동생에 대한 타박은 쉬지 않고 계속되었다. 월남이란 데가 어디 야자수 그늘 아래 꽁까이 처녀랑 달콤한 사랑이나 속삭이는 그런 낭만적인 곳으로 아느냐. 총알이 핑핑 날아다니고, 베트콩의 화살이나 칼이 언제 날아와 가슴에 박힐지 모르는 그런 사지에 가서, 돈 좀 벌어서 동생놈 하나 가르치겠다는 일념으로 목숨을 걸고 월남에 갔던 것인데, 제 형 죽을 고생하는 것은 생각도 않고, 자식이 저 꼴을 하고 다니면서 술 처먹고 담배 피고, 제 형이 목숨과 바꿔온 돈을 저따위로 쓰는 게 정신이 있는 놈이냐 나간 놈이냐, 타박은 그렇게 이어졌다. 부모님이 내게 하지 못한 것을 형이 대신하는 것인데 그걸 몰라주고 인생 거지처럼 저따위로 돌아다니니, 한심하고 원통하다. 비애감이 너무 깊어서 눈물도 안 나온다.

계속되는 타박 속에 친구는 멀리 뱃머리 위로 돌아 오르는 수평선을 바라보고 있었다. 그의 넓은 이마와 큼직한 눈, 유난히 좁은 턱으로 해서 밸런스가 안 맞는 얼굴이 좀 불안한 분위기를 풍겼다. 거기다가 눈을 두릿두릿 굴리기 때문에 어떤 돌발적 행동이 나타날지 마음을 조이게 했다.

그의 친구 형은 그에게 마치 촌동네 당숙어른처럼 다감하게 이야기를 해 왔다. 중학교 때부터 둘이 편지를 통해 사귀는 과정을 보면서 인품이 출중한 젊은이라는 것을 알았다는 데서부터, 대학 진학에 이르기까지 하나 하나 집어서 추켜올렸다. 자네가 자네 집안을 일으켜세울 기둥이라면서, 자신이 장남으로서 역할을 다하는 것처럼 자네도 그래야 한다는 식으로 의무감을 불어넣었다. 그는 한편으로는 뿌듯하기도 하고, 다른 한편으로는 큰아버지며 동네 일가붙이들한테 하도 자주 들은 이야기라 지레 질리기도 했다. 그러나 선실 저쪽으로 돌아가 담배를 피우가다 되돌아와 형에게 등을 돌리고 앉아 있는 친구보다는, 그런 이야기를 주절주절 늘어놓는 형이 더 푸근했다. 푸근하기보다는 습관이 된 그의 가식에 잘 들어맞는 화법이었을 터이다.

꿈에 그리던 흑산도였다. 전광용의 소설 〈흑산도〉를 머릿속에 요약하면서, 흑산도를 소설로 써 보자는 생각을 하기도 했다. 그러나 아니었다. 그의 그런 의욕은 인정의 온기 속에 나른하게 녹아나 일상의 수면 아래로 가라앉고 말았다. 그의 친구 어머니가 손수 물질을 해서 건져올린 소라며 갯고둥 같은 것들을 삶아 내놓는 그릇 전두리에 어리는 김에는 젖냄새가 서려 있었다. 바위너덜에 붙은 따개비를 깨서 미역을 넣고 끓인 국은 그 뽀얀 빛깔부터 젖을 연상하게 했다. 간간하게 전 자반을 올려 먹는 밥은 진부한 표현이지만, 입에서 살살 녹는 천상의 음식과도 같았다. 그렇게 사흘, 동네 옆에 숲으로 가려진 깨끗한 모래밭에서 수영도 하고, 낚시를 다녀오는 데 사흘, 그의 친구 형이 월남전에서 돌아왔다고 동네 청년들이 모여서 벌이는 노래자랑을 구경하는 데 하루, 그렇게 해서 한 주일이 훌쩍 지나갔다. 동생에게 실망한 형의 안타까움이라든지, 서울살이 고달픔이라든지 하는 것은 깡그리 잊은 채 한 주일이 새벽꿈처럼 아쉽게 지나가고 말았다.

"시간이 거시기해서, 저는 이제 올라가야겠습니다."

"쩌그, 거 머시냐, 흑산에 왔는데 홍도를 안 보고 가면 쓰겄냐?"

"주인한테 양해받은 시간이 일 주일이라서."

"이자 애들 과외도 틀렸더만, 너처럼 문학하는 사람은 남해바다를 보아두어야 하겠제. 짐 챙기그라 오후 배로 홍도 들어간다."

그의 친구는 좋다 싫다 말이 없었고, 과묵한 친구의 부친은 언제 다시 흑산에 오겠느냐면서 홍도에 다녀가는 게 좋겠다고 홍도행을 권면했다. 그는 고등학교 교과서에서 읽은 최기철의 〈홍도의 자연〉이란 글을 떠올리며 친구 형의 권유를 따르기로 했다. 권유를 따르기보다는 자신의 의지를 접어 두고 그렇게 돌아가는 상황에 의존하는 편이었다. 한편 흑산도를 본 것만도 과분한데 홍도라니, 슬그머니 안에서 설레는 흥분이 슬슬 돌아가기 시작했다.

돌섬으로 되어 있는 홍도도 다른 데보다 가뭄 피해가 심각했다. 배에서 내리자 길바닥에 지렁이가 말라 비틀어져 죽어 있고, 길섶의 풀은 누렇게 말라 물기라곤 느껴지지 않았다. 가뭄을 더욱 실감하게 하는 것은, 물이 끊어져 다른 섬에서 물을 실어다 먹어야 하는 형편이라는 것이었다. 물을 실어 나르는 배들이 바삐 드나들었다. 어느 집에 잔치가 벌어지면 물을 져다가 부조한다는 이야기도 들었다.

친구 형은 아무리 가물어도 물이 풍족한 데가 있다면서, 앞장서서 산길을 더터 오르내리다가 등대에 닿았다. 등대 소장을 만나 양해를 구하고 등대 마당 잔디밭에다가 천막을 쳤다. 서울서 온 손님이 있다는 게 그런 양해를 가능하게 했는지도 모를 일이었다. 그의 친구 형은 월남전에서 입었던 군복을 풀밭에 펼쳐 놓고 사진을 찍었다. 계급장이며 훈장이 달린 옷이 마치 전사자의 유품처럼 생각되었다. 주인이 죽어서 몸과 영혼이 다 빠져나가고 껍질만 남은 옷을 마지막으로 소하기 전에 사진을 찍어 두는 것 같아, 마치 어둑신한 신당에 들어간 것처럼 머리끝이 쭈뼛했다. 그런 생각은 잠시 동안뿐이었다.

홍도는 꿈의 섬이었다. 낙원이었다. 죽음의 골짜기를 지나와 이제 어떤 악귀나 악령이 대들어도 겁날 것이 없는 친구 형은 홍도의 농밀한 속내를 잘 알았다. 물길로 인도하는 대로 따라다니면 그 길이 곧 바다의 내면으로 향하곤 했다. 홍도는 속살을 드러내고 농염하게 넘실거렸다. 매끄러운 물길과 싱싱한 성의 냄새를 피우면서 뒤눕는 리듬 속에 시간을 굴려갔다. 낚시를 드리우면 입감을 물려고 달려드는 물고기의 지느러미까지 환히 들여다보이는 초록색 바닷물. 그야말로 손을 담그면 초록색 물이 들 것 같은 그 색정적인 빛깔을 그는 잊지 못할 거라고 속으로 되뇌었다. 뒤로도 바다 이야기를 할라치면 홍도의 농염하게 아름다웠던 바다 이야기를 빼놓지 못한다.

아침을 먹고나면 나른하게 몰려오는 졸음을 즐기다가 낚시를 하면서 한나절이 간다. 점심을 먹고는 수영도 하고, 등대의 펌프물로 바다에서 묻은 짠물을 씻어내면 몸이 날아갈 것처럼 가볍게 되살아났다. 친구 형과 산책을 하는 동안 입담 좋은, 타고난 이야기꾼의 장남의식 곁들인 이야기는 그를 아득한 과거로 되돌려놓곤 했다. 그러다가 미래로 방향을 틀었다. 햇살이 잘게 부서지는 동백나무 숲에서 낮시간을 이야기로 보내는 것은 그에게 참으로 예사롭지 않은 체험이었다. 느긋하게 사랑을 이야기하는 가운데 죽음의 그림자도 볼 수 있는 그런 이야기들이었다. 보들레르가 여행에의 초대라는 시에서 읊은 것처럼, "느긋하게 사랑하며, 사랑하다 죽는" 그런 시간을 경험한 것이었다.

그렇게 꿈같은 한 주일이 갔다. 흑산에서 보낸 일 주일과 합치면 보름이었다. 부지런히 올라가도 이미 약속한 날짜에서 아득히 멀어진 시간이었다. 친구와 친구 형과 더불어 현실로 돌아오는 배를 타고, 기차를 갈아타는 동안, 아직도 가뭄이 끝나지 않았다는 것을 갈피갈피 눈아프게 확인해야 했다.

그렇게 짐작을 하지 않은 바는 아니지만, 입주해 있던 집안 분위기 또한 잔뜩 가물어 버석거렸다. 그가 긴장해서 몸을 웅크리고 새우젓 냄새 나는 새우젓도가에 들어서자 주인댁과 마주쳤다.

"오늘이 며칠인지 알기나 해, 학생 말야?"

"죄송하게 되었습니다."

"우리 애들이 학생같은 사람 닮을까 겁나네."

"본래 그럴 생각이 없었습니다만, 죄송합니다."

"안 됐지만, 오늘로 나가 주어야 하겠어요."

"오늘이라면, 지금 당장 말인가요?"

"그만한 말은 알아들어야 하는 거 아닌가?"

그는 염병할, 하는 소리가 목울대를 타고 치미는 것을 가까스로 누르면서 이층으로 올라가 짐을 꾸리기 시작했다. 온몸에 땀이 흘러 범벅이 되었다.

홍도에서 보았던 노을보다 더 황홀한 노을 속으로, 그는 짐보따리를 걸머지고 걸어 들어갔다. 유행가투로 돌아가는 판이었다. "눈물어린 보따리에 황혼빛이 젖어든다." 그러나 그는 그렇게 흥얼거릴 기운이 이미 소진된 뒤였다. 대학 신입생의 한 학기를 보따리 싸는 일로 마무리하는 날의 노을은 처연히 붉게 가라앉았다.

돈 버세요, 여러분

그는 애들 가르치는 것 말고 살아갈 다른 방법이 없을까 궁리를 거듭했다. 한 달 남은 방학에 2학기 등록금을 벌어야 했다. 한 학기를 쉬고 군대를 다녀오면 4년이란 시간이 허당이 되어 어긋나는 구도였다. 그는 다른 일거리를 찾았다. 그의 어머니가 바닷가에서 주워온 바지락을 삶아 밀국수를 해서 먹은 뒤, 그는 아버지와 쪽마루에 앉아 쉬고 있었다. 그의 아버지가 일하는 이야기를 꺼냈다.

"네가 할 일인가 모르겠다만, 공사장에 일거리가 있긴 한데, 어떨지, 원?"

그의 아버지가 입에서 안 나오는 이야기를 하는 사람처럼, 흐리멍덩하게 조마조마하면서 이야기하는 게, 그는 못마땅했다. 차라리, 사내자식이 몸 성하면 뭘 못하냐, 공사판에 노가다 하러 가라, 그렇게 밀어내면 속이나 답답하지 않을 것 같았다.

공사장에서 할 수 있는 일거리라는 게 두 가지였다. 하나는 질통을 지고 이층, 삼층으로 모래며 자갈을 져 나르는 일이었다. 다른 하나는 철근을 절단하는 일이었는데, 아직은 전기 절단기가 널리 보급되지 않았던 무렵이라 철근을 굄쇠에 놓고 절단용 자귀를 댄 다음 햄머로 내리쳐 철근을 끊는 작업이었다. 둘 다 할 만한 일이었다. 할 만하다는 것은 그런 일을 해내는 방법을 그 나름대로 터득하고 있었다는 뜻이다. 이런 식이었다.

두꺼운 베니어판으로 못을 툭툭 박아 만든 질통은 그 무게만 해도 어깨를 찍어누를 정도로부담이 되었다. 질통을 지고 밑뚜껑에 연결된 손잡이를 쥐고 있으면 다른 일꾼이 모래를 퍼 담아 준다. 그러면 아시바[飛階] 옆으로 만든 받침계단을 항창항창 올라가 모래를 쏟아 놓고는 심호흡을 한번 하고 다시 내려온다. 모래를 담고 올라가 쏟고, 다시 내려와 모래를 담고 올라가 쏟고 내려오는 일을 반복하는 과정은 시지프스의 신화와 구조적 동일성을 지닌 것이었다. 올라가면 끝이 나는 게 아니라 내려왔다 다시 올라가야 하는, 정상에 도달하자마자 다시 굴러내리는 바위, 그걸 알면서도 바위를 굴려 올리는 시지프스에서 인간의 성실성이라는 철학을 발견한 카뮈의 안목, 그런 생각을 하면서 모랫짐을 하루 종일 지고나면 밤에는 몸이 녹초가 되어 곯아 떨어지곤 했다.

철근을 자르면서는 〈강철은 어떻게 단련되는가?〉 그런 책을 떠올리기도 했다. 그리고 도구를 만드는 인간에 대해 생각을 가다듬기도 했다. 쇠를 자르는 데 쓰는 도구들이 모두 쇠로 되어 있다는 것, 쇠가 쇠를 자르면, 그 도구를 만들고, 도구 만드는 도구를 또 만들고, 만들고, 만들고… 그렇게 자꾸 거슬러 올라가면 맨 꼭대기에 무엇이 있는가? 희한하게도 그런 과정이 메타 코그니션이라는 사고기제와 같고, 비평에 대한 비평을 메타 크리티시즘이라고 하는 용어법과 원리가 같으며, 로만 야콥슨의 언어 기능 도식에서 메타언어기능이라는 것도 그런 식이 아닌가 생각을 하는 동안 한 나절이 훌쩍 지나는 것이었다. 이를 두고 철근공의 언어유희라 할지 모르나 그로서는 일하면서 노는 방법이었다. 그가 〈鎔接工〉이란 소설을 썼던 적이 있는데 그의 그런 작업과 무관하지 않을 듯하다.

그는 그런 일을 하는 과정에서 그저 언어유희만 즐긴 것은 아니었다. 건축공사장에서 일하는 이들의 언어를 실감있게 들을 수 있는 기회가 되기도 했다. 그리고 그가 그의 아버지 삶을 이해하는 계기가 되기도 했음은 물론이다. 몰탈을 만지느라고 장갑이 너덜거리게 닳고, 장갑을 뚫고 비어져나온 손가락이 봉투라지가 생기는 그런 과정을, 그래서 지문이 없는 사람이 되는 과정을 비교적 자세히 볼 수 있었다. 주민등록증을 갱신해야 하는 날 지문이 안 나온다고 일주일 쉬고 오라는 동직원 이야기를 하면서, 헛헛하게 웃던 아버지의 얼굴이 눈에 어리곤 했다.

구월이라고 하기는 하지만 여름 끝자락의 노염老炎은 불볕이었다. 그 해 2학기에는 특강이 꽤 많았다. 그는 성균관대학교 불문과에 근무하던 손우성 교수의 특강을 오래 기억했다. 손우성 교수는 몸매와 얼굴에 에너지가 넘쳤다. 검으티티한 얼굴에 눈이 움푹 들어가고 코는 뭉툭하고 좀 납작한 편이었다. 학자라기보다는 전장을 치달리는 장군을 방불케 하는 풍모였다. 얼굴이 하얗게 쇠어서 허리를 구부정하니 구부리고 다니는 체형을 학자의 전형으로 생각하던 그로서는 호기심을 불러일으킬 만한 풍모였다.

당시 손우성 교수는 몽테뉴Michel de Montaigne, 1533~1592의 수상록Les Essais을 번역하여 출간한 뒤라 그 이야기를 듣기 위해 초청한 모양이었다. 뒤에 안 일이지만 당시 그가 다니던 사범대학에 해외문학파의 일원이었던 이하윤異河潤 교수가 손우성 교수를 초청하게 하였던 것이다. 손우성 교수는 이하윤 교수와 이른바 해외문학파의 일원으로 참여하여 활동했던 인물이었다. 강연은 기대했던 것처럼, 몽테뉴의 생애를 요약하고, 〈수상록〉이라는 책이 근대수필의 아버지 격으로 가치를 인정받는 이유를 설명하는 쪽으로 돌아갔다.

그는 강연 내용을 메모하면서 집중해서 들었다. 강연 내용보다는, 달리 기억에 떠오르는 일이 있어서였다. 그가 졸업한 고등학교 친구 가운데, 고등학교 3학년이 되자마자 결혼을 한 이가 있었다. 담임을 비롯한 교사들은 결혼한 친구를 영감으로 불렀고, 학생들은 형님으로 불렀다. 수업 시간에 다른 학생들이 교과서를 들이파고 있을 때, 영감이라는 학생은 몽테뉴의 〈수상록〉을 읽었다. 다른 학과 담당 교사들도 〈수상록〉을 읽는 학생 영감을 그다지 나무라지 않았다. 아마 결혼을 했다는 것이 성인으로 인정하는 기준이었던 모양이었다. 학생영감은 도시락이 늘 풍성했다. 계란말이며, 쇠고기 장조림, 연근조림, 멸치볶음 그런 반찬을 가지고 와서는 다른 친구들에게 나누어 주곤 했다.

"장가드니까 도시락이 부티나게 바뀌더라고, 흐흐흐."

"그런데, 왜, 노상 몽테뉴는 들고 다녀?"

"우리 장인이 읽으라고 사다 맡겼거든."

"장인한테 꼼짝 못하는 모양이네요."

"그럼, 당연하지. 나는 학생이고 장인은 선생이거든."

"이 학교 선생님도 아닌데도 그렇게 꼼짝 못해요?"

"선생님은 어딜 가도 선생님이야, 일제시대 선생님들 못 잊어 지금도 연락하고 지내는 이들 있지? 그게 그저 그렇게 된 게 아니라 학생을 사랑으로 가르쳤기 때문이야. 교육적 애정은 제국주의에 맞설 수 있는 대단한 힘이라고. 그러니까 학병 나가라고 연설하고 다니는 조선 선생보다, 학병 안 나가려고 도망쳐온 젊은이를 몰래 숨겨주던 일본인 선생을 못 잊어 하는 것은 당연하지."

"그럼 장인 겸 선생?"

"군사부일체를 내가 실천하는 것이야."

장가든 사람은 뭐가 달라도 다르다면서, 그의 친구들은, 그런데 밤일은 어떻게 하느냐고 묻곤 했다. 그러면 대답이 그런 건 생이지지하는 것이니까 방정식이나 잘 풀라고 대답을 회피하곤 했다. 그는 생이지지라는 말이 낯설어 사전을 뒤져 보았다. 생이지지, 학이지지, 곤이지지 그런 단어들이 설명되어 있었다. 생지, 학지, 곤지라고 줄여서 말한다는 내용을, "생지 학지 연지 곤지" 그런 말로 바꾸어 학생영감을 놀려댔다. 그럴라치면 학생영감은 정말 영감처럼 이마에 주름을 잡고 웃곤 했다.

손우성 교수의 강연 가운데 그가 기억하는 것은 몽테뉴를 이야기하면서 교육에 대한 견해를 밝히는 것이었다. 몽테뉴의 아버지가 아들을 교육하는 방식이 특별했다는 것이었다. 손교수는 먼저 몽테뉴의 집안 내력을 죽 이야기했다. 몽테뉴의 가문은 그의 증조부 때부터 부각되기 시작한다. 그의 증조부는 보르도의 생선과 향료를 영국 등지로 무역 형식으로 내다 파는 상인이었는데 그런 상인은 귀족에 속하지 못했다. 에라스무스라는 네덜란드의 인문학자는 생선장사를 하는 상인을 '고약한 냄새나 풍기는 바보'라고 비하했다. 그런 이들이 귀족으로 신분 상승을 하는 길은 험하고 멀었다. 우선 귀족으로 진입하기 위해서는 성을 구축할 영지를 마련해야 했다. 영지를 마련한 다음에는 무인이 되어서 왕에게 충성을 맹세하고 전쟁에 나가 전공을 세워야 한다. 그런데 그런 공을 세울 기회를 얻기 위해서는 인근 지역의 제후에게 충성을 맹세하고 가신이 되어 충성심을 증명해 보여주어야 한다. 그리고 40년 동안 왕에게 세금을 바치는 재력을 지탱해야 한다. 귀족사회로 진입하는 다른 길은 법관의 자리를 얻어 세력을 구축하는 것이다. 이런 과정은 최소한 삼대는 지나가야 할 만큼 시간이 필요하다. 그래서 신분상승은 법칙으로 설명되는 사회과학의 대상이 되는 것이다.

몽테뉴 가문의 증조할아버지는 땅을 장만하고, 할아버지는 상업으로 일가를 이루었으며, 보르도 시정에 참여하여 지역사회에 헌신함으로써 귀족의 자격을 공인받게 되었다. 몽테뉴의 할아버지 대에 와서는 상업을 집어치우고 아들들을 법관으로 키워 귀족으로서의 위상을 정립하게 된다. 몽테뉴의 아버지는 보르도 시장을 지낼 정도의 귀족으로 신분상승을 했다. 그리고 세상을 마무리하면서 몽테뉴에게 귀족의 신분을 잘 지키고, 성을 잘 경영할 것이며, 정치인으로 귀족의 위상을 지속하라는 당부를 한다. 결국 몽테뉴는 보르도, 그 포도주로 유명한 보르도 시장을 두 차례나 역임하게 된다. 손교수는 거기까지 이야기하고 학생들에게 물었다.

"어때요? 생선장사의 손자가 보르도 시장까지 했으면 성공한 집안으로는 꽤 괜찮지요?"

청중들은 고개를 끄덕이는 정도로 그렇다는 반응을 보였다. 손교수의 표정이 달라졌다. 멍청하다는 비난이 섞인 표정이었다. 손교수는 말을 이었다.

"그런데 아닙니다. 안타까운 것은 그 집안의 영광이 거기서 끝난다는 점입니다. 왜 그러냐고요? 교육이 잘못된 때문인 게 아닌가, 책을 번역하면서 그런 생각을 했습니다. 수상록, 레제세 제일권에 몽테뉴는 자기 자신의 교육에 대한 이야기를 펼치고 있습니다. 여기가 사범대학이니 그 이야기를 조금 하고서 내 강연을 마칠까 합니다. 강연료 받고 헛소리나 하고 가면 안 되지 않겠어요?"

손교수의 이야기는 교육으로 돌아가 얼마간 계속되었다. 학생들은 좀 지루한 표정으로 듣고 있다가 몸을 꼬기도 하고 하품을 하기도 하다가는 못 견뎌서 일어나 나가는 축도 있었다.

몽테뉴의 아버지는 몽테뉴를 유다른 방법으로 교육하기로 작정을 했다. 우선 아이가 태어나 젖도 떨어지기 전에 자기 영지에서 소작을 하는 가난한 집안에 양자를 보낸 것이었다. 이 아이가 자라서 귀족의 신분으로 살아가겠지만, 하층민들이 겪는 삶의 애환을 알고 그들을 우호적으로 이해함으로써 존경을 받자면 어려서부터 소작농에게 맡겨 자라게 해야 한다는 것이 그의 아버지가 주장하는 생애 출발의 형식이었다.

"이건 맹자 어머니의 교육방침과도 일맥상통하는 겁니다. 맹자 어머니가 교육환경을 개선하기 위해 이사를 세 번이나 했다고 하지요? 정말 그럴까? 나는 아니라고 생각합니다. 삶의 가장 밑바닥부터 경험하게 하려고, 일부러 작정을 하고, 집을 옮겨다닌 겁니다. 공동묘지 근처에 사는 사람들의 삶을 보여주고, 이어서 장사꾼들의 생활을 체험하게 하고, 그러다가 그렇게 사는 게 얼마나 비참한 것인가를 알 무렵 해서 학교 근처로 거처를 옮기지 않습니까? 맹모 삼천지교라는 말이 거기서 나온 것인데, 맹모의 결단에 적극적인 의미를 부여하자면 고통스런 삶부터 체험하게 하는 거라고, 나는 그렇게 봅니다. 피해 다닌 게 아니라 일부러 고생을 시켰던 게 아닌가, 근거는 없지만 그게 더 진실에 가깝습니다."

뻥하니 앉아있는 학생들을 향해, 손교수는 눈길을 흘긋 주고 나서 다시 이야기를 계속했다. 그는 맹모삼천지교의 새로운 해석을 듣고, 그럴 듯한 견해라는 생각을 하면서도 한편으로는 불문학을 하는 양반이 웬 맹자를 들추는가 의아하게 생각하기도 했다. 하기는 그랬다. 맹자는 웬만한 생활여건이 되니까 이사를 하면서 살 수 있었겠지만, 아버지가 공동묘지 관리인이었다든지, 그가 아르바이트를 하다가 쫓겨난 집처럼 새우젓 장사를 하는 집에서 태어나거나 리어카에 채소 나부랭이나 싣고 다니면서 파는 행상의 자식으로 태어난 경우는 어떻게 보아야 하는가 하는 의문이 솟아났기 때문이었다.

몽테뉴의 아버지는 소작인 집에서 아들을 데려와서는 언어교육을 하기 시작했다. 그것은 라틴어교육이었다. 당시 라틴어는 유럽 보편의 언어였다. 영국과 프랑스는 물론 독일, 네덜란드, 이탈리아 등지에서 교양있는 시민에 속하는 이들은 라틴어를 자유롭게 구사할 줄 알아야 했다. 그것은 일종의 문화적 보편주의를 지향하는 언어권력이었다. 당시 학술활동은 거의 모두 가 라틴어로 이루어졌다. 몽테뉴의 아버지는 아들이 라틴어를 자유자재로 구사하는 인재로 키우기로 결심했다. 돈이 얼마나 드는지는 문제가 아니었 다. 그만큼 재력이 확보된 귀족으로 신분상승이 되었던 터였다.

몽테뉴의 부친은 독일에서 의사이며 라틴어 학자인 선생을 초빙했다. 독 일서 불러와야 불어에 오염되는 것을 방지할 수 있다는 계산이었다. 저속 한 불어 나부랭이는 물론 보르도 방언을 입에 대지 못하게 하자는 조치였 다. 그리고는 독일서 불러온 학자를 도와주는 조수도 두 사람이나 고용했 다. 부친과 모친은 물론 하인들까지도 라틴어를 배워서, 몽테뉴 집안 전체 가 라틴어 외에 다른 언어에 오염되지 않도록, 가족이 모두 라틴어를 사용 해야 하는 식으로 언어환경으로 바꿔 놓았다. 아침에 일어나서 돌아다니 다가 저녁에 잠들 때까지, 그야말로, 아 마네 우스쿠에 아드 베스페룸^{a mane usque ad vesperum} 온 집안 식구들이 라틴어로 살아야 했다. 그렇게 되다보니 몽테뉴는 '혀도 풀리기 전부터' 라틴어를 이야기하고, 오비디우스의 〈변신〉 을 라틴어로 읽게 된다.

그런데 이런 라틴어 교육은 중학교에 들어가면서 실효성을 잃고 만다. 이 중학교는 우리 교육제도로는 초등학교에 해당하는 학교기 때문에 기 초교육 기관이다. 생활교육을 할 수밖에 없는 환경에 라틴어밖에 모르는 학생이 들어왔으니, 시쳇말로 왕따를 당하기 십상이었다. 중학교에서는 모 든 과정을 라틴어로 교육하는 것이 아님은 물론, 세속의 풍속에 익숙한 영악한 아이들 사이에서 부대껴야 하는 생활이 지속되는 가운데 라틴어 는 몽땅 잊어버리고 말았다고 한다.

"몽테뉴의 부친은 일테면 품위있는 속물이었습니다. 라틴어를 통해 어렵사리 상승을 기한 신분을 유지하고, 그런 환경 속에서 아들이 왕권에 밀착된 귀족으로 살아가기를 염원했던 것입니다. 아들 잘 되라고 온갖 노력을 다하는 것은 지금이나 오백년 전이나 다를 바가 없습니다. 그게 아비들의 위대한 속물근성입니다. 아들을 그렇게 가르치자면 뭐가 필요하지요? 잘 모른다는 얼굴들인데, 돈이 있어야 합니다. 근대사회는 돈이 신이 되어 있는 사회입니다. 돈이 있으면 죽은 자도 무덤에서 일으켜 세워 불러 낼 수 있다지 않습니까? 그러니까 게오르그 짐멜이라는 사람이 '돈의 철학'이라는 책을 쓴 것은 역시 사회학자다운 작업을 한 셈입니다. 서정주라는 시인이, 아주 한가하게 '가난이야 한갓 남루에 지나지 않는다'고 읊었는데, 그런 발언은 바늘끝만한 진실밖에 담고 있지 않습니다. 서머셋 몸의 말대로 돈은 인간이 지닌, 아니 지닐 수 있는 제 육의 감각입니다. 더 식스드 센스 말입니다. 그래서 속언에 잘 먹고 죽은 놈은 송장 때깔도 좋다고 하는 거잖아요?"

손교수의 돈 이야기는 한참 계속되었다. 그는 실감을 하기는 하면서도 돈을 넘어서는 어떤 본질적 가치가 있을 게 아닌가 궁리를 거듭해 보았다. 그러나 그 실상이 떠오르지는 않았다. 타골, 간디, 석가, 공자 그런 인물을 떠올려 보다가, 고개를 가로 젓고 말았다. 풀리지 않는 화두 같은 말이었다. 그의 눈앞에 신하철 선배의 비웃음을 흘리는 얼굴이 떠오른 것은, 그 동안 그의 화법에 익숙해진 까닭이라는 짐작이 갔다. 교직으로는 계층이동이 불가능하다던 그 이야기가 손교수의 강연에 묘하게도 맞물리는 것이었다.

"여러분이 환상을 지우라는 이야기를 하고 싶어서 돈 이야기를 했는데, 오해 없기 바랍니다. 몽테뉴는 이런 이야기로 글을 맺고 있습니다. 읽어 보지요. 〈어린애의 교육에는 욕망과 애정을 돋우어 주는 것보다 더 좋은 방법은 없습니다. 그러지 않으면 책을 진 당나귀밖에 만들지 못합니다. 사람들은 그들을 매질해서 그 주머니에 학문을 잔뜩 넣어 줍니다만, 이 학문을 잘 하려면 담아 두기만 해서는 안 됩니다. 자기 것을 만들어야 합니다.〉 이런 일은 진정 뛰어난 선생들만 할 수 있습니다. 여러분이 진정 뛰어난 선생이 되자면 어떻게 해야 하나, 그런 이야기를 몽테뉴 자신이 하고 있는 부분이 있습니다. 자료집에 들어 있으니 버리지 말고 읽어 보기 바랍니다.

내 결론은, 돈을 벌어라 하는 것입니다. 여러분이 돈을 벌어 여러분 자신을 이해하고, 여러분 자신의 삶을 제대로 살고, 그 가치를 학생들에게 전달하라는 겁니다. 그래서 회의하는 정신이 인격으로 스며들게 하라는 것입니다. 몽테뉴가 평생을 견지한 화두가 이겁니다. 나는 무엇을 아는가, 불어로 크 세 즈$_{Que\ sais-je}$? 그겁니다. 여러분도 그런 정신으로 살면 인생의 참혹한 실패는 면할 겁니다."

강연은 그렇게, 돈 벌라는 결론으로 끝났다. 그는 자료집에 실려 있는 내용을 읽어 보았다.

> 우리 선생님들은 학생이 단순히 기억을 통해 무엇을 얻었는지가 아니라, 그가 자기 삶의 증언을 통해 무엇을 얻었는지를 평가해야 한다. 젊은이가 읽은 것을 모조리 스스로 검토하고 걸러내게 하고, 그 어느 것도 그냥 충실하게 믿거나 권위에 기대어 무조건 받아들이게 해서는 안 된다. 극히 다양한 의견들을 젊은이에게 제시하는 것이 옳다. 능력이 있다면 그는 스스로 선택할 것이요, 그렇지 않다면 그대로 의심스러운 상태에 있게 될 것이다. 하지만 다른 사람의 의견만 좇는 사람은 진짜 사태를 따라잡지 못하며, 아무것도 발견하지 못하고, 심지어는 찾으려고도 하지 않는다.
>
> (Stefan Zweig, *Montaigne*, 안인희 옮김, 63~64쪽)

교사가 되어서 돈을 번다? 그게 가능한 일이던가? 현실감각을 잃지 말라는 이야기로는 이해가 되는데, 돈을 번다는 데는 고개가 갸웃해졌다. 아무튼 손교수는 사범대학 학생들에게 도덕적인 교훈보다는 현실문제를 제기해 주고 싶었는지도 모를 일이라고 그는 생각했다.

당시 여러 가지 특강을 들은 가운데 함석헌 선생의 강연이 오래도록 그의 기억에 남았다. 민중사관에 바탕을 둔 논리라 할 수 있는 '씨알의 사상'과 한국사를 보는 관점이 특이했는데, 그는 이미 함석헌 선생이 번역한 칼릴 지브란의 〈예언자〉라는 책을 읽은 터라, 더욱 감명이 컸다. 그가 다닌 천안 고등학교 근처에 '씨알 농장'에서 일하던 함 선생은 하양 당목 고의적삼 차림으로 포도밭을 손질하기도 하고 채마밭을 매기도 했던 걸로 기억되었다. 농부 성자를 떠올리게 하는 풍모였다.

그런데, 뒤에 만난 어떤 인사의 말로는 함석헌 선생이 천하 오입쟁이라는 것이었다. 그는 그 이야기를 듣고는, 흰 수염을 달고 침대 위에서 젊은 여자 끌어안고 뒹구는 모양이 그려지지 않아 곤혹스러워한 적이 있다. 그리고 함께 떠오른 것이 〈뜻으로 본 한국역사〉라는 책 표지에 실린 로뎅의 조각작품이었다. 본래 작품 이름이 겨울L'hiver인데, 저자는 '창녀였던 여자'라는 이름을 달아 놓았다. 역사책 표지에 그런 작품을 넣어 놓은 것도 이해가 잘 안 가고, 한국의 역사를 하수구의 역사니 창녀의 역사니 하고 비유하는 것도 알아듣기 어려웠다. 그러나 문명사가 '뒤로돌아가 하는 날' 처참한 고난이 점철된 한국사가 역사의 맨 앞에 서게 된다는 이야기는 역사를 보는 남다른 시각이라서 오래 기억에 남았다. 한편으로 신념과 사실 가운데 무엇이 먼저인가를 생각하게 하는 계기가 되기도 했다. 역사가 과거의 기록이라는 명제가 사실과 드러맞지 않는다는 생각을 한 것도 그 무렵이었다. 그는 허구로서의 역사를 생각하기도 했다.

김남조 시인을 불러 특강을 듣기도 했다. 사범대학, 더구나 국어교육과를 나온 문인 가운데 김남조 시인은 많은 사람들이 사랑한다고 고백을 털어 놓으며 쫓아다닐 만큼 지성미가 갖추어진 미모였다. 그의 특강 가운데 기억에 남는 것은 사대 학생들의 결혼 풍속에 대한 비판이 섞인 이야기였다. 결론은 배우자를 가까이서 구하지 말라는 것이었는데, 캠퍼스 커플이 내외가 되어, 교사 내외가 아등바등 학교 이야기, 교장이 어떠니 교감이 어떠니, 교무주임 흉이나 보면서 사는 것이 얼마나 옹졸한가, 자기 세계를 그렇게 한정하는 것은 현명하지 않다는 얘기였다.

시인은 특강을 왔을 때 모시 옥색 한복을 입었었다. 한복과 흰고무신이 썩 잘 어울렸다. 학과 교수 가운데 이아무가 짝사랑을 했다는 이야기가 돌기도 했고, 선배 김아무는 선배를 짝사랑해서 쫓아다니다 정신이 헤까닥했다는 소문도 자자하니 퍼져 있었다. 그 정도 나이 차이라면, 충분히 그럴 만한 매력을 지닌 여성이라는 생각을 했다. 그가 기겁을 했던 버선코와 김남조 시인의 고무신코를 대비하면서 여성에 대한 생각이 마구 뒤얽히는 혼란에 빠지기도 했다. 같은 여자, 어림도 없는 일이었다.

대학에서 교수를 하는 여자와 데이트를 하려면 돈이 얼마나 들어야 할까? 특강이 끝나고 아르바이트를 하러 가는 길에, 그는 그런 엉뚱한 생각을 굴리고 굴리고 했다.

임이 오시는지

질통을 지고 철근 절단 작업을 하는 따위의 막노동을 해서 가까스로 등록을 하기는 했지만 그는 2학기를 견뎌내기가 조련치 않았다. 그의 부친이 전세방을 얻고 그의 어머니가 합류하면서, 동생들을 데리고 인천으로 올라왔다. 식구들이 모이게 되니 사람 사는 온기가 도는 것은 좋은데, 그가 비집고 들어가 자리를 틀 구석이 없는 게 문제였다. 그는 궁리에 궁리를 거듭했다. 아무리 돌아보고 되짚어 생각해도 몸을 눕힐 자리가 마땅치를 않았다.

10월 들어 며칠은, 열이 나고 머리가 휘둘리는 현기증까지 간헐적으로 지나가곤 했다. 이러다가 그대로 무너지는 것은 아닌가 싶은 두려움이 물결처럼 몰려들기도 했다. 학교에 가면, 도서관보다는 청량대 향나무 아래 앉아 궁상스런 생각에 잠기곤 했다. 손우성 교수의 이야기가 떠오르기도 했다. '가난이야 한갓 남루에 지나지 않는다'는 서정주의 시를 안이하다고 깎아내리던 이야기가 자꾸 머릿속을 어지럽혔다. 그는 그 명제를 여러 가지로 변형해 보곤 했다. 가난은 독약이다, 가난은 질병이다, 가난은 저주다, 가난은 천형이다 등. 그로서는 자신이 겪는 가난으로 인한 괴로움이 천형처럼만 생각되었다. 친구가 맞추어 준 구두나 선배가 물려준 양복바지로 해결될 수 없는 빈곤의 갈고리를 벗어나는 것이 절체절명의 과업이었다. 그런데 방법이 없었다.

그런 생각을 하고 있다 보면 남세희 선생 얼굴이 떠올랐다. 중학교 때부터 유별나게 그를 아껴 주었고, 그가 존경하는 선생이었다. 그가 사범대학을 지원한 데는 남세희 선생의 영향이 컸다. 남세희 선생은 이따금 성경 구절을 들어 학생들에게 마음을 잘 다스려야 한다는 이야기를 하곤 했다. 그 가운데 하나가 '심령이 가난한 자는 복이 있나니 천국이 저희 것임이요' 하는 마태복음 5장에 나오는 구절이었다. 욕심과 욕망은 쉬운 말로 하면 마귀들인데, 욕심으로 인해 마음속에 번민이 가득하게 된다는 것이었다. 물욕은 물론 지식을 탐하는 욕망, 남들로부터 존경받고 싶어 하는 명예욕, 사랑하는 사람을 사귀고 싶어 하는 사랑의 욕망 그런 것들로 가득한 심령, 그런 마음에는 천국이 자리잡을 수 없다고 했다. 마음에 천국이 자리잡는다는 것은 우주를 마음에 품는 일인데, 너그럽고 그득한 마음으로 우주를 품은 사람에게 괴로움은 없다는 다소 추상적인 설명이었다. 그렇게 본다면, 욕심을 버리고 또 버려서 욕심을 버리고자 하는 욕심, 해탈하고자 하는 욕심마저 버릴 때라야 진정한 자기를 찾을 수 있다는 불교의 가르침과 예수의 가르침이 상통한다는 이야기를 하곤 했는데, 까까머리 애숭이들로서는 아리송한 이야기일 뿐이었다. 그가 그 이야기의 진의를 깨닫는 데는 시간이 필요했다. 아무튼 아산에 사는 남세희 선생을 만나고 싶었다. 마침 아산에는 그의 외할머니가 혼자 낡은 집을 지키고 있었다.

그는 한글날 휴일을 맞아 아산으로 내려가는 기차를 탔다. 목포로 해서 홍도를 다녀오던 생각이 떠올랐다. 이영소가 사귀는 여자의 얼굴도 눈앞에 어른거렸다. 김대홍 선배와 나란히 교정을 벗어나 나가던 박록윤의 얼굴도 스치고 지나갔다.

오산을 지나서였다. 철로 연번으로 해바라기들이 줄지어 서 있는 게 휙휙 지나가면서, 반 고흐의 해바라기를 떠올리게 했다. 그림에 미쳐 살던 화가, 생애를 온통 불살라 살던 남자, 자살로 생애를 마감할 수밖에 없었던 그 사내의 가난 그런 생각들이 머리에서 부글거리기 시작했다. 그래 해바라기처럼, 태양을 향해, 마음에 태양을… 그러다가 문득 중학교 교실 뒷벽에 해바라기 그림과 함께 붓글씨로 써서 붙여 놓았던 조지훈의 시 〈마음의 태양〉이라는 게 떠올랐다. 중학교 때 국어를 담당했던 윤추식 선생이 붓글씨로 정갈하게 써서 붙여 놓고 학생들에게 읽고 외라고 하던 시였다. 그는 차창을 스치는 해바라기를 바라보면서 그 시를 속으로 읊조렸다. "꽃다이 타오르는 햇살을 향하여/ 고요히 돌아가는 해바라기처럼/ 높고 아름다운 하늘을 받들어/ 그 속에 맑은 넋을 살게 하라./"

그런데 다음 구절이 마음에 걸렸다. "가시밭길을 넘어 그윽히 웃는 한 송이 꽃은/ 눈물의 이슬을 받아 핀다 하노니/ 깊고 거룩한 세상을 우러르기에/ 삼가 육신의 괴로움도 달게 받으라./"

신하철 선배의 어투로는 이럴 터였다. 조지나, 육신의 괴로움을 달게 받다가는 몸 다 망가지고, 그 사이 세상은 천박하게 황폐화될 것인데 언제 눈물이 나서 꽃을 피우냐, 웃기는 소리 작작 하고 가시밭길을 피해 가란 말야, 가시밭길 너머 꽃은 웃을지 몰라도 너는 꽃이 아니라는 걸 알아야 해, 가시밭길 가다가는 피흘리고 쓰러져 해골이 달밤에 인광을 흘리며 웃을지 모르지.

그는 대학이라는 데를 다시 생각했다. 꽃과 해골이 공존하는 곳, 그런 사고를 가능하게 하는 것이 대학이었다. 은유와 상징의 숲에서 헤매는 젊은이들을 명징한 논리로 이끌어 현실의 실상을 보게 하는 데가 대학이 아닌가 하는 생각을 했다. 대학에 진학한 그 자신과 대학 진학 대신 고등학교 졸업하고 취직해서 일하면서 살아가는 윤무상, 둘 가운데 그 자신은 이념의 너울에 실려 끝을 알 수 없는 하늘 한 자락에 흔들리는 존재처럼만 생각되었다. 일자리가 있다는 게 얼마나 대단한 일인가 하는 생각이 들었다.

그는 천안에 내릴까 아산에 내릴까 잠시 망설였다. 남세희 선생을 만나자면 천안에 내려야 하고, 윤추식 선생을 찾아가거나 동창생 윤무상을 만나자면 아산에 내려야 하기 때문이었다. 아무튼 해바라기 때문이었는지, 부담이 적어서였는지 윤추식 선생의 아들이며 학교 동창인 윤무상을 먼저 만나고 싶었다. 윤무상의 동생 윤서로의 곱상한 얼굴이 동시에 떠올라 눈앞에 어른거렸다. 외할머니는 늦게 찾아가도 된다는 식이었다. 그는 천안과 아산 사이에 있는 모산역에 내렸다. 윤무상은 공고를 졸업하고 모산에 근래에 세운 섬유공장에서 기계기사로 일하고 있었다. 그는 수위실에서 윤무상을 찾아 왔다고 면회 신청을 해 놓고 기다리는 동안, 공장 근처를 서성거렸다. 공장 근처의 밭둑에는 코스모스가 청초하게 피어 바람에 하늘거렸다. 윤서로의 금방 물로 씻은 듯이 깔끔한 얼굴이며 짙은 눈썹이 눈앞에 어른거렸다. 맑고 싱싱하면서도 코스모스를 닮은 청초함이 깃든 얼굴이었다.

"야, 오랜만이다. 잘 지내고?"

그가 먼저 윤무상에게 손을 내밀며 말했다.

"잘 지낸대야 그렇지, 뭐."

좀 심드렁한 반응이었다. 윤무상은 그를 한참 올려다보다가는 다시 물었다.

"대학교에서는 한글날이 공휴일인가? 우리는 일하는데."

"국어로 밥벌이하는 데라서, 세종대왕 덕보며 살지."

"세종대왕, 죽은 사람 덕이 뭐 있겠남, 서울 살이 어뗘? 힘들지?"

그는 대답을 하지 않았다. 마치 마음속에 틀어쥐고 앉아 고민하는 문제를 들킨 것 같은 느낌이었다. 오랜만에 만나 인사를 하기는 했는데, 어디 가서 어떻게 시간을 보낼 것인지는 아무런 작정이 없었다. 윤무상은 직장 생활을 시작한 지 얼마 되지 않는 형편이고, 또 집안 어른이 워낙 완고해서 자유롭게 나돌아다닐 여지가 없었다. 당구장이니 맥주집이니 막걸리집 그런 데는, 그나 윤무상이나 익숙하지 않기는 서로 마찬가지였다.

"퇴근할 시간은 아직 이르고, 어쩌지? 이러면 어쩔라나? 성당에 가서 기다리면, 거기 친구들도 나올 거고 하니까, 그렇게 하면 어쩌?"

"친구들?"

그는 친구들이라는 말이 좀 마음에 걸렸다. 초등학교 두 해, 그리고 중학교 세 해를 아산에서 보낸 이후 고등학교는 천안에서 다녔고, 그리고 서울로 올라가 대학에 다니다 보니, 짧은 기간이기는 하지만 아산 친구들과는 서먹해지는 느낌이 들었다. 사실 친구들은 조금 부담스럽기도 했다. 그래, 너는 서울 가고 우리는 고향에 처져 죽치고 산다, 너는 좋겠다 하는 식의 어투들이 부담스러웠다.

"그렇게 하면 좋은 일이 있을지도 모르잖어?"

"좋은 일이라면?"

"아마 걔가 성당에서 노래 연습하고 있을 건데, 얘기하고 있으면 쓰겄네."

"걔라니? 누구?"

"누군 누구, 서로 말이지."

"아, 윤서로. 지금 천안에서 학교 다니지 않나?"

"전학했는데, 웃기는 일이 있어. 너 알잖아, 우리 아버지. 통학하는 데 사내놈들 따라다닌다고, 아산으로 전학을 시켜 버렸지 뭐야."

"서로가 다니던 그 학교 좋은 학교였는데."

"나랑 같이 다닐 때는 기차에서 내가 지켜 주니까 믿거라 하고 있더니, 아버지가 말야, 사내놈들 쫓아버리려고 기차역에 몽둥이 들고 나와서 걔를 데리고 들어갔거든, 그러다 내가 졸업하니까 더는 그 짓 못하겠다고, 전학하라고 해서 전학했어."

그는 푸시식 웃었다. 윤무상이 왜 웃느냐는 듯이, 눈가에 주름을 잡으며 같이 웃다가는, 알아서 해, 알기 어려운 한 마디를 던졌다.

그는 알았다고, 일 끝난 다음에 성당으로 오라 하고는 아산으로 가는 버스를 탔다. 그는 중학교 때부터 설이면 윤추식 선생 댁을 찾아가 세배를 했다. 사실 세배를 한다든지 친구를 만난다든지 하는 것은 핑계였다. 윤무상의 동생 윤서로를 보기 위해 윤추식 선생 댁을 찾아가는 것이었다. 그 속셈을 모를 리 없는 어른들이었지만 어떤 은근한 기대를 가지고 있었던 모양이었다. 거기다가 그가 서울대학교에 들어갔다고 인사를 갔을 때는 자주, 꼭, 언제든지 들르라고 당부를 하기도 했다.

붉은 벽돌로 견고하게 지은 성당은 시내가 한눈에 내려다보이는 언덕 위에 서 있었다. 성당 벽에 햇살이 비쳐 혼혼하니 붉은 색깔로 타올랐다. 그가 화집에서 보았던 샤갈의 그림을 떠올리게 했다. 샤갈이 말년에 성서를 모티프로 해서 그린 그림들 가운데 '아가'시리즈들의 붉은 색 색조가 거기 그대로 살아 있었다. 푸른 지붕 위의 십자가를 비껴가는 햇살은 푸른 하늘로 날아가는 외로운 영혼을 떠올리게 했다. 그는 성당 꼭대기를 한참 바라보고 서 있었다.

성당 안에서 그윽한 노랫소리가 울려 퍼져 나왔다. 그가 대학에 들어가서 처음 들었던 노래이기는 하지만, 귀에 익었다. 남녀 몇이서 합창을 하고 있었다. 음정이 썩 잘 어울리지는 않았지만 화음이 그윽했다. 들릴 듯 그치는 듯 흘러가는 멜로디를 따라, 속으로 중얼거렸다.

'물망초 꿈꾸는 강가를 돌아/ 달빛 먼 길 님이 오시는가' 그렇게 시작하는 노래는, 선율이 너무 곱고 애잔해서 사랑을 노래하는 걸로는 지나치게 가라앉았다는 느낌이었다. 더구나 '풀물에 배인 치마 끌고 오는 소리' 하는 구절에서는, 이 노래의 주인공이 혹시 몽유병자가 아닌가 싶을 정도로 사랑이 현실에서 발을 떼고 허공으로 떠도는 듯한 느낌이라서 섬뜩한 기운이 밀려오기도 했다.

한참 망설인 끝에, 그는 성당의 출입문을 밀고 안으로 들어갔다. 일시에 노래가 그쳤다. 친구들이 우르르 몰려나와 손을 잡고 인사를 했다. 중학교와 고등학교를 같이 다닌 동창들이었다. 그 날이 한글날 휴일이고 다음 날이 토요일이라 연휴였다. 일요일 미사에 노래를 하기로 하고 연습을 하는 중이라고 했다. 그를 의식한 것 같은 설명이 좀 의도적이라는 느낌이 없지 않았다.

그는 윤서로와 눈인사만 주고받았다. 특별히 티를 내고 싶지도 않고 또 그럴 처지도 아니었다. 거기 모인 친구들과 후배들은 말 그대로 친구고 후배일 뿐 같은 교우는 아니었기 때문이었다. 철학개론 시간에 독사$_{doxa}$라는 말을 설명들은 게 기억에 떠올랐다. 그는 종교는 억견을 공유하는 이들의 집단인도 모른다는 생각을 하고 있었다.

"무상이 오빠가 오빠 얘기 많이 했어."

"오다가 공장에 들렀었는데, 퇴근해서 여기로 온다고 하더라구."

"저어기, 어이 여러분들, 친구도 오고 했는데, 꼭 한 번만 더 연습하고 나갑시다."

그와는 중학교와 고등학교 동창인 남춘택이 그렇게 제안을 했다. 고등학교를 졸업하고 대학에 간 대학생 다섯과 여고생 다섯이 같이 갈 만한 데가 딱히 없었다. 남춘택이 제안한 것이 신정호 돈까스집이었다. 거기에 가면 고등학생들은 돈까스를 먹고 대학생들은 맥주를 마실 수 있었다. 한 삼십분 정도면 걸어갈 수 있는 거리였다.

윤무상에게는 성당에 메모를 해 놓고 나오긴 했지만, 좀 미안한 일이었다. 돈까스를 먹고 맥주를 마시고 하는 동안, 그의 친구들은 그가 서울대학교에 갔다는 것에 대해 새삼스러울 정도로 칭송을 늘어놓았다. 남춘택은 그와 함께 서울대에 지원했다가 떨어지는 바람에 이차로 성균관대학에 들어간 친구였다.

"윤서로, 아까 연습한 노래 한번 하지."

"왜 내가 먼저 해야 해요?"

"님이 오셨는데, 노래 한 곡 없으면 쓰나? 자리 깔았을 때 해. 후회하지 말고."

"오빠가 먼저 하세요."

"어떤 오빠?"

"춘택이 오빠지, 물론."

"갈숲도사가 먼저 하지."

그는 춘택을 치올려 쳐다봤다. 갈숲도사라는 이야기가 환기하는 기억 때문이었다. 김소월의 '엄마야 누나야'라는 시 때문에 생긴 해프닝이 있었다. "뜰에는 반짝이는 금모래 빛, 뒷문 밖에는 갈잎의 노래"라는 구절에서, 문학을 담당하는 지연술 교사는 갈잎이 갈대의 잎이라고 설명했다. 그때 그가 일어나 질문을 했다. 떡갈나무 종류를 통틀어 갈나무라고 하고, 갈나무 잎새가 널찍해서 바람이 불면 서걱거리는데, 이 작품의 갈잎은 갈대 잎이 아니라 떡갈나무 잎이라고 보아야 하지 않느냐는 게 요지였다. 국어교사는 불같이 화를 냈다. 강가에는 당연히 갈대가 있어야 하는데 엉뚱한 질문을 해서 수업분위기를 망친다는 것이었다. 그는 '갈숲에 이는 바람'이 떡갈나무 숲에 이는 바람이라야 옳다는 생각을 그치지 않았다.

윤서로가 '님이 오시는지' 이절을 부를 때 그의 오빠 윤무상이 들어왔다. 윤무상은 자기가 음식값을 치르고는, 부득부득 자리를 정리하자고 나왔다. 대학생들이 여고생들과 어울려 노래하고 노는 게 가당치 않다는 태도였다. 그는 윤무상의 표정이 굳은 듯한 얼굴에서 윤추식 선생의 얼굴을 읽고 있었다. 어딘지 해바라기 같이 환한 열정이 얼굴에 비치는 듯도 했다.

"애들 갔으니까, 우리끼리 가라오케는 어때?"

"남자들끼리 뭔 재미로."

"그런 도둑놈 심뽀 버려, 야."

가라오케에서 윤무상이 기선을 제압하다시피 했다. 전에는 그렇게 노래를 잘 하는 줄 몰랐는데, 사회생활 채 일 년도 안 된 시점인데, 노는 가닥은 완전히 프로로 다가가고 있었다. 서로 한 곡씩 노래를 하다가 당시 바닥을 흘러 다니던 노래를 돌려 부르며 흥을 돋구었다.

꽃같은 처녀가 꽃밭을 매는데 쪼이나 쪼이나
나비 같은 총각이 내 손목 잡노라 얼씨구 절씨구
아 이 총각아 내 손목 놓아라 놓아라
호랑이 같은 우리 오빠 날 찾아 온단다 쪼이나 쪼이나
아 이 처녀야 그런 말을 말아라 얼씨구 절씨구
호랑이 같은 너의 오빠 내 처남 되노라 얼씨구 절씨구

남자 동창들끼리 어울려 돌아가면서 메기고 받고 하는 가운데 밤이 이슥해졌다. 그는 앞으로 일이 어떻게 전개될지는 몰라도, 하여튼 너의 오빠가 내 처남이 된다는 구절에 유별난 의미를 두고 있었다. 물론 다른 친구들은 눈치를 채지 못했을 것이지만. 윤무상이 잘 데가 있는가 그에게 물었고, 그가 대답을 안 하는 사이 그는 윤무상의 집으로 슬그머니 끌려가고 있었다.

윤무상이라고 넓는 방을 혼자 여유있게 쓸 까닭이 없었다. 고등학교에 다니는 그의 동생 윤주상이 한 방을 같이 쓰고 있었는데, 칼잠을 자야 했다. 이리저리 궁리가 많아 결국 잠을 설치다가 새벽에야 잠에 빠졌다.

밖에서 찌개 끓이는 냄새가 방으로 솔솔 기어들어오는 통에 잠이 깼다.

"오빠, 양말 마루 반다지 위에 말려 놓았어."

벌떡 일어나 마루로 나가려는 그를 윤무상이 잡아 앉혔다. 아직 바지를 챙겨 입기 전이었음은 물론 그의 팬티자락이 거세게 부풀어 오른 채로였다.

그는 윤무상에 갖다 주는 양말을 신고 안에 들어가 어른들한테 인사를 하고, 아침 먹고 나오기까지 길고 긴 동굴이라도 빠져나오는 것 같이 힘들게 시간을 보내야 했다. 어른들이 하는 말 한 마디 한 마디가 의미깊은 약속처럼 들렸다.

"학교 다니기 힘든 모양이구나, 얼굴이 여위었다."

윤추식 선생이 건강을 잘 챙기라면서 하는 이야기였다. 그는 그런 이야기를 아버지한테 들어본 기억이 없다는 생각을 했다.

그는 외할머니한테, 얼굴만 삐끔 내밀다 말고 돌아갈 거면 뭐하러 왔느냐는 책망을 들으며 낡은집을 나서면서도, 윤서로의 노래를 떠올려 속으로 흥얼거리고 있었다. 갈숲에 이는 바람 그대 발자췰까, 흐르는 물소리 님의 노래인가. 그는 편지에 그 구절을 적어서 윤서로에게 보냈다. 둘의 편지질과 연애질은 그렇게 시작되었다.

다마스커스 가는 길

그는 아산에 내려간 길에 남세희 선생과 이숙남 선생을 찾아갔다. 인사를 하려는 목적과 잠자리를 마련할 방책을 찾기 위한 두 가지 목적이었다. 잠자리에 대해서는 아무 신통한 대답을 얻지 못했다. 그러나 펄펄 살아 있는 스승들이 울타리를 치고 있다는 믿음을 확인하는 것만으로도 가슴이 뿌듯하게 달아올랐다.

이숙남 선생은 여전히 패기만만하게 그를 고무했다.

"자네가 내가 가르친 놈 가운데 처음 선생이 될 인물이야. 사내자식 불알 달고 나와서 잠자리 좀 험하다고 주눅들면 그게 어디 사내냐. 잘 견뎌봐. 자네라면 대통령 해도 될 사람이야, 허니 선생을 할 바에는 선생 가운데 선생이 되어야 한단 말야."

구체성은 없었지만 계층이동의 가능성이 제한되어 있다는 현실을 이야기하던 신하철 선배의 말보다는 달콤하게 들렸다. 그게 자기속임일지 몰라도, 그렇게라도 가슴에 불씨를 살려 놓아야 한다는 다짐을 두었다.

말이 행동을 지배한다는 게 남세희 선생의 지론이었다. 가난 타령을 하지 말라는 것이었다. 그는 또 마음이 가난한 자는 복이 있나니, 하는 구절이 튀어나올까 조마조마하고 있었다. 그러나 남세희 선생은 아무 말도 않고, 별책으로 된 〈사도행전〉을 그에게 건네주었다. 문학을 공부한다는 게 사람 사는 이치를 궁구하는 게 아니냐면서, 자신은 바울로, 다른 이름으로는 사도 바울에게 매료되어 있는데, 그 사람 이야기를 잘 알고 있으면 문학 공부에 도움이 될 거라고 했다. 중학교 때에도 그랬다. 가르치는 과목은 생물이지만 가끔 예수 이야기도 하고, 함석헌 선생 이야기도 했다. 씨알이니 장자의 비유니 노자의 무위자연설이니 그런 이야기를 하곤 했는데, 까까머리 중학생인 그로서는 알아듣기 힘들었다. 그런데 대학에 와서 한 해를 보내는 동안 그런 이야기들이 좀 부드럽게 귀에 안겨오는 것이었다.

그는 기차를 타고 올라오면서 사도행전을 읽었다. 앞부분은 주로 베드로 이야기였다. 그가 흥미를 가진 것은 뒷부분 바울로 이야기였다. 바울로 이야기 가운데, 다마스커스에서 눈이 멀었다가, 눈을 뜨는 은혜를 통해 선택된 자가 되어 전도를 하는 이야기는 충격적이었다. 함석헌 선생의 책 〈뜻으로 본 한국역사〉에서, 어떤 민족에게든지 고통을 통해 역사적 사명을 부여한다는 논지를 읽은 게 떠올랐다. 그는 자신의 삶 또한 그런 맥락에 닿아 있는 것이라고 생각했다.

식구들이 모여 사는 것은 오랜만에 누리는 화락함이었다. 그의 어머니는 힘들어도 식사를 준비하고 애들 빨래를 해대는 데 하루가 다 갔다. 그러나 그로서는 여덟 식구가 복작대는 방에서는 책 한 페이지를 읽기가 어려웠다. 그는 아침 일찍 도망하듯이 역으로 달려갔다. 동인천역에서 서울역까지, 그리고 서울역에서 이문동행 버스로 용두동 사대 캠퍼스에 이르기까지 두어 시간을 실히 걸리는 그 구간에서, 그는 책을 읽었다. 그러나 그것도 만만치 않았다. 12월 종강할 때까지 석 달만 어정거리면 그 다음에야 국가에서 마련한 호텔, 군대에 갈 것이었기 때문에 이를 물고 견뎠다. 그 때 큰 언덕이 되어 준 것이 사대문학회였다. 그리고 내집처럼 드나들며 밥 먹고 잠자고 할 수 있게 넉넉한 품을 내주는 친구들이 정녕 고마웠다.

소도 어덕이 있어야 머리를 비빈다는 말을, 그는 질색을 했다. 누구한테 돈을 빌린다든지 양곡을 얻어올 때마다 고맙다는 이야기를 하면서 들이대는 그 말에, 자기가 남의 언덕이 되어 주지는 못하고 남의 언덕에 머리나 들이대려 하는 부친의 태도가 못마땅했던 것이다. 그가 문학회 회원들과 어울려 다니면서 문학과 인생과 사회와 역사에 대해 고담준론을 늘어놓을 수 있는 것은 그야말로 언덕이고 숨통이었다.

그는 친구네 집에서 잠을 자고 도서관에 가서 소설을 썼다. 토요일마다 합평회가 열렸다. 합평회는 김기상, 지창정, 이일무 그런 선배들이 있었지만 주로 삼학년 선배들이 주도했다. 사학년만 되어도 졸업반이라고 한발 물러서서 후배들 하는 모양을 느긋하게 바라보며 잘들 해 보라는 태도였다. 물론 한마디 할 때는 다부지고 단호한 평가가 내려지곤 했다. 복학생 김일태 형은 그에게 유별난 애정을 보였다. 자신이 소설을 쓴다고 하는 처지라서 일종의 장르적 동류의식을 느끼고 있었는지도 모른다. 김일태 형은 달변이었다. 그리고 속필이었다. 하룻밤에 원고지 백매는 너끈하게 다루어내는 필력을 지니고 있었다.

"군대 가 봐라, 사람이 사람이 아니다, 한 마리 짐승도 가련한 짐승이 된다, 네 이념의 정수리에다가 철모를 씌워 놓아 의식이 하얗게 바래고,

젊은놈의 배짱은 탄띠로 조여매서 좆도 안 서게 하지, 달변의 아구리는
방독면으로 틀어막아 숨죽이게 하는 데가 군대야. 거기 그 감옥에 들어
가기 전에 치열하게 써야 한단 말이다.”

그로서는 주눅이 들 지경의 훈계였다. 그런 훈계를 이어 신하철 선배는
다른 각도에서 비평을 하곤 했다. 그로서는 찔리고 질리는 말들뿐이었다.

“월남 가서 피 팔아다가 그 돈으로 근대화를 해본들 별거 있겠냐, 월남
가는 놈들 그게 미국놈들이 똥칠한 아시아 역사에다가 피칠하러 가는 거
지, 뭣도 모르는 것들이 겨우 탄피나 주워다가 팔아서 종삼이나 청량리
오팔팔에 좆물이나 뿌리다가 임질 걸려 질질 흘리고 다니지 별거 있어? 너
어, 너도 월남 갈 생각하냐?”

그는 찔끔해서 한 발짝 물러앉았다. 사실 월남에 가서, 이영소 형처럼
학비라도 벌어 와야 한다는 생각을 하면서 하루 하루를 견디고 있는 중
이었다. 그런 자리에서 김대홍 선배는 문학을 치열하게 하다 보면 비집고
들어갈 틈새가 생기지 않겠나 하는 희망을 이야기했다. 시조와 시를 쓰던
불어교육과 유자효는 마음 좋은 얼굴에 주름을 잡고는 “인생사 다 그렇지
않은교? 너무 타내지 마소.” 그렇게 한마디를 던지곤 했다.

문학회 종강 합평회에서 그가 작품을 내놓고 평을 듣기로 되어 있었다.
작품이 잘 되면 신춘문예에 내자면서 야심찬 이야기도 했다. 당시 학부생
이 신춘문예로 등단하는 경우가 심심치 않게 있었기 때문에 심상한 이야
기로 들었다. 시에 황동규니 소설에 황석영이니 그런 이들이 고등학생 신
분으로 등단하는 판이라서, 그런 분위기가 사대문학회에도 번져 있었다.
군입대를 앞두고 작품을 하나 발표해 놓아야 네 문학인생에 뽀다구나는
이정표 하나 세우는 거 아니냐면서, 그런 주문을 했다. 그로서는 한 해를
정리한다는 뜻도 있고, 삼년 뒤에나 만날 수 있는 친구들 앞에 작품을 내

놓아야 한다는 의무감 때문에 부담이 컸다. 작심하고 틀어박혀 원고지와 그야말로 씨름을 했다. 며칠 밤을 새우다시피 했다. 갱지로 된 원고지를 수도없이 찢어내면서 문장을 다듬고 다듬었다. 한번도 잘 했다는 칭찬을 들은 적이 없기 때문에 맷집이 생기기는 했지만, 그래도 대사를 앞두고 하는 발표라서 적잖이 긴장이 되었다. 그 긴장은 스스로 만들어서 자기를 단련하는 문학수업 방법에서 오는 것이기도 했다.

그는 남세희 선생이 준 사도행전을 다시 읽었다. 그리고 바울로 이야기를 교단으로 옮겨 소설로 구성하기로 마음을 먹었다. 학교의 제도적 모순이며, 교장 교감을 포함한 학교 운영자들의 왜곡된 교육관과 교사들 사이의 갈등이 주 내용이 되는 작품을 구상하고 있었다.

영육학원에서 운영하는 영육고등학교는 예도시禮度市에 자리잡고 있었다. 정의와 의리로 단단히 뭉쳐진 국어교사 장학섭이 주인공이다. 장학섭은 점심 못 먹는 학생들에게 점심을 먹이고, 돈이 없어 과외를 못 받는 학생을 모아 특별지도를 한다. 서울에 있는 모모하는 대학에 진학을 할 수 있도록 학습방법을 개선하여 학생들의 성적을 올려 준다. 학교의 비리를 말리다가 고발하게 되고, 재단측에 미움을 사서 학교를 떠나라는 압력을 받게 된다. 장학섭은 학교의 압력을 견디면서 교사로서 의롭게 사는 방법이 무엇인가를 생각하며 번민에 빠진다. 재단 이사장이 학교 돈을 빼돌려 외제 세단차를 산 일이 있었다. 그 사실을 비난하는 글을 어느 신문에 실었다. 재단이 감사를 받고 재단 이사장이 바뀌고 장학섭 교사는 교감으로 승진하여 학교를 정상화하는 데 헌신한다. 그 결과 학교는 명문고등학교로 성장한다.

합평회는 용두동 사대 본관건물 사층 강의실에서 열렸다. 다과는 물론 물 한잔 없이 삭막한 방에 멤버들이 책걸상을 둘러놓고 앉아서 이야기를 시작했다. 마침 지도교수 구일환 선생이 같이 참여했다. 저녁에 푸짐한 술

판이 벌어질 것을 기대하는 눈치들이었다. 사회자가 구일환 선생에게 인사말을 해 달라고 부탁했다. 구교수는 차분하게 인사를 했다.

"이렇게 작품을 써 가지고 만나서 이야기하는 자리에 오니, 여기야말로 작가의 고향이라는 생각이 들어요. 내가 교수로서보다도 작가로서 여러분을 만나는 자리는 각별한 의미가 있어요. 여러분들은 내 제자가 아니라 내 친구 동료가 되기 때문입니다. 문학이 아무것도 아닌 것처럼 말하는 사람들이 있는데, 이주용 교수가 그런 사람이지요, 작품을 통해서 현실을 직시하고, 이상향을 향한 꿈을 성취하며, 구원의 인간상을 창조하는 것이 문학의 진정한 가치입니다. 여러분은 그런 문학을 하기 위해 이렇게 모였어요. 여기서 장래에 소설가, 시인, 평론가가 나와 도리만천하라고, 세상 구석구석 삶의 진실을 밝히는 사람들이 되기 바랍니다. 열심히 하세요."

지도교수의 인사말에 이어 작살질과 타작이 시작되었다. 그는 이를 앙다물고 멤버들을 훑어 보았다. 어떤 비판과 악담을 퍼붓더라도 눈 하나 깜작하지 않겠다는 다짐을 두고 있었다.

"너 말야, 아무래도 사대 온 거 후회하는 거 같다. 후회하려면 일찍 그만두는 게 신관 편할 걸. 널까 뺄까 질질 끌다가 찍싸고 나가 자빠진다구. 교직이 신분상승에 별 도움이 안 된다는 이야기는 했지만, 교육 그 자체가 호락호락한 거 아니니까 어설프게 다루지 말란 말야. 사대 다니면서 사대 부정하는 자기부정적 발상이 사대 망하게 하는 거야. 소설이 사대 옹호하자는 것은 아니지만. 아무튼, 선생이 선생 얘기 쓰면 신춘문에 문턱에도 못 간다는 거, 너 몰라? 심사위원도 그런 생애 콤플렉스가 있는 거야. 아무튼, 고생했다. 그리고 황소같이 써대는 건 놀랍다, 놀라워."

이어서 동급생 김두영이 "선배 말이 맞아" 하면서 달려들었다. 김두영의 비평은 이랬다.

"니 대답해 보그레, 선생이 학생들 아버지가? 남의 자식한테 멀라꼬 밥을 사 멕이노? 아이제? 아니면 아닌 거지, 와 그레 쓰노? 애들 거지 만들지 말고, 선생을 선생답게 하그라. 알겠나? 더 할 얘기 없다."

말하자면 어쭙잖은 우월감으로 교육이 오도될 수 있다는 지적인 셈이었다. 알겠나 하는 물음이 그에게는 가시박힌 말로 들렸다. 자기 이야기나 할 것이지 가르치려고 든다는 느낌이 거북했다. 이어서 김대홍 선배의 평이 이어졌다.

"내가 읽은 바로는, 근대의 영웅은 모두 가짜 영웅이라는 겁니다. 영웅의 시대는 갔습니다. 근대 부르주아 자본주의가 생산해낸 인물은 심리와 욕망이 간접화된다는 것이, 사회학하는 이들의 지적인데, 이 소설에서는 인물이 너무 영웅화되어 있다는 생각이 들어요. 인물이 영웅화되면 소설이 설화로 퇴행해요. 그런 점만 명심하면, 이야기를 이끌어가는 힘도 있고, 자신의 삶을 성찰하는 자세도 건실하고, 신입생이 그 정도면 충분히 발전할 가능성이 있는 거 아닌가? 애썼어요."

그는 고등학교 교지에 썼던 〈거울을 들여다보는 아이〉라는 작품을 생각하고 있었다. 교육 내측에서 교육을 살피는 일은 지속해야 할 과제 같다는 느낌이 들었다. 복학생 김일태가 손을 들었다.

"군대 가기 전에 작품 하나 내놓고 짓깨지는 게 그렇기는 하지만, 그게 맷집 늘린다 생각하시오. 나도 사도행전을 읽어보기는 했는데 말입니다, 거 뭐랄까, 사울, 그 바울이 다마스커스에서 눈이 멀잖아요? 그런데 다시 먼 눈을 뜨게 해 주지요? 그런 이적을 행하는 주체가 누구라고 생각하나요?"

"물론 신이겠지요."

"그럼 학교 현장에서 교사가 신과 같은 초월적 존재가 될 수 있어요?"

"그야 대비일 뿐인데."

"그래도 구조가 같던 관습이 같던 어디가 같아야 설득력이 있지 않겠나, 그런 의문이 들어서. 그냥."

생각해 보니 그냥 하는 이야기가 아니었다. 바울로가 신앙을 바탕으로 한 용기가 출중한 것은 사실이지만, 눈이 멀고 먼 눈을 뜨게 하는 것은 자신이 자의로 하는 일이 아니었다. 바울로는 선택된 인간이었다. 신의 존재를 상정하지 않는 한, 바울로가 겪은 신비체험은 설명할 방법이 없는 것이었다. 신의 존재를 인정하지 않으면, 이방인들의 시각으로는, 사도들의 행적은 "아는 것이 많아서 미쳐버렸다"(리더스 다이제스트 판, 702)는 비난의 대상이 될 뿐이었다. 그는 그런 이야기를 들은 끝에 성경을 함부로 건드리지 말아야 한다며 종교와 문학이 다른 길이 아닌가 고개를 떨구었다. 아울러 바울로의 용기와 과감한 실천이 소설감이 되기 어렵겠다는 생각을 하기도 했다.

그날 밤, 술자리가 벌어졌고, 구일환 교수의 곱추춤 춤판이 벌어졌다. 먹이고 받는 뱃노래 가운데, 그가 먹이는 차례가 되었을 때, 내심을 담아 먹임소리를 했다.

"구일환은 좋겠네, 구일환은 좋겠네, 소설 쓰는 제자 두어 구일환은 좋겠네."

"에야 아 누 야아 누, 에야 아 누 야아 누, 어기여어차 뱃놀이 가아잔다."

그렇게 소리가 이어지다가 구일환 교수가 앞으로 나섰다.

"내가 다른 노래 하나 하지."

멤버들은 박수를 치고 술들을 들었다. 그리고는, 일환이는 좋겠네, 하면서 흥을 돋구었다.

"우리집 시어머니 염치도 좋아, 그 잘난 것 낳아 놓고 날 볶아 대네."

턱을 들고 눈가에 주름을 잡고 웃으면서 노래를 듣고 있던 선배 신하철이, 노래가 끝나자 옭아드는 이야기를 했다.

"말하자면 그런 거 아니겠어? 너보러 그 잘난 거라 하는 거고, 당신은

시어머니 격이라는 거야. 잘난 척하고 싶지 않다는 말씀이잖아? 군대 가
서 꼬질대 부러지게 고생하고 와야 소설 될 거 같다."
　그는 자기가 쓴 게 소설이라고 빡빡 우길 생각은 없었다. 다만, 문학과
문학이론 공부도 해야겠고, 사대에 들어왔으니 교육 문제도 심중하게 생
각해야 하겠고, 언제 될지 모르지만 소설쓰는 일도 버릴 수 없는 생애의
과제로 삼아야 하겠다는 각오가 뚜렷해지는 순간이었다. 그게 사대를 들
어왔고, 공부했고, 문학하는 친구와 어울렸고 하는 데서 비롯되는 맑은
물줄기와도 같은 생의 감각이었다.

그는 여기까지 써 놓고는, 처음 글을 시작하던 무렵으로 돌아가 생각을 가다듬어 보았다. 처음 계획은 그가 사범대학에 입학해서 학부를 마치고 대학원에 진학해서 석사학위와 박사학위를 받기까지, 그리고 대학교수가 되기까지를 서술 범위로 삼으려 했었다. 그런데 구체적인 맥락을 부여하면서 쓰다 보니 대학에 들어와 보낸 일년의 이야기만으로도 예상한 양이 다 차고 말았다. 그러나 처음 계획을 버리고 싶지는 않아, 말미에 발문 형식으로 달아 두고자, 몇 가지를 추슬러 보기로 했다. 앞의 서술은 과거와 미래로 스며들고 확장하는 본성 때문에 허구양식을 빌릴 수밖에 없었다. 그러나 이하 서술은 실명을 밝힐 데는 밝히면서 사실을 기록해 두기로 했다. 그러나 글의 톤을 일정하게 유지하기 위해 '그'라는 대명사를 그대로 쓰기로 한다.

그의 군대생활은 6·25 이래 복무기간이 가장 길었다. 그가 대학에 입학하던 해 김신조가 청와대를 처부순다고 내려왔고, 교련이 생기고, 교련 반대 시위가 벌어지고 하는 통에 대학과 군이라는 거대구조의 대결국면이 지속되었다. 군 내부에서는 군기를 강화하는 등 경직된 분위기 속에

꼬박 삼년을 근무했다. 김태일 형이 면회를 왔다가 못 만나고 가면서 엽서에다가 "철모 아래 하얗게 바래가는 의식"을 잘 추스르라는 이야기를 써주었던 기억이 생생했다. 김태일 형은 그가 병장이 되었을 때 시청앞 지하도에서 낙상을 해서 뇌출혈로 일찍 세상을 떴다. 그 날이 사대문학회 선배 박해준 작가의 출판기념회가 있던 날이었다.

그는 지방 훈련소에서 기본훈련을 마치고 육군공병학교에 교육을 받는 동안 아폴로 11호의 달 착륙 신화를 경험하기도 했다. 공병부대의 군대생활을 통해 몸으로 하는 일이라면 뭐든지 겁나지 않게 되었다. 군생활을 하는 동안 그는 사병과 하사관과 장교가 어떤 사고와 행동패턴을 보이는지 대강 알게 되었다. 인간 이해의 한 장이 새로 마련된 셈이었다. 그는 오파운드라는 곡괭이 자루와 각목으로 얻어맞고 땅바닥을 벌벌 기기도 하고, 스스로 부끄러운 일로 기억하지만 자신이 거느리고 있는 졸병을 구타해서 눈가장자리가 터져 피를 흘리게 하는 경험을 하기도 했다. 집단 속에서 개인이 어떻게 물들어가는가 하는 점을 약여하게 자신을 통해서 확인할 수 있었다. 그리고 불어사전쁘띠 딕쇼내르 프랑세즈을 책상에 내놓고 있다가 된통 질타를 당하고 정강이를 걷어채이면서, 공병부대에 근무하는 장교들의 지적 열등감이 어떻게 표출되는지를 확인하기도 했다.

공병삽 삽날이 세 개는 닳아야 제대할 수 있다던 군대생활이었다. 공병부대 사병의 운명이란, 삽날 세 개가 닳아 등골이 빠진 채 청춘을 반납하고 제대를 하거나, 공사장에서 곡괭이 들고 죽어서 백골로 귀향한다는 것이었다. 공병학교에서는 통영 출신 탁 소위, 호남형으로 멋지게 생긴 장교가 교관을 하고 있었는데, 가끔 그에게 교안을 작성해 달라고 하고는 청자니 신탄진 같은 고급 담배를 대주기도 했다. 계급이 사람을 만든다는 것을 절절하게 깨닫는 기간이었다.

군대경험과 연관하여, 사범대학을 교육사관 양성 기관으로 비유하던 어떤 교육학 교수의 말이 혼란스럽게 다가오곤 했다. 그러면서 한편으로 교육학을 뜻하는 페다고지의 어원이 그리스어 페다고고스$_{παιδαγωγός}$에 있다면서, 교육은 근본적으로 교복$_{教僕}$의 직업이라는 내용을 읽은 것이 머리에 걸렸다. 더구나 그가 대학에 들어가던 해 12월에 발표된 국민교육헌장은 나라의 발전이 나의 발전의 근본이라는 점을 강조하며, 능률과 실질을 숭상하는 자세를 주입하고 있었다. 유능한 인간의 한 부류로 유능한 교사를 강조하게 되었다. 사물의 유용성과 인간의 쓸모를 강조하는 방향으로 사고를 몰고가는 사회적 물결을 넘어서지 못하는 대학의 분위기이기도 했다.

봉사할 대상이 있어야 내 존재가 의미를 가지는 것은 아무리 생각해도 모순이지 싶었다. 존재의 완결성을 강조하는 문학회의 분위기에서는, 능률과 실질이 인간의 어느 한 부면을 한정하는 것일 수밖에 없었다. 당시, 교육은 인간 행동의 변화, 바람직한 방향으로의 변화라는 명제가 교육공학적 측면에서 널리 받아들여지고 있었다. 그래서 인간을 어떻게 기를 것인가, 능력있는 인간을 어떻게 육성할 것인가 하는 것이 교육의 궁극적 과제로 부상되었다. 그런 기능론적 사고에 문학이 기여할 수 있는 바는 별로 크지 않았다. 교육과 문학을 늘 대결적인 구도로 바라보았던 이유가 그 부근에 있었다.

그가 꼬박 35개월을 복무하고 제대했을 때는 일학기 중간, 수업일수 1/4선을 넘은 상태였다. 당장에 복학이 안 되어 한 학기를 어슬렁거리며 보내야 했다. 문학회 회원들을 만나서 습작한 작품을 보여주기도 하고 책도 읽고 하면서 시간을 보낼 수 있었다. 문학회 회원들은 구조주의와 실존철학을 열을 올려 논의하기도 했다. 문학회 측에서는 인간의 실존적 자각과 자기 존재에 대한 긍정감, 자신의 삶에 대한 책임이 문제지 얼마나 유능한 인간이 되는가 하는 문제는 그다지 중요하지 않다는 생각들을 하고 있었다. 스스로 어떻게 인간이 되는가 하는 문제를 탐구하고 실천하는 것이 교육의 근본이라는 데로 논의가 전개되었다.

그가 복학해서 학교로 돌아왔을 때, 그는 군대 다녀온 다른 친구들과 함께 '늙은 학생'으로 분류되었다. 이용주 교수는 복학생들을 각별한 애정으로 격려했다.

"군대 마쳤으니, 공부말고 할 게 뭐 있어?" 그러면서 부지런히 공부하라고 부추겼다. 시험이 끝나면 늙은 학생들의 공부하는 태도를 칭찬하곤 했다. 늙은 학생들도 이렇게 열심히 하는데, 어린 학생들이 오히려 애늙은이가 되어 진짜 늙은이처럼 어슬렁거린다는 질책이었다. 그는 대학과정에서 이용주 교수의 칭찬과 고무가 공부하는 데 큰 힘이 되었다고 늘 회상하곤 했다. 당시 늙은 학생들은 촘스키의 생성문법, 하야카와의 일반의미론, 랭가커의 기술언어학, 소쉬르와 구조주의 등을 공부했다. 한편 문학을 공부하는 축에서는 은유와 상징에 대한 책들을 부지런히 읽었다. 학부생 가운데 최아무라는 친구는 학내 학술발표대회에서 '심볼로지'의 성립 가능성을 이야기할 정도로 탐구가 치열했다.

그는 복학해서 사대문학회 회장을 맡아 일했다, 〈창작시대〉를 복간하는 데 후배 최병우의 협조가 대단히 컸다. 선배들을 찾아다니며 발간비를 모으고, 안양에 있는 교도소 안에 인쇄소가 있다는 것을 수소문해서, 발간비가 저렴하다고 거기를 찾아가 인쇄 과정을 지켜보며 교정을 보기도 했다. 그 과정에서 인간이 어떤 권력의 장으로 분류되고 어떻게 대접을 받는가 하는 점을 깨닫기도 했다. 죄수는 어떻게 만들어지는가? 죄인과 비죄인의 갈림길이 어디인가? 사회의 정상화를 위한 범죄의 기능이 무엇인가를 두부에 막걸리를 먹으면서 오래 토론하기도 했다.

당시 문학회 멤버들은 스스로 자기 삶을 개척하면서 문학의 세계를 지켜나갔다. 후에 문학회 멤버들은 학계, 비평계, 문단에서 자기 일을 훤칠하게 해내는 뚜렷한 존재들이 되었다. 그는 여기서는 실명을 밝혀야 한다는 판단을 하고 실명을 적기로 했다. 그와 함께 문학적 열정을 태우던 이들 가운데 위로는 김상기, 정지창, 김재홍, 신상철 같은 이들이 있었다. 그의 동기생으로는 일찍 세상을 뜬 김태일을 비롯하여, 유자효, 김한영, 박윤주, 김철교 등이 열심히 참여했다. 그보다 늦게 대학에 입학한 이들로 이재국, 정명수, 임학수, 박호영, 전영태, 이숭원, 김진경, 윤재철, 노유섭, 최병우, 이창득, 우기정, 정영애, 최영희, 최두석, 정찬(정찬동), 신현덕, 손영애, 오석하, 최옥희, 호원숙, 최옥수 등이 참여했다. 전영태는 대학 교수가 되어 그의 아들 대학원 지도교수를 맡아 주기도 했다.

문학회 회원들은 주로 구인환 교수를 지도교수로 모였다. 당시 구인환 교수와 동기생이었던 이용주 교수를 비롯해서 학생들 사이에, 문학회 회원과 같이 어울리는 이들을 구사단이라는 별칭으로 불렀다. 창작과 비평을 공부하는 이들이라 노는 방식이 좀 호방한 편이었다. 구사단 멤버들은 매년 연말에는 연말등산을 했고, 연초에는 구인환 교수 댁에 모여 노래와 춤판을 벌였다. 김아무 선배 같은 이들은 다소 외설스런 춤사위를 보이기도 했는데, 고전문학을 하는 박아무 선배의 비난을 사기도 했다. 그러나 온갖 욕망과 고뇌와 대결을 수용하는 포용력이 구사단의 저력이었다. 무질서 속의 질서였고, 자유 가운데 형성되는 모색의 의지가 피어나는 방식은 분방하고 열정에 넘쳤다.

군사독재의 철권통치 가운데서도 자기를 잃지 않았던 것은 혼돈 가운데 찾은 질서가 큰 힘이 되었을 것이다. 그러한 힘은 그가 대학원에 진학해서 학위를 받는 과정에, 중고등학교에서 교직을 수행하는 과정에 음으로 양으로 작용했을 것이라고 그는 생각한다. 대학에 자리를 잡아 교수로 활동하는 중에도 사범대학에서 얻은 자기교육력은 크게 작용했다. 자신이 자기를 교육하는 것이 교육의 궁극적인 모양일 거라고 그는 생각하곤 한다. 그래서 교육에 관한 한 중이 제 머리 못 깎는다는 속언을 그는 단호히 거부하곤 한다.

그는 자신의 삶을 세 가닥으로 정리하곤 한다. 하나는 학문 차원에서 연구하고 논문을 쓰는 일이었다. 소설론에서 시작하여 서사론으로 범위를 넓혀가면서, 논문을 쓰기도 하고 책을 내기도 했다. 해당 영역의 학회에 봉사를 하기도 했다. 그가 그렇게 공부하는 일을 할 수 있었던 것은 그가 교수로 일했던 사범대학의 풍토가, 교육 측면에서는 기능주의를 표방하는 듯하면서도, 인문학과 자연과학 분야의 출중한 학자들이 자리잡고 있어서 사고와 정서가 편향되지 않았기 때문이라고 그는 생각하는 편이다.

다른 한 가닥은 문학을 교육하는 일이었다. 사범대학의 국어교육과는 말하자면 목적대학에 소속된 학과다. 그렇기 때문에 자칫 국어교사 양성이라는 데 한정된 교육내용을 제공하는 데 그칠 수 있다. 그러나 교육은 부단히 자기혁신을 거듭해야 하는 것이라서, 그는 학과 안에서 어학을 전공한 교수와 문학을 전공하는 교수가 팽팽한 긴장감을 보이며 토론을 거듭하는 것을 보면서 대학생활을 했다. 교육의 자기혁신적 속성이 중요하다는 것을 거기서 깨달았다. 그가 문학교육이라는 하나의 학문 영역을 성립하게 하는 데 기여한 바가 있다면, 문학과 교육을 함께 아우를 수 있는 융합 혹은 융섭적融攝的 사고를 사범대학에서 배웠기 때문이라 자평하곤 한다.

그는 통념을 거부하는 편이다. 그래서 "교육의 질은 교사의 질을 넘지 못한다"는 교육학자들의 말을 곧이곧대로 믿지 않는다. 일종의 선험적 결정론의 냄새가 나기 때문이다. 그런 결정론은 자칫 청출어람靑出於藍이라는, 또 다른 명제를 차단하는 것이 되기도 하기 때문이다.

그가 공부하는 중에 읽어서 오래 기억하는 명제 가운데 이런 게 있다. "모든 소설은 이전 소설에 대한 반역이다." 소설이 새롭다거나 새로워야 한다는 당위론의 바탕을 이야기하는 맥락에 자리잡은 명제이기 때문에 제한점이 있기는 하나, 그런 명제를 구체화하는 데는 직접 소설을 쓰는 것이 가장 확실한 방법이라는 쪽으로 생각이 기울었다. 그러한 생각이 지도교수 구인환 선생의 영향이라는 것을 그는 잘 안다. 그가 사범대학에서 학문과 교육을 하는 가운데 창작의 의욕과 실천은 부침을 거듭했다. 그러나 1986년 소설가로 등단한 이래 소설쓰기를 지속해 왔다. 소설쓰기는 문학활동 일반으로 확대되었고, 문학작품을 쓰는 것이 언어문화 창조를 실천하는 구체적 작업이라는 주장을 하기에 이르렀다.

문학에 대한 학술적 연구, 문학교육의 이론화와 실천논리의 탐구, 문학창작을 통한 문학적 자아의 성취, 이 세 가지가 그가 걸어온 길을 요약하는 핵심어이다. 그는 학자이면서 교육자이고 작가인 셈이다. 하나의 통합적 인격체인 그의 자아 안에서 이 세 가지 길은 만나고 그의 인간을 형성해 주었다. 그는 이제 그 세 길 가운데 창작의 길을 주로 걸으려는 다짐을 두고 있다. 학자의 길과 교육자의 길이 이제까지 그가 걸어간 길이라면, 작가의 길은 아직 가야할 길이다. 그리고 그 길이 멀기 때문에 강렬한 선홍빛 유혹으로 그를 이끌어낸다.

이경식 편

사범師範
그리고
역사교학歷史敎學

이경식 교수

사범대학 역사과에 입학하여 역사공부에 첫걸음을 내디딘 후,
그리고 다시 교수로 부임하여 역사의 연구와 강의를 하면서
사범교육 및 역사교학 부문에 대해 검토한
현장성 논고 세 편을 골랐다.

이경식_{李景植}이 걸어온 길 • • •

● 학 · 경력

서울대학교 사범대학 역사과 학사

서울대학교 대학원 사학과(국사전공) 석사

연세대학교 대학원 사학과(국사전공) 박사

서울대학교 사범대학 역사과 교수

● 저서

『朝鮮前期 土地制度硏究─土地分給制와 農民支配─』(一潮閣, 1986)

『朝鮮前期 土地制度硏究─農業經營과 地主制』(지식산업사, 1998)

『高麗時期 土地制度硏究─土地稅役體系와 農業生産─』(지식산업사, 2012)

『高麗前期의 田柴科』(서울대학교출판부, 2007)

『韓國 古代 · 中世初期 土地制度史─古朝鮮~新羅 · 渤海─』(서울대학교출판부, 2005)

『韓國 中世 土地制度史─朝鮮前期─』(서울대학교출판부, 2006)

『韓國 中世 土地制度史─高麗─』(서울대학교출판부, 2011)

『增補版 韓國 中世 土地制度史─朝鮮前期─』(서울대학교출판부, 2012)

● 논문

「世宗朝의 土地制度와 農業政策」(『세종문화사대계』 3, 2001)
「17세기 農地開墾과 地主制의 展開」(『韓國史研究』 9, 1973)
「17세기 土地折受制와 職田復舊論」(『東方學志』 54·55·56합집, 1987)
「朝鮮後期의 火田農業과 收稅問題」(『韓國文化』 10, 서울대, 1989)
「朝鮮後期 王室·營衙門의 柴場私占과 火田經營」(『東方學志』 77·78·79합집, 1993)

「한국교육의 전통과 '師範'」(『師大論叢』 54, 서울대, 1997)
「우리나라 興學과 氣槪涵育의 推移」(『師大論叢』 67, 서울대, 2003)
「한국 근현대사회와 國史教科의 浮沈」(『사회과학교육』 1, 서울대, 1997)
「한국에서 歷史學과 歷史教育의 隔遠問題」(『歷史教育의 方向과 國史教育』, 2001)

「韓國史研究와 時代區分論」(『韓國史認識과 歷史理論』, 1996)
「朝鮮建國의 性格問題」(『중세사회의 변화와 조선건국』, 2005)
「歷史教材의 撰述에서 用語選定의 問題」(『歷史教育』 109, 2009)

「古代·中世初 經濟制度의 研究動向과 「국사」교과서의 서술」(『歷史教育』 45, 1989)
「朝鮮後期 農業·地主制研究의 動向과 「국사」교과서의 서술」(『歷史教育』 39, 1986)
「高麗·朝鮮前期 農莊研究論」(『國史館論叢』 32, 1992)
「山地共有의 傳統과 그 倒壞-國史를 통해 본 環境認識-」(『사회과학교육』 3, 서울대,
  1999)

사범師範 그리고 역사교학歷史教學

작년2011년 늦가을쯤으로 기억한다. 대학에서 함께 근무하는 비슷한 연배 동료교수 몇몇이 환담을 나누다가 이런 이야기가 나왔다. 각자 전공이 다르니 이를 바탕으로 학과나 학회 등에서 이루고 느껴온 것 가운데 조금이나마 밖으로 피력하여 세월에 말미를 두면 어떻겠냐는 것이었다. 학과의 전임교수로서 수행하는 연구·교수·행정 및 이에 따른 성과나 상념 혹은 고충을 서로 이해하고, 장차 대학당국이나 교수·직원의 학교 운영과 교수활동지원에 참작될 수 있겠다는 기대였다. 나는 이렇게 하는 것이, 서울대학교 사범대학 교수직에 있으면서, 학교 안팎에서 쉴틈없이 일어나는 소란과 번잡 속에서나마, 연구와 강의에 마음을 붙일 수 있던 데는 대학 내 여러 교수·직원의 격려와 지원이 큰 힘이 되었기 때문에, 이제 이런 고마움에 감사를 표할 수 있는 기회도 되겠다는 생각에 잠자코 동의했었다.

가볍게 시작된 이 이야기는 한동안 잊혀진 듯 잠잠하다가 올해 중반에 다시 거론되었다. 그 뒤 의론으로 이어지고 어느덧 결의로 매듭졌으며, 이 사이에 윤곽이 잡히고 내용·방향이 정돈되어 갔다. 나는 막상 일이 진행되자 걱정과 부담이 커지고 마음이 점점 무거워졌다. 지금껏 대학교수로서 그것도 역사공부가 업인 이가 학계·교육계에 몸담고 살아오면서 평소 '삼라만상森羅萬象'에 관해 느낌이나 주장이나 소견을 글로 써본 적이 없는 까닭이다. 재간이 없는 터이다. 그나마 역사와 관련한 연구·활동·저술도 학계의 중심부나 대중의 관심사에선 떨어진 채 진행하고 있었으므로, 저와 같은 동기나 취지에 적절한 소재나 자료를 가지고 있지 못한 처지이다. 그러나 사세事勢는 불가피하여 무엇이라도 내놓지 않으면 실없게 되겠다는 강박이 뇌리를 내리 눌렀다. 반면 연속되는 강의와 그 준비, 이어지는 논저의 출간에 수반한 집필·교정, 겹쳐 일어나는 안팎의 크고 작은 일들로 좀처럼 틈을 낼 수 없었다.

　궁리 끝에 사범대학 역사과에 입학하여 역사공부에 첫걸음을 내디딘 후, 그리고 다시 교수로 부임하여 역사의 연구와 강의를 하면서 이에 반드시 동반하는 사범교육 및 역사교학 부문에 대해 검토한 현장성 논고 세 편을 골랐다. 이것을 수정·보충하여, 미안하고 거북한 심사에 무례는 비켜가자는 바람과 위안을 안은 채, 제출하기로 하였다.

　사범대학, 특히 서울대학교 사범대학은 교사를 사범답게 양성·배출하고자 출범·운영하여 오는 고등교육기구이다. 그런 만큼 대학의 각 학과는 중등학교 각 교과와 연계되어 있어 강좌운영이나 학생지도에는 큰 원칙과 전제가 있다. 각 학과의 전공학문이 지닌 과학성·계통성과 중등학교 해당 교과과정의 목표성·방향성을 전체로서 망라하되, 그것이 조직성과 융합성을 갖추도록 골격과 내용을 적절히 구성하여 운영하여야 하는 것, 그리고 이러한 전공학문과 교과교육의 연계는 각종 학회활동, 공공강연, 정책자문 및 입안에서도 항상 관철되어야 한다는 것, 아울러 강의의 방식 및 용어가 단아하고 조리가 닿아야 한다는 것이다. 전공학문분야에 뒤지지 않으면서 교수·학외 활동에 각별한 공을 들여야 하는 까닭에 타 대학 유사학과 교수에 비해 몸과 마음이 바쁘기가 몇 배 더하다. 그러므로 서울대학교 사범대학 역사과의 교수직에 있는 이는, 중등학교 국사·세계사 과목의 대·소단원의 편목과 내용, 이들 사이의 상호연관 등을 서술하거나 수업으로 구상할 때 반드시 그 체계화가 갖추어져야 하는 까닭에, 이를 학문으로서 탐구·논구하여 정리하는 일은 매우 소중한 책무이다. 학부생이 장차 역사과 교사로서 번듯한 수업을 해낼 수 있는 자질은 이러한 학식의 습득과 소양의 체득에서 함양될 수 있다.

나로선 연구주제가 토지·백성·나라인 까닭에, 이런 사정과 관련하여, 이의 존재형태를 농업생산, 소유 및 경영관계, 부세·신분·군현·관료 등과 관련하여 다루되 사회구성과 경제변동의 단계적 변화·발전 속에서 추구하고 전망해 봄으로써 역사학과 교과학의 일체성을 설정하는 것을 기본작업으로 삼았다. 근현대식 역사학 연구가 극히 짧은, 특히 우리 손에 의한 국사연구는 더욱 그러한 우리의 실정에서, 역사의 체계적 인식과 정리가 우선 수행되어야 중등역사 교과의 내용·체제도 잡히기 때문이다. 그리고 이런 작업과 병행하여 역사과의 교사교육·교과교육 부문의 학문성 고양에 유념하여야 하는 까닭에 우리 사회·문화의 전통에서 현재 요청되는 교사상敎師像, 교과서 찬술에서 사실관계의 조합 내지 용어선정, 중등학교 교과교육에서 역사과목의 위상, 역사학과 역사교육의 관계 등 제반 문제에 대해 현실의 역사적 범주로서 접근하며 정리하였다. 연구의 범위가 이러한 속에서 사범대학의 교수로서 이 책자의 발간 구상에 맞추어 가까이 다가갈 수 있는 것은 내용상 후자 쪽이라고 생각하였다. 세 편의 논고는 이 기준에서 추린 것이다.

먼저, 첫 번째 글은 우리나라에서 사용하는 '사범師範'이란 어휘의 용례·의미 및 그 변천을, 중국·일본의 경우와도 대강 대비하면서, 정리한 것이다. 그 동기는, 교육·문화·정치·학문·언론 등에 몸담고 활동하는 식자층 대다수가 사범이란 용어는 일제日帝 군국주의軍國主義의 산물이며 잔재라고 짐작 또는 독단하고 있으며, 이 위에서 교사·학생문제를 인식하고 취급하는 풍조가 만연하여 가는 현상, 더욱이 대학 안에서조차 이런 소견이 예사로 되어있고 아예 껑충 뛰어 사범이란 어휘에는 학문성마저 전혀 없으니 차제에 '사범대학師範大學'이란 명칭을 버리고 '교육과학대학'으로 개칭하자는 우론迂論이 중론으로 비등함에 질겁하고, 사범대학에서라도 사범이란 자의字義와 그 내력에 관해 정확한 학문적 이해를 갖게 해야겠다는 생각이 든 것이다. 이러한 우론·중론에는 '학문', '과학'이란 표현이 대학명칭으로 반드시 붙어 있어야 대학다운 풍모가 드러난다는 발상이 관념으로 고정되어 있다. 마치 일제강점이후 근 백여년 사이 학교명에서 경복景福·휘문徽文·진명進明·양정養正·숙명淑明·창덕昌德 등 우리식 작명은 쇠퇴하고 경기·서울·대전·부산·대구·인천이나 용산·마포 등 지역 및 동네 등, 외래 특히 일본식 작명이 석권한 것과 동류거나 유사하다.

사범이라는 어휘는 우리나라에서 매우 오랜 시기부터 우리 말 '스승'의 한자식 표기로 사용하여 왔으며, 그 뜻은 학문성과 도덕성을 함께 겸비함을 이른다. 그런만큼 사범이라는 용어는 첫째 우수교사를 정통으로 양성·배출하는 대학의 명칭으로선 그 목적과 자세를 명쾌히 밝힘에 다른 어떤 표기보다 월등하고 이 뿐만 아니라 오랜 내력에 문화성도 풍성하다는 사실을 밝히고, 둘째 사범은 우리의 경우는 중국·일본의 경우와 내용·의미 그리고 그 역사성에 큰 깊이와 차이가 있으며, 셋째 이런 사범이 의외로 많은 지식인이 일본식 고유어휘인 것으로 오인하게 된 사정을 설명하여 논란을 바르게 정돈할 수 있기를 기대하면서 밖에 내놓은 것이다.

다음, 둘째 글은 일제강점기는 아예 거론할 필요조차 없고, 광복이후 중등학교 교과교육에서 그리고 대학 교양강의에서 역사 그 가운데서도 '국사'과목의 비중과 처지가, 세계 각국에선 자국사自國史 교과가 매우 중요하게 자리잡고 있는 사정과는 정반대로, 왜소·정상화·냉대·소외의 과정을 겪으며 부침浮沈하는 사태를 적시하고 그 연유를 근현대 우리사회를 형성·주도하여 온 정신상의 특질과 구조 속에서 살핀 것이다. 근현대의 국가·사회에서 국민교육, 시민교육으로서의 공공교육과정에서 자국사는 자신·나라·민족이 정체성正體性을 갖추는 데에 자국어自國語와 더불어 두 기둥이다. 기본사실을 철저히 학습하고 학습하여 숙지熟知하여야 할 것임은 다른 논의가 간섭할 수 없는 당연이고 당위이다. 인류의 근현대 시기는 각 국가·민족의 정체성과 세계성이, 국제사회에서 만국·만민의 판도가 각자의 의사와 상관없이 대대적이고 급격히 개편하는 가운데, 한편 확장·유지되고 한편 붕괴·소멸하면서 어느 덧 세계화 지구화의 소우주로서 문명 사이의 확대·흡수=국력가치의 신장·위축으로 전진하고 있는 대변혁의 단계이다. 이점은 특히 나라·민족·문화·전통·영토를 지닌 곳에선 언제나 경쟁적이어서 스스로 살기 위해선 그만큼 정체·본색의 확신과 유지는 각별하고 절실하다. 우리로선 세계 속에서 우리 민족이 살아남기 위해서는, 우리문화에 대한 바르고 끊임없는 연구·학습과 변화하는 세계문명의 흐름에 적절히 대처·수용하는 조화가 관건인 것이다.

국사교과의 침몰은 이런 사정에서 절대위기의 사태이다. 그 원인은 여러 방면에서 검토하고 지적할 수 있겠지만, 무엇보다도 절박한 것은 사정을 그렇게 만들어 가는 정치·사회 주도층의 정신자세와 그 연원·계통을 지목하는 것이라고 여겼다. 그래서 그 내용을 첫째 우리의 경우 근현대를 살아온 각 분야 주도층 내지 정치인·지식인 자존自尊의 함몰과 그 회복의지의 상실, 둘째 이에 동반하는 근현대화의 허상虛像과 실상實像의 무분별, 셋째 소위 학력평준화라는 환상과 입시가 최우선인 현실을, 정치선동의 경합에서, 일치시키므로서 말미암는 온갖 번잡과 혼란으로 점철된 이른 바 학력평가방식의 난마亂麻, 넷째 이것을 다양성 기회성이란 이름 아래 기약 없이 수십년을 계속 움켜쥐고 학교교과를 조작·운영하는 데서 터져나오는 혼선과 마찰, 다섯째 이런 가운데서 정치권의 무리無理와 교육당국의 미봉彌縫으로 숨돌릴 사이도 없이 번복하는 교육과정의 치폐置廢와 그때마다 역사교과를 요동시키고 사회과로 편입·희석하는 자행恣行 등에서 비롯되는 학교붕괴와 국사파괴, 이런 문제를 사회변화를 배려하면서 정리하였다. 우리나라의 역사교육은 국사교과의 교수·학습이 나라교육정책의 목표·전제에서부터 올바르게 서야 비로소 안정될 수 있겠다는 생각에서이다. 세계사 과목의 정상화도 이 자기 바탕이 다져진 사회에서나 이루어질 수 있다.

끝으로, 세 번째 글은 역사교재의 찬술에서는 사건·사실·인물을 표현하고 정의하는 용어는 항상 신중하고 세심하게 선정되어야 하는 이유와 그 준거·방법을 살피고, 우리나라에선 국사교과의 교재의 어휘·문구를 놓고 국내나 국가사이에 논쟁·공박이 소란스럽고 급기야 법정분규나 외교파행으로 돌변하는 사정을 살핀 것이다. 특히 우리 역사학이 갖는 발달상의 특징과 근현대기에 도달 수준, 작업경향의 문제, 이 여건에서 궤도를 벗어나 개입·참섭하는 집필자 혹은 특정학계, 종교계, 정치권, 아울러 소위 시민·사회단체 및 위세집단, 그리고 외국의 노략·강포에 유념하였다. 역사교재의 찬술에서 용어에 관한 논쟁·논란은 어느 시기 어느 나라에서나 통상 있는 일이나, 우리의 경우 논박 당사자 및 집단사이에 종교·이념노선의 대결로 이어지고 각종 보도매체가 소란스럽고 국론은 선악·시비·찬반의 와중에서 휘둘리는 지경에 이른다. 이런 사태는 학문·교육 이 자체에 매우 중대한 사안이다. 학계·교육계가 요동치는 것이다. 그리고 우리 학계·교육계는 이를 조정하고 정돈할 힘이 없다. 사태유발의 본체가 학문·교육이 아닌데 학자·교육자·법조계가 시비·가부를 따지는 마당으로 나가는 순간 그렇게 되는 것이다.

여기서는 이런 여러 사정을 첫째 역사공부에서 용어가 갖는 기능 및 국사학·국사교과의 위치와의 관계, 둘째 우리 역사학계의 특성과 이와 연관한 용어선정의 경향성, 셋째 사례에 나타나는 사용어휘의 병폐와 결함에서 점검하고, 아울러 국사를 위시한 세계 각국사의 역사교육적 요소, 그것을 교재로서 구상하고 찬술할 때 유의할 점을 전망하고자 했다.

　이상 세 편의 글은 주제는 각기 다르나 상호 연관이 깊다. 다만 당초 논고형식으로 쓴 글들이어서, 이번에 책자를 발간하면서 취지에 맞게 모양을 바꾸었다. 문체를 다듬고, 내용을 수정·보완·축약하고, 각주脚註는 생략하였다. 학술적 전거典據는 글 끝에 당초 게재처를 밝혀 혹 참고할 수 있게 하였다. 이제 모두를 묶어 '사범 그리고 역사교학'이라고 제목을 붙이고. 사범대학의 정신·자세·학풍의 무한한 발전을 염원하는 축수를 담는다.

한국교육의 전통과 '사범師範'

1 • 서언

근현대 우리교육이 제도나 사상에서 일본식 미국식의 채택과 영향이
엄청나면서도 일본·미국과 같은 형태와 내용으로 성립되고 운영되지 못
한 채 혼선을 면치 못하는 것은, 저들 나라의 교육제도 및 그 성격 자체
에서도 연유하지만, 이를 도입 응용하는 교육관련정책층의 자세 내지 방
법에 기인한다. 특히 양자의 이해관계가 일치하는 가운데서는 대중의 이
해와 격리되기 십상이어서 정상궤도에서 이탈은 오히려 당연하다 하겠다.
그러면서도 숱한 왜곡과 혼란으로 점철된 속에서나마 우리 근현대의 교
육이 유지되고 인재를 양성해 낼 수 있었던 큰 힘의 하나는 우리사회가
본래 가지고 있는 역사적 체제성 곧 사회운영의 원리로서 그리고 인간정

서의 바탕으로서 자리하고 있는 전통성傳統性에 있다. '인간관=우주관'이 교육으로 발현된 학문學問·수행修行·도덕道德 일체의 사상과 정서가 그것이다.

우리나라는 먼 옛부터 학문을 통한 도리의 체득과 이를 행동·처신의 준거로 하는 도덕의 겸비를 교육의 목표로 하여왔다. 그러므로 도리·도덕은 학문·교육이 제도·내용·기능 등은 시대에 따라 바뀌면서도 이를 관통하는 원칙·정신 즉 전통으로 자리잡고 있다. 그리고 그 상징으로서 사범師範이 숭상되어오고 있다. 사범은 단순히 가르치는 이가 아니다. 이 자체가 이법理法·도리道理 곧 학문·교육을 통해 도달하여야 할 목표이다. 학문에 뛰어나고 행실이 돈독하며 도덕을 겸비한 상태, 혹은 그런 경지에서 교육을 담당하는 주체를 뜻한다. 사범은 예나 지금이나 막론하고 학문·교육이 갖추어야 할 여러 조건을 도덕성과 함께 총체로서 구현하고 있는 이상이고 실체이다. 이는 중국中國보다 강하고 일본에는 없는 전통이기도 하다.

그러므로 학문·교육과 사범의 관련을 검토하면 우리나라 교육에서 그리고 그 담당 주체에게 학식과 함께 도덕이 특히 강조되는 배경과 그 절대성, 그리고 교육과 연계하여 학문연구, 교사양성, 교과탐구를 일치시켜 수행하는 대학의 명분이 사범인 이유와 그 정당성이 명확하여진다. 아울러 각종 교육관련제도의 폐치廢置, 정치권력의 변동, 세계정세의 변모 등 갖가지 변화와 격동속에서 변화시켜야 할 것과 유지시켜야 할 바를 가늠하여 주는 우리나라 교육의 정체正體도 새삼 확인할 수 있다.

2 • 학문 · 수행 · 도덕 일체의 교육전통

본시 우리나라는 인간 · 사회 · 정치의 목표를 인륜人倫에 설정하여왔고 이 자체를 천도天道·도리道理로 인식하였다. 인륜은 인간의 성숙, 사회의 운영, 정치의 목적에 절대가치였다. 시대의 진전에 따라 구체적인 내용은 상이하게 변천하면서도 그 원리·정신은 그대로 지속되었다. 이러한 원칙을 학문의 도道로서 마련함이 교教이고 신체의 덕으로 도야함이 육育이다. 이러한 교육은 근대이전에는 군자君子·치인治人·인군仁君이 주도한다는 의미에서 교화教化라고 하였다.

이의 기원은 유학이 보급되기 훨씬 이전, 우리의 예濊·맥족貊族이 정치·사회조직을 추형국가雛形國家로서 결성하던 상고시기부터였다. 단재丹齋 신채호申采浩에 따르면 이때 이미 효孝와 충忠이 도덕으로 예법으로 부상하고 이에 근거하여 실용교육 군사교육이 시행되었다. 이 효와 그 연장으로서 충은 계세관념繼世觀念과 조상숭배 사상에서 유래하고 이와 더불어 발달하였다. 특히 안팎의 적에 대한 대항과 자기집단, 공동질서, 그 영토의 보존과 확대는 집약적 농민가족경영의 생산기반의 특징과 결부되어 수행되어야 하는 까닭에 부가장父家長을 표징으로 한 가족운영과 그에 의한 공공질서 그리고 국가체제의 집권성集權性으로 발현되어 이러한 사유방식이 국풍國風·국체國體를 조성하여 나갔다. 고조선·삼한삼국의 성립은 이 위에서의 일이었다. 이 사이 효·충에 신信이 더 첨가되고 이는 유儒·불佛·선仙의 3자가 혼합된 풍류風流로서 자리 잡았다. 이 구현의 한 예가 화랑도이다. 고대의 우리교육에서 강조되던 인륜은 효·충·신이 기본이었다.

이러한 교육은 국체와 그 문화에 적응하고 이를 진작시키는 힘이었다. 경당扃堂·국학國學은 이것을 제도 형식화하면서 중국식 제도를 원용하고 가미하였다. 화랑도 등은 시간상으로는 종래의 역사전통이 낳은 민족도덕을 기초로 하여 그 고유문화와 신앙에서, 공간상으로는 한족漢族·여진女眞·왜倭·돌궐突厥등 여러 민족과 대립 생존하면서 영토를 방위하고 확장하여 국가를 보위하므로써 무武를 숭상함에서 마련된 교육의 이념이었다. 이러한 효·충·신은 유학의 논리와 결부되면서 더욱 더 정치이념 인간가치로 자리잡아갔다. 논어論語·맹자孟子·효경孝經이 학교수업 관료시험에서 기본서적이 되었고, 불교佛敎 역시 효의 강조를 통해 인재의 육성을 지원하였다.

삼국통일전쟁기를 전후하여 사회변화의 폭이 확대되고 민인대중이 성장하면서 현실의 갈등·모순이 격증하였다. 이에 따라 효·충의 상대 곧 인仁·의義·덕德이 중요덕목으로 등장하여 새롭게 강조되었다. 신信이 이를 요구하고 전자와 매개시키는 요소로 작용하였다. 이후 도덕률은 상과 하, 치자와 피치자 등 모든 사회구성원의 기본가치와 준수사항으로 자리잡았다. 상위층은 인군·학자관료로서 정치에 참여하고 이들에겐 치자治者·상위자上位者의 자질·수양이 엄격히 요청되고 이것이 정치의 터전 사회의 기틀이 되면서 학문의 요체, 교육의 중추가 되었다. 사회는 신분제 속에서 각각의 직분職分에서 도덕성을 갖추는 데로 전환하여 갔다. 효·충은 도리의 기초 덕성의 저변을 이루면서 인仁·의義·예禮·지智·신信이 오상五常, 오륜五倫으로서 인간·사물의 현상과 원리의 본성으로 정착하였다. 역사적으로 말하면 고대사회의 종언이고 중세사회의 개시였다.

인·의·예·지·신은 인성의 본질 인륜의 본체였고, 인생·우주·자연관의 기저였다. 이것은 이理라는 법칙·원리와 기氣라는 기질·형상 곧 이기설로 이법화理法化 천도화天道化되는 도리의 구현체였다. 그러므로 도리의 추구는 현실에서는 인성의 계발 바로 그것이다. 한 연구에 따르면, 이법을 탐구하고 실천함이 학문이고 그런 사람이 유자儒者였다. 학문은 자기수행 즉 수기修己와 타인의 교양진작 즉 교화를 동반하였고 여기서 지도층의 상像이 설정되었다.

인간의 행위와 사상, 제도문물의 존재와 가치 등에서 그 시비·정사正邪의 판별은 엄정하고 분명한 준거를 갖추었다. 역사에서 훼예毁譽·귀감龜鑑은 이 도리의 전개와 그 정통여하로 가늠되고 이는 시대의 변화와 상관없이 어느 때에도 준수되어야 할 지고至高의 가치로서 민인 일반의 사고와 감정이 되었다. 도덕성은 사회 각부분, 성원 각 계층에 일관되게 작용하였다. 인간사회의 필연이면서 자유였다. 인간의 존재와 그 자유는 곧 주체성은 도덕성의 함양에서 비로소 보장되는 것이다. 그러므로 남녀노소, 가족, 법률, 제도, 생산, 문물, 신앙 등에서 그 존재·구조·관계의 의미는 그것이 도리를 갖추고 있는지의 여부로 좌우되고, 궁극에는 개인이건 집단이건 인간의 양심이 기준이 된다.

학문은 이러한 인간·우주의 존재성, 질서성, 구체성을 궁리窮理하고 그로써 사회를 향도하는 지침이었다. 학식의 창달은 극히 중대한 일이었다. 학교교육, 과거선발, 관료정치는 어느 것이나 이와 밀접하여 존속하였다. 학교는 천리·인도의 원칙과 실제를 탐구하고 그런 인물을 양성하고, 과거 제도는 이를 일정기준과 절차에서 선발하여 공인하는 과정이고, 관료제도는 이런 이들을 통해 현실에서 그 학업과 수양을 실천하므로써 민인을 교화하는 것이다. 그러므로 학문과 교육의 요체는 인간이 이 원리에 즉하여 행실을 닦고 이를 인덕仁德으로 구현하여 성신誠信껏 발현함이었다. 학문·수행·도덕은 교육에서 불가분의 일체인 것이다.

'사람의 도리와 사물의 법칙은 하늘 곧 천도天道에서 생겼다'는 목은牧隱 이색李穡의 지적은 이러한 사상의 표현이다. 바로 본연지성本然之性이고 호연지기浩然之氣이다. 가치상 선善이고 진眞·미美도 이것이다. 따라서 도덕적 이념의 정립과 이의 실천과정에서 절조節操와 기백氣魄은 절대가치로 추앙되었다. 이런 인물이 인재人才이다. 그러므로 양촌陽村 권근權近의 말대로 '학문은 인재의 원기元氣이다.' 그리고 이 원기의 배양이 교육이었다. 교육은 뜻을 기르고 기를 배양하고 심지心志가 넓고 한가롭게 두루 살필 수 있도록 하여야 했다. 그 내용은 서경덕徐敬德의 경우 '격물格物과 궁성窮醒'이고 방식은 남명南冥 조식曺植이 강조한 바 "경敬과 성誠"이었다. 퇴계退溪 이황李滉의 자기수양이라는 관점에서 보면 '심술心術' 즉 동기나 목적관념을 도덕적으로 선택하고 결정하는 지속적인 의지방향意志方向을 밝게 개척하고 기질을 변화시켜 성현을 배우는 것이었다.

그러므로 실제생활과 연관해서는 학문은 특별한 사물이 아니다. 율곡의 지침대로 일상생활 가운데 일에 따라 각각 적당함을 얻을 따름이다. 그리고 우주와 관련해서는 하늘의 도 즉 자연계의 음양陰陽·청탁淸濁의 변화를 볼 때마다 자기 심신의 변화와 대조하여 나아가 배울 길을 밟은 것이었다. 이 점은 성호 이익에서 분명해진다. 결국 사회조직, 민간생활, 가정운영, 국가경영의 기술이 도道의 구체이므로 이 도를 발현하는 것이 학문이고 교육이다. 도덕 즉 천리天理와 인도人道의 구체화와 그 실천은 학문·교육의 형이상形而上이면서도 형이하形而下였고, 시작이고 귀착이다.

이러한 기준은 시대의 진전에 수반하여 사회가 분화하고 문물이 진보함에 따라 여러 방면으로 확산되면서 전통으로 발달하였다. 학문·교육은 전문화하고 다양한 부분으로 수행되면서도 이러한 도덕률은 공통의 통일성과 교양성敎養性으로서 정통교육의 기저를 이루어 왔다. 도리는 자기의 업業과 직職이 그 전문성, 절대성, 가치성 그 자체로 존재할 수 있게 하는 까닭에 궁극에는 인간의 존재를 절대가치로 설정하는 소이연으로 다시 귀결하고 있었다. 여기서 도리는 학문 자체에 대한 탐구 및 그 원칙·원리의 탐색에 성실하도록 하는 힘이고 지엽에 흐르고 말단에 얽매이지 않게 하는 좌표가 되는 것이다.

학문·교육의 내용 및 의미가 이러하여 그 교수자敎授者 또한 몹시 중시되었다. 그것은 사범의 용어 및 그 존중에서 집약되어 나타난다.

3 • 사범과 교학_{敎學}의 표상_{表象}

교육의 근본제도는 학교이다. 『경국대전』에 따르면, 학교는 각종 교과를 천도=인륜을 밝히는 과정을 통해 교습하여 인재를 양육하는 곳이었다. 학교의 흥성은 교육의 번성으로 산업이 의식_{衣食}의 근원이어서 중시되는 것에 비견되는 큰 비중을 가졌다. 정치의 득실도 학교의 흥폐에 좌우된다고 여겼다. 『실록』에 기록된 바, 정치를 바로 하고 기풍을 옳게 함은 현명한 인재를 얻는 데 근본이 있다는 생각에서 교육을 바라본 것이었다. 인재는 나라의 이기_{利器}였다. 학교를 흥륭시켜 인재를 교양하는 일은 인군_{人君}이 마땅히 해야할 우선 책무였다.

학문을 닦고 가르치는 인물에 대한 조건은 엄격하고 선발은 신중하였다. '스승으로 마땅한 사람을 얻어야 교양을 얻을 수' 있는 까닭이었다. 교사는 단순히 학식만 있어서는 자격이 없었다. 가르치는 이는 스승으로서 '사람을 만드는 데 있어서 모범_{模範}'이어야 했다. 이런 까닭에 사범이었다.

사범은 "경의_{經義}에 밝고 행실_{行實}이 닦이고 도덕_{道德}을 겸비하여 가히 사범_{師範}이 될 수 있다."〔經明行修 道德兼備 可爲師範〕라거나 혹은, "학술_{學術}이 정치_{精致}하고 명확하여 사범_{師範}이 될 수 있는 자"〔學術精明 可爲師範者〕라고 『태조실록』에 전한다.

즉 사범은 성경_{聖經}인 사서오경_{四書五經}을 비롯하여, 사서_{史書}, 병서_{兵書} 및 제반_{諸般} 학술_{學術}을 위시한 학문의 이치에 밝으며 수양이 돈독하며 여기에 도덕이 겸해진 인물을 이상으로 삼았다는 점을 그대로 보여준다.

사범은 학문·교육의 성질과 그 가치를 극명하게 드러내는 인물이다. 이는 단지 이상적인 일반론에 머물지 않았다. 법전_{法典}에서 한 조항으로 조문화되어 불변의 지침으로 삼았다. 『고려사』의 기록에 고려 인종조_{仁宗朝, 1124}_{~1146} 초_初에 제정한 학식_{學式}에, 뒤이어 고려 이래의 여러 법령을 참고하여 조선 건국초에 제정한 『경제육전經濟六典』에, 그리고 법조문이 다시 구체성을 띠는 조선말 19세기초 『대전회통大典會通』에 이르기 까지 각급 학교 교원의 선발자격으로 명기하여왔다.

조선시기 성균관成均館과 사학四學, 향교 등 각급 학교의 교원[敎授]·훈도관訓導官은 사범의 명의에 적합한 인물을 얻어 맡겼다. 선발은 각도의 관찰사 등이 추천하는 천거법薦擧法에 의하였다. 사범을 관료를 선발하듯이 과거시험을 통해 선택할 수는 없었다. 가령 성균관은 대소문신大小文臣 가운데 사범이 될만한 이로 그 품계에 따라 직임을 겸하도록 하고, 각 고을향교는 계수관界首官이면 역시 문과출신자文科出身者 가운데서, 여타 고을이면 만 40세의 생원生員·생도生徒 중에서 선발하여 교관敎官·학장學長으로 삼았다. 종친자제宗親子弟에 대한 교육 역시 같았다.

조선초 세종때 윤상尹祥은 성균관에서 생도生徒를 교수하였는데 명망이 높아 70세까지 직무를 맡았다. 성품이 온화하고 몸가짐과 행실이 청렴하고 결백한 데다, 학문이 정밀하고 꼼꼼하고 문장과 언사가 우아하고 건실하며, 책장 넘기는 것을 멈추지 않고, 사람을 가르치는 데 게을리하지 않으며, 재주있는 자는 이끌고 권장하여 더욱 진보하게 하고 재주없는 자는 반복하여 가르치고 깨우쳐 통달시켜 언행言行과 동정動靜이 모두 사범師範이 될만하였기 때문이다. 선조조의 조식曹植·성혼成渾 등은 태산교악泰山喬嶽같은 기백과 정금미옥精金美玉같은 자질에 학문공부에 독실하며 크고 작은 행실이 바르고 바른 규모는 모두 사범이 될 만하다고 칭송이 높았으며, 숙종대 사헌부 지평持平을 지낸 김창흡金昌翕은 문장과 행의行誼, 높은 기풍과 빼어난 절개는 세상의 사범이 된다고 하였다.

반면에 세종조 종학박사宗學博士를 겸하던 이승문李承門은 일찌기 황주판관黃州判官을 지낼 때 그 부친이 옥사獄事에 얽혔다는 말을 듣고도 즉시 가보지 않아 불효죄를 범하고 또 창기娼妓를 은간隱奸하였다 하여 사표師表의 직임에 합당치 않다는 평판으로 파직되었다.

사범은 일정분야에서 그 학문에 정통하고 도덕을 겸비하여 인재를 훈육하고 도의를 강론할 수 있는 격格이었다. 그러므로 대학·향교·서원 내지 서당의 교수·교관 및 훈장은 물론이고 군사軍事·역학譯學·의학醫學·산학算學·율학律學·지리학地理學 등 기술학 각 방면의 우수자, 그리고 임금의 스승, 나아가서는 전문방면의 고전 등 모든 사표되는 것을 지칭하였다. 유학儒學·무학武學 및 기술학技術學이 전문화 다양화되어 있음에서 당연한 바였다. 군사에서 전진戰陣의 교습과 기사騎射·보사步射 및 기창騎槍에 무과합격자 중 뛰어난 이를 전진훈도관戰陣訓導官이라 명명하여 사범으로 삼았고, 연안沿岸 제도諸道에선 대·중·소선船의 운행을 상습常習시키는 이들은 주사舟師라고 하였다. 유학儒學·이문吏文·한어漢語에 밝고 통달한 이를 사범으로 삼는다든가, 중국어 교습교재는 설장수偰長壽란 사람이 중국어로 번역한 『소학직해小學直解』가 사범이 된다든지, 논어·맹자·중용·대학 등 성경聖經·현전賢傳은 제왕帝王의 사범이라고 중시하여 온 것, 그리고 이제삼왕二帝三王 및 세종世宗·세조世祖·성종成宗 등은 후세 국왕이 사범으로 삼아왔다는 것 등도 몇몇 예이다.

사범은, 이에 관한 이상의 여러 사실이 모두 법전·실록 등에 실린 나라의 기록이니만큼, 그 가치·품격의 고귀성을 짐작하고도 남는다. 나라에선 사범을 존중하여 유학·무학·기술학 등 각 부면에서 능통하고 어질고 참된 이들을 사부師傅의 반열에 앉혔다. 그리고 이런 인물을 계속 선발하여 활용하고자 부문마다 명록名錄을 책으로 작성하고 있었다. 한 예로 유학부문에서는 사유록師儒錄이 있어 사범이 될 만한 이들의 명의와 신상사항을 적어 놓고 파악하였다.

사범은 사표師表이고 사장師長이고 사부師傅였다. 나라에선 이들이 그럴 수 있는 권위를 갖추도록 각 방면에서 배려하였다. 교수자가 갖는 사범의 위의威儀를 해치는 행위에 대해선 그 처벌을 법으로 규정하였다. 가령 사장師長을 비방하거나 모욕하는 자에 대해서는 사장만모죄師長慢侮罪로 다스렸다. 성종초 성균관 생도 하나가 매달 부과하는 부賦를 짓지 않고 더하여 교정校廷에서 교수에게 읍揖을 하지 않아 곤장 100대의 벌을 받았다. 또한 사장을 고소告訴하여 송사를 일으키면 고소사장죄告訴師長罪로 다스려 곤장 100대에 3년 징역에 처함이 법이었다.

한편, 생도를 훈육하는 데 따르는 벌책罰責은 학습사항은 물론이고 말씨, 행동, 심성에서 세세하게 규정하였다. 집행은 면전에서 책망할 정도[면책, 面責]나 출석을 정지시켜야 할 일[출좌, 黜座]은 생도들이 자치自治로 하도록 하였고, 그 이상의 벌칙은 사장이 직접 혹은 예조禮曹를 통하여 하였다. 이는 학생을 존중하고 사장師長의 권위를 고양하는 것과 함께 나아가선 과실을 서로 고친다[과실상현, 過失相現]는 또 하나의 오랜 사회전통이 교육에서 발현되고 있는 것이다. 곧 학교의 벌은 엄하되 벌받는 이가 학교밖에선 그 일로 인해 어떠한 개인적 손실이나 사회적 손해를 입어서는 안된다는 정신이었고, 학교의 특수성과 자유성 그리고 그 존엄과 신성神聖의 발현이었다. 유생儒生의 범죄는 학관學官이 교형敎刑으로 따지고 처단해야지 관청으로 끌어들여서는 아니되는 것이고, 또한 법령法令으로 다스릴 수 없는 것이어서 사장과 부형이 가르쳐 꾸짖어야 한다는 것이 조선왕조의 자세이고 원칙이었다. 우리나라에서 학교교육의 자치 역시 학문·교육의 도덕성=주체성과 수반해서 오랜 전통으로 다대한 의미를 간직한다.

이상과 같이 사범은 인·의·예·지·신을 사회지표로 삼아 온 우리의 명쾌한 전통이다. 어느 시대에나 교육의 목표, 학문의 자세와 방법, 교원의 모범인 것이다. 근현대의 사범도 이념상 목표상 이 전통을 승계하면서 수립됨은 말할 나위도 없다.

4 • 사범교육과 사범의 계승

근대교육은 교육의 평등성과 보통성을 지향하고 새로운 학교제도의 마련을 동반하며 시작된다. 이에 따라 전문교원의 육성이 본격 요청되고 사범은 교사 및 그 양성의 모범으로 또 그러한 학교의 명칭으로 자연스럽게 그리고 적합성을 갖고 정착하였다. 1895년고종 32 4월 16일 『관보』에 따르면, 신식학제의 일환으로 커다란 위치를 갖고 한성사범학교漢城師範學校가 설립되는데, 이는 근대 교육이념이 구현된 것이다. 사범학교의 교육요지는 종래 사범의 전통이 갖는 의미와 정신에 근거하였다. 즉 정신과 덕행을 양성하고, 국민의 지조를 진기하고 규율과 질서의 수호·보존으로 사표의 위의威儀를 갖추고, 신체의 건강을 증진하고, 언어를 명확히 하고 어법을 연습하도록 하였음이 그것이었다. 학식의 고양은 언급할 필요도 없는 사항이었다.

근현대시기, 학교제도의 시행과 보급에 수반하여 교원의 전문성과 도덕성은 새롭게 그리고 한층 일반으로 요망된다. 근현대의 국가이면 체제가 제국주의 및 자본주의, 사회주의 어느 경우나 마찬가지 사정이다. 다만 각 국가의 형편에 따라 구체형식과 내용에 차이가 있다. 우리의 사범은 이런 과정에서 근현대식 개념과 상像으로 정립되어 갔다. 학문은 과학성과 객관성을 중시하나 이에 정통하여야 함은 불변사항이고, 도덕은 신분성·선민성을 탈각하고 평등성·보편성을 골자로 하나 이의 겸비는 역시 불변요소인 까닭이다. 특히 인·의·예·지·신의 도리는 이제 인문·자연·예술 각 학문의 분야에서 인본주의人本主義 및 그에 입각한 평등주의의 상호기준으로 작용하여 연구·교수·학습과정에서 원리·원칙의 탐구자세로서 성실誠實과 경외敬畏의 근간이 되는 것이었다.

19세기말 20세기초엽 우리나라에선 이런 점이, 박은식朴殷植의 예에서처럼, 정확히 인식되고 있었다. 사범학교는 세계각국의 최근세 교육에서도 각종 학문의 근본기초가 됨을 이해하고 있었고, 사범의 양성없이는 인재의 작성과 문화의 발달은 실효를 바랄 수 없는 바로 파악하였다. 그러므로 교육학의 내용은 '사범학師範學'으로 되어야 했다. 사범학은 교육자에게 밑천이 되는 터였다. 이런 점에서 교육학이란 것은 독립된 학學이 아니며 또 그렇게 될 수도 없는 반드시 각종 학문과목에서 조금씩 빌려서 합성合成하는 것이다. 그 요소는 지智·감感:情·동動:志意으로서 고금에 불변이다. 옛 학자는 심성心性연구자였으나 그 실제는 이 셋에 지나지 않으며, 지금에는 그것은 인민의 지식개척知識開拓, 미술사상美術思想에 넉넉함, 고상진취高尙進就의 의지 등을 갖추게 하면 족하다고 당시의 논객은 주장하고 있다. 결국 교육은 천하의 만물이 사람의 총명 속에서 갈고 닦여지게 하는 바이고〔敎〕, 그 신체와 덕성이 함께 도야 진보하게 하여 완전인完全人을 조성하는 것〔育〕이다.

우리나라는 19세기 후반에 들어와 국교확대가 진전하고 사회변혁운동이 촉발하는 가운데서 그간의 이 사범전통 위에서 근대식 교육사상을 수립하고 있어서 교육창달 교사양성 자체는 적어도 제도와 이념에선 혼란이나 문제는 없었다. 오히려 사범은 문명계몽운동의 일환으로 교육구국敎育救國의 활동선상에서 새삼 중시되었다. 이 당시에는 사범론 교사론이 그 직분職分, 주의注意, 양사養師의 측면에서 수다하게 개진되고 보급되었다. 당시 자료에 따르면, 교사는 학교의 중심이며 피교육자의 구체적 모범模範으로 인류의 정신을 유발하며 재지材智를 양성하여 국가를 구조構造하는 재료를 생산함이라든가, 무릇 고금천하에 어떠한 학문을 물론하고 사범이 없고 이룰수 있는 것이 없으며, 학술에 정통하고 합리에 명확하고 심성을 도야 하여야 한다든가 함은 한두 가지 예이다. 학문과 교육을 말하는 이들이면 으레 사범에 근거하여 논지를 펴나갔다.

학문·교육의 도덕성은 근대 시민국가 시민사회의 건설에선 더욱 필수이고 따라서 사범도 그만큼 불가결하지 않을 수 없다. 그러므로 사범은 일제日帝의 을사늑약乙巳勒約 이후 더욱 기승하는 무전통 몰정체의 실용만능의 교육병폐와 그것이 일제 침략의 근거로 작동하고 나아가선 국망國亡으로 연계되는 사태를 비판하고 그 타개의 방향을 조명하는 척도였다. 학생의 애국심을 질책하는 풍조, 줏대없이 일제에 좌우되는 학부시책學部施策, 학교증설에 미온적인 당국, 국민상하의 고통은 애초 무관심이고 이익앞에서 무슨 일이건 하는 학생의 배출, 법률法律·일어日語 졸업생의 노비근성, 문화전통과 상관없는 교육내용과 그에 추종하는 교육관리와 교육자, 이 모두에 대한 공박과 비판은 여기서 당당하였고 큰 빛을 발하였다. 이러한 점은 당시의 신문, 잡지에서 얼마든지 볼 수 있는 내용이다. 일제의 조종하에 갈수록 번성하는 일본식 교육과 선교계 학교교육의 폐단에 대한 저항은 우리의 사범을 통해 실천되고 있는 것이었다. 사범다운 교사, 사범다운 학교, 사범다운 졸업생은 그만큼 간절하였다.

그러나 이러한 우리 근대 사범의 앞길은 어두웠고 급기야 압살의 운명에 놓인다. 1905년을 거치고 1910년을 넘어선 이후, 일제의 한국강점과 수탈, 이를 위한 교육체제의 육성 속에서 우리 사범의 본체는 사라지고 그 용어만 남은 채 내용은 일제와 구미열강이 요구하는 복종주의 생활주의로 채워져 가면서였다. 우리 고래의 사범과는 이념과 내용이 다른 일제식의 식민성의 사도師道가 대신하고 이것이 사범으로 둔갑한 것이다.

이 전형典型은 1921년 평양중학교 교장으로서 경성사범학교京城師範學校 설립준비사무를 주관하고 초대교장에 취임한 이의 사범師範·사도론師道論에서 찾을 수 있다. 그에 의하면, 사범은 일시동인一視同仁의 일왕日王지침을 봉재奉載하고 조선통치의 방침에 즉하여 전심專心으로 그 교육에 종사하는 교원으로서 그 심득요지心得要旨는 3개조로, 첫째 사도師道를 현창顯彰하여 감은봉사感恩奉仕를 발양하는 것, 둘째 충용忠勇과 효순孝順을 심득心得하는 것, 세째 품행을 숭상해서 세계의 공도公道를 중시하는 것이었다. 이들이 말하는 사범은 곧 사도師道였다.

이 사도는 일왕日王의 은택에 감사하여 봉사하는 길[道]을 교사의 처지에서 체현한다는 의미의 사도였다. 골자는 충용忠勇과 효순孝順이었다. 구체내용을 보면, 일왕日王의 '교육에 관한 칙어勅語'(1890)는 도道의 체體이고 '무신조서戊申詔書'(1908)는 도道의 용用으로서 이 양자는 신민봉공臣民奉公의 도道인 바 이것이 사도이다. 그리고 이 도는 대애지순大愛至醇인 바 대애大愛는 자타自他를 무차별無差別함이고 지순至醇은 이 대애大愛의 정신인 바 교육칙어상의 '황조황종국皇祖皇宗國을 조기肇基함'을 말하는 것으로 국격國格 그것이다. 그러므로 교원의 심득요지心得要旨는 충용·효순이고 이는 대애와 하나가 되지 않으면 아니되는 바로서 도덕률道德律의 근본이고 존엄尊嚴의 극치極致로서 일본국체日本國體의 정신이다. 그리고 일본국체는 상승하여 동양국東洋國으로 세계대국世界大國에 올라 열국列國과 함께 세계평화를 추구하고 있는데 이는 공도公道인 바 이 육성은 다름 아니라 황국통치皇國統治의 대정신大精神에서 하여야 한다는 것이었다. 소위 사도3개조師道三個條의 요지로서 일제강점기 내내 풍미하던 사도론의 핵심이다.

일제강점기에 사범은 일왕의 명의로 표방한 바 국체에 즉하여 충용·효순하고 이를 도덕률로 하는 사도가 대해大海를 이루었다. 인仁·의義·예禮·지智·신信을 바탕으로 학문學問에 정통하고 도리·도덕을 겸비한 우리의 사범이 아니었다. 사도師道는 일본식 군국주의 사범관의 실체로서 계속 되풀이 되었다. 사도는 교학쇄신教學刷新의 3대강령인 국체명징國體明微, 내선일체內鮮一體, 인고단련忍苦鍛錬으로서 이른 바 황국皇國의 도道=신도神道에 충忠과 효孝로 봉행하는 것이고 이것이 교육자로서의 구체화된 신도臣道 바로 그것이었다. 그리고 이 용어는 논어論語의 '삼인행三人行이면 필유아사必有我師'란 귀절에서 사師가 법法이고 모범·범칙이라는 정도의 이해에 한유韓愈의 사설師說 가운데 '사師는 도道를 전하고 학업을 주고 미혹을 풀어준다'는 귀절을 첨가하여 얻은, 결국 법의 대변자가 그 정의이다. 요컨대 교사는 매개체媒介體였다. 그러므로 충·효, 즉 복종·순종의 자세 아래서 신도臣道를 매개하는 것이 일본인이 내세운 사도였다.

일제의 사도가 저러한 것이었음은 무예·검술을 일본에서 무도武道·검도劍道로 표현하여 그 획일·추종을 절대정신으로 하는 것과 궤도가 같은 것이다. 어느 일본인 학자에 따르면, 일본은 우리와 같이 유교문화를 경험하면서도 역사전통 문화내력상 인仁의 사상과 정서가 없다. 그러므로 천도, 천리의 개념도 있을 리 없다. 다만 忠과 孝만 있다. 그리고 이 충·효도 양자의 일치가 극대화된 상태의 무사적 주종의식主從意識으로 발현하는 충용忠勇·효순孝順이어서 우리의 충·효와 사뭇 다르다. 의義·신信도 이 범주에 얽매 있음은 물론이다. 그러므로 사범이란 용어는 무예·검술의 교습자를 지칭하는 독특한 의미이다. 그들이 학교 교원을 사범으로 표현하면서 그 내용을 사도로 정의함은 이러한 문화전통 사유방식에선 당연하고 아울러 군국주의의 침략에 적극 선창할 수밖에 없었다.

일제강점기 우리의 사범師範은 일제의 사도師道로 교체되었다. 진사眞師는 구축되고 위사僞師가 횡행하였다. 지금도 우리에게 뿌리깊이 남아있는 사범師範=사도師道라는 관념은 여기에 근원하는 것이다. 일제강점기 배출된 대다수 교사 및 그 졸업생의 학문·교육에 대한 사고와 정감이 어떠하였는가는 췌론贅論일 뿐이다.

1945년의 광복은 신국가재건新國家再建=신교육건설新敎育建設의 과제를 부여하였다. 사범의 회생은 당연이고 당위였다. 그러나 일제강점 40년사이에 세뇌된 일본식 사도관이 쉽게 청산될 리 없었다. 더구나 미美·소蘇의 분할 군정과 냉전극악, 좌우의 분파쟁살, 남북의 국가분단과 전쟁이 연속하면서 자주·민족=국민·민주적 교육제도의 작정은 지지부진하였다. 이런 가운데서도 일제의 사범학교들이 해체되고 새로운 사범양성을 위한 사범대학이 창설되었다. 양자는 형태상 계통상 관련이 없었다.

신국가 재건에서 올바른 교육체계의 수립은 민족진로에 중대사였다. 그것은 우리 스스로 우리 인재를 육성하고 교육을 수행한다는 자연원리의 회복이고 일제 및 구미열강 그리고 그 추종세력에 의해 단절되고 폐쇄된 우리 정통의 복구이며 이 위에서 인문·사회·과학·예술 등 여러 학식부문을 확립하고 이로써 세계 여러 나라와 나란히 정체를 정립하는 문제였다. 그러자면 교육의 체제가 그런 방향으로 서야했고 이는 학문에 밝고 도덕을 겸비한 사범師範을 조직적으로 그리고 지속하여 양성 배출하는 대학을 절대 필수로 하는 것이었다.

1946년 '서울대학교 사범대학師範大學'의 창설은 이러한 흐름의 귀결이다. 이념과 방향상에선 우리나라 최초의 그리고 최고의 정통종합대학正統綜合大學의 출범이다. 사범대학은 학문과 교육 그리고 도덕이 일체화된 목표로 운영되어야 하는 교원양성 대학에 유일무이한 정통성을 부여하는 명칭이다. 그러므로 목적도 본래 의미의 사범 곧 학문·교육에 도덕이 일치된 인재를 양성하는 위에서의 교사육성이다.

실제 광복 후 지금까지 사범대학은, 일제강점의 유산이 산적하는 속에서도 그리고 각종 외국식 교육기술이 중구난방하는 와중에서도, 각 학과는 그 처지에 따라 차이는 있지만, 학문·교육의 전문성에 도덕성을 갖춘 인재를 중등·고등교육계를 위시하여 각계 각층에서 사범성師範性에서 빛나게 육성 배출하고자 힘닿는 데까지 노력하여 왔다. 사범성을 갖춘 인재의 양성, 곧 인재의 사범화, 이것이 우리나라 우리 사범대학의 유구무원悠久無遠한 이념되는 이치이다.

5 • 결어

　우리나라에서 학문·교육과 사범은 불가분의 관계로서 전자는 후자의 구현이고 후자는 전자의 모범이었다. 이는 학문·교육에 인·의·예·지·신에 입각한 인본人本·자연自然이 바탕을 이루고 도덕률로 자리하고 있는 데서 연유한다. 사범을 통해 고대 중세에는 각 신분층의 윤리·도덕이 서로 교차하는 위에서 학문이 궁리되고 교육이 수행되었고, 근현대에는 전 사회성원의 평등성과 학문·교육의 객관성 보편성의 유력한 준거를 세웠다. 그러므로 보통교육·고등교육이 국민교육으로서 신학교제도新學校制度로 정비되면서 교원의 이상으로 자연스럽게 이어졌다.

　사범은 학문·교육의 표상으로서 일찍부터 정립되고 이 기반에서 우리의 교원상이 구축되어왔다. 그리고 이 기준이 있어서 일본식 내지 외래식 교육·교사관에 대항할 수 있었고 우리의 근현대 교육·학술도 개척 수립하여 올 수 있었다. 일본은 그 사상·문화의 전통에 인仁·의義·신信에 입각한 사회도덕성은 없고 다만 충용忠勇·효순孝順만이 있다. 그러므로 저들의 사범은 검술劍術·무예武藝를 검도·무도 등으로 존칭하고 그 교습자를 신분상에서 지목하는 의미였다. 이러한 무사적 주종관계의 선상에서 군국주의 시기의 교사를 사도師道의 차원에서 사범이라고 지칭하고 그 양성기관 또한 사범학교라고 하였다. 사도는 충용과 효순을 통해 소위 황국皇國의 은총을 보급·전파하는 신도臣道가 그 실체였다. 그러므로 패전후 군국주의가 폐퇴하고 미국식이 강제되면서 사범이란 명칭을 쉽게 버릴 수 있었다. 우리의 사범과 용어는 같지만 본질이 다르다.

　광복후 우리는 다시 본래의 정통의 사범이 소생하였다. 일제강점 40년의 유산으로 저들의 사도가 사범이라는 오도된 인식이 만연한 상태에서도 우리의 사범 전통은 민인의 정서를 통해 교육의 실제에 면면히 이어져

온 덕택이다. 사범은 의미상 각 전문분야의 학문과 교육, 그 목적성을 모두 함유하고 있어 각 학과를 중심으로 학문에 정통하고 도덕을 겸비하여 장차의 인재를 교양·훈련시키는 '대학'의 명칭이 되면서 본체도 회생한 것이다. 사범과 사범대학은 교사 및 그 육성이라는 측면에서 전통과 내력과 의의에서 가장 명분이 서고 실제를 갖춘 호칭이다. 사범은 사범대학의 학문·교육 양면의 수준이 고양되면 될수록 더욱 빛날 것이다. 우리나라나 중국에서 사범, 사범대학의 명칭과 용어를 지금도 계속 쓰고 있는 이유와 그 타당성은 여기에 있다. 서양에서는 프랑스 파리고등사범이 이에 견줄 수 있겠다. 이러한 사범이 미국식 사례로 이해될 리 만무하다.

사범다운 인재 곧 사범성을 갖춘 학문·교육의 수행, 그 학자·교사의 교양은 약소국가인 우리로선 절대 불가결한 사안이다. 어느 정부도 이를 위해 체계있게 중점을 두어 육성하고 또 지원하여야 한다. 그것은 우리 고래 전통의 계승정책이면서 현실의 난국을 타개하는 근본방략이다. 당장의 정치적 득실에 몰려 단순히 직업 선택의 기회균등이라는 이름아래 국가가 교사의 책임있는 육성과 배치를 폐기한 것은 사범의 포기이고 교육의 미혹迷惑이다. 사범은 아무나 되어서는 아니되고 또 그럴 수 있는 게 아닌 까닭이다.

『사대논총』 54호(1997.8), 2012 수정

한국 근현대 사회와 국사교과國史敎科의 부침浮沈

1 • 서언

우리나라에서 역사歷史의 학습과 교육은 유사 이래 중시되어 왔다. 이러한 역사가 국사國史 및 외국사外國史 등의 명칭으로 학교교육의 교과로 설정된 것은 19세기 후반이었다. 조선 말 근대개혁기에 신학제新學制가 확정되면서였다. 이 단계에서 구래 우리의 역사교육은 새로운 전기를 맞이하였다. 우리 역사는 교과敎科의 범주 속에서 이해되기 시작하였고 따라서 국사교과의 처지여하에 의해 그 존재 및 가치가 좌우되었다. 그러므로 국사교과가 전체 교육에서 차지하는 중요성의 정도나 이에 부여하는 의미의 비중여하는 근현대시기에 국가 사회의 건설 및 운영에 요구되는 정체성의 심도와 직결되어 있다.

이런 점에서 볼 때, 우리 근현대에서 국사교과國史教科는 특이한 처지에 있고 현재도 그러하다. 조선말·구한국 때에는 비중이 왜소해지고, 일제 강점기에는 아예 압살되었다. 그리고 광복 후는 국가건설, 근대화, 세계화의 명의 하에 무시되었다. 근현대기 우리나라 교육에서 국사는 극심한 불안不安 속에서 부침浮沈을 거듭하여 온 것이다. 이러한 국사교과의 부침은 극히 비정상의 양상이고, 이는 선진, 후진을 막론하고 세계 각국의 학교 교육에서 자국사自國史가 차지하는 비중과 안정에 견줄 때 더욱 확연하다. 국사가 갖는 국민교육상의 위치에 대한 지식인, 시민의 이해정도는 극히 유치하고 그 소중성은 갈수록 망각되고 있다.

국사 내지 국사교과가 이같은 처지에 있어 온 연유는, 교육목표 교과 배분 등 교육상의 여러 잡다한 사정에서 변명되고 있지만, 그 기본은 우리 근현대사회가 형성되고 전개되어 오는 속에 내재하여 있다. 그 중에서도 이 근현대의 사회를 이끌어 온 주도세력 특히 학교교육 및 그 정책 관련 지식인, 관료, 특히 정치권의 무식과 그 이해관계에 직접 상관되어 있다. 요컨대, 국사를 위시한 역사 일반의 부침·침몰의 기인起因은 우리 근현대화의 구조적 특질 이 자체에 있는 것이다. 광복 후 숨쉴틈 없이 반복되는 교육과정의 치폐置廢, 그리고 역사를 사회생활과로 희석시키는 소위 사회과 통합의 획책劃策이, 관련 학계 및 당해 교육계의 우려 깊은 호소에도 불구하고, 정치선동의 선상에서 교육개선의 교언巧言 아래 틈만 있으면 강행되는 사태도 근원은 여기에 있다. 그리고 이런 점들이 다른 나라와 달리 우리나라 현대 사회의 몰전통·무정신의 풍조를 형성하여 왔고 또 하고 있다.

그러므로 현재 우리나라 교육이 안고 있는 기본방향 근본자세의 문제를 생각할 때, 저러한 국사교과 부침현상의 원인을 기저基底에서 파악하는 일은 역사교습 경시의 진상을 파악하고 나아가선 우리 사회가 내포하고

있는 구조적 병폐를 명백히 하고, 우리 학교교육의 정체正體를 올바르게 전
망하는 실마리가 된다.

2 • 근대개혁기 국사교과의 제정과 왜소화

　우리나라에서 역사는 고래부터 조선말기 소위 신교육이 시행될 때까지
수양·학문·정치·학교 등 일상생활 모든 부면에서, 내용의 정도에 차이
는 있지만, 정통교육正統敎育의 기초로서 학습하고 교육하고 연구하여 왔다.
특히 우리는 일찍부터 민족으로서 단일하고 국가가 통일되고 내력이 유구
하며, 문화와 전통이 중국·일본을 위시한 주변 제 국가와 구별되는 독립·
독자여서 역사는 여러 방면에서 항상 강조되어 왔다. 그리고 이러한 역사
연구와 학습에는 우리와 주변국가의 서로 다른 내력과 전통을 하나의 원
리와 체계로 파악하고 이를 잘 이해하고 또 널리 인식시켜야 한다는 역사
인식이 강하게 관통하고 있었다.

　그리하여 우리의 역사는 일찍부터 '국사國史'로서 서술되고 이 선상에서
학문으로 발달하여 왔고, 우주·자연·인생이 도리道理·천리天理의 이치理致
로서 상호 작용하고 구현되는 현실로 이해하여 왔다. 단순한 옛 이야기
내지 귀감의 수준이 아니었다. 이것은 경사일치經史一致에서 수립되는 고도
의 역사인식론歷史認識論이었다. 인간사회의 전개와 그 구성을 원리에서 파
악하는 것이 역사였다. 이러한 역사 이해자세는 시대가 지남에 따라 그
심도와 보급 범위가 깊고 넓어져 조선시기 전반기前半期에는 모든 신분층
곧 사회구성원 전체에 미쳤다. 역대의 역사서가 새로 혹은 처음으로 정리
되었다. 이러한 역사인식과 정돈은 자기 전통의 정리이고 방향설정으로서
이에 근거하여 음운音韻·농사農事·천문天文·지지地誌·기술技術·군사軍事·예악

禮樂 등 제반 문물도 훌륭할 수 있었다. 중국사에 대한 학습과 왜倭·여진문화女眞文化에 대한 견식 증대도 물론 병행되었다. 우리의 역사이해와 교육은 국사를 주체로 하면서도 중화론中華論 곧 천하문명관天下文明觀 속에서 중국사와 견주었고, 이는 세계사의 시각에서 그리고 도리로 인식하는 방향에서 수행되어 왔다. 이러한 사실은 우리나라 중세사회의 세계관·질서의식의 발현이고 그런 속에서 우리의 정체正體를 정립한 모습이었다.

이와 같은 국사가 우리의 역사인식의 중추로 확연히 자리잡기 시작하는 것은 조선후기에 들어와서 였다. 중세식 세계관과 중국식의 중화론이 무너지면서 그리고 병행하여 민인대중의 자아自我가 한층 고양되면서 역사가 더욱 중요시 되면서 였다. 서당書堂의 보급이 두드러지고 그 기본과목으로 사서史書이면서 경서經書인 『동몽선습童蒙先習』이 학습 교수되는 것은 대표사례였다. 또한 종래부터 전해오는 고사故事·일사逸事·기문奇聞·민담民談 등등이 각종 야승野乘으로 편찬되어 보급되면서 정사체正史體의 역사서가 가지고 있는 고답성과 건조성을 정서상情緒上에서 보완하는 노력이 부쩍 증가하였다. 아울러 이러한 분위기에서 학문은 여러 전문專門으로 나누어져 천착되고 독자영역으로 수립되어 갔다. 우리의 역사·지리·어문·산업·회화·음악·정치·군사·문물 등등이 다각도로 연구 정리되었고 이 역시 역사변화의 인식과 그 방법에 기초하여 수행되었다. 이 중심이 이른 바 조선후기의 실학實學이다. 이 모두는 역사를 도리道理로 인식하는 자세, 술이부작述而不作의 연구원칙, 그리고 유학의 기본인식 체계에서 오는 인본사상人本思想과 조화사상造化思想이 전통으로 바탕을 이루면서 사회변동에 즉하여 새로운 시대의 새로운 사상·철학·학문·문물이 형성되는 양상으로서 우리식의 근대학문, 근대교육 및 그 사유관념으로의 경사傾斜 그것이었다.

이러한 사실은 일원적一元的인 보편론普遍論이 편력하는 중세사회가 근대로 이행하던 시기에, 문명이 유구한 나라나 민족이면, 으레 걷는 공통된 양상이기도 하였다. 이는 민족·국가를 축으로 하고 기층사회의 민인을 기반으로 이루어지는 것으로 개혁改革에 의해 근대체제가 정비될 때 그 지표성을 제시함으로써 학문·사상의 기초가 되고 교육의 초석으로 자리함도 물론이었다. 그리고 이 모든 것의 기저원류基底原流가 되는 것은 자국사自國史 속의 현실임도 말할 것이 없었다. 외국문물을 수용할 때 그 기준도 여기에 두어야 함은 당연한 바였다.

그러나 근대개혁기에 들어서면서 우리의 경우는 이러한 방향·방식과는 정반대의 길을 걸었고, 그것이 근현대의 실상實像으로 간주되었다. 이러한 사태는 일시에 전체로서 야기된 것은 아니었다. 천천히 일각에서 그리고 부분으로 그러나 각종 문화·단체·통치 등 여러 권력權力과 외세外勢와 결부하여 강력하게 부상하고 만연하였다. 이에 수반하여 정통계열은 성장이 좌절되고 마비되어갔다. 그리고 전자前者는 마침내 근대화의 유일무이唯一無二한 경로로 주창된 채 길게는 1세기 짧게는 반세기를 거치면서 완전完全으로 자리잡아 왔다.

이러한 싹은 1876년 국교확대國交擴大 이후 1910년 일제日帝의 강점强占에 이르는 약 30여년 사이에 움텄다. 이 시기는 사회체제의 동요와 열강列强의 침략이 교착交錯하는 따라서 반봉건反封建·반침략反侵略의 개혁기로서 여러 개혁조치·개혁운동 그리고 개혁론이 제기되었다. 그 가운데 외세外勢의 증대와 더불어 유행하기 시작한 것이 이른 바 '개화開化'였다. 자득自得과 자존自尊으로 당당하던 구래舊來의 봉건封建이 분해하는 가운데 그 일부는 근대개혁기에 개화의 명의하에 그 처신의 유지를 꾀하였다. 이들은 미개未開의 조선 위에서 우뚝 서 있는 개명開明으로서의 자신만을 볼 수 있었다.

개화는 우리나라 근대개혁기의 한 개혁노선이지만 이것과 재야在野 유생층儒生層의 내수외양內修外攘이나 민인民人의 보위항쟁保衛抗爭은 연대하진 못하였다. 각자 조선이 개혁기에 걸어야 할 길이 자신의 것만이라고 여겼다.

열강제국列强帝國의 위세, 기예문물技藝文物의 유혹 등을 바탕으로 조선인의 의식·감정·사고 또한 구미·일본처럼 곧 개화의 '상像'처럼 변모되어야 한다고 확신하였다. 그런데 그러자면 이들 개화국과 그 국민의 정신을 본따야 하고, 나아가선 그들의 종교로 기독교인화 기독교국화하여야 하는 데까지 이르러야 한다는 이들이 적지 않았다. 일본을 대상으로 개화를 생각하는 이들은 당연히 일본불교·일본신사에 침윤되었다. 그러나 주류는 전자였다.

개화는 유일 신앙화하였고 다른 일체는 미신이고 몽매이고 무지였다. 말기에 대소 사옥邪獄과 양요洋擾로 점철된 조선에선 국교확대 이후 기독교 신앙의 묵인이 포교布敎의 무제한으로 탈바꿈되고 인하여 예수교계의 학교가 사립학교로서 비중을 차지하여 갔다. 이러한 개화는 조선을 미개未開·원죄原罪로 단정하고 그것을 변개·회개시키는 것이 목표였다. 그러므로 대상 스스로가 자기정체와 내력을 원초부터 부정하게끔 하여야 개화는 시작될 수 있는 것이었다. 그 실제는 자기모멸自己侮蔑을 통한 서양양화이고 일본화였다. 그나마 개화의 모형은 조선의 처지는 안중에도 없던 구미·일본의 외교고문이나 외교관 내지 의사·선교사의 생활·습속이나 이들이 전하는 문물·포교가 절대였다. 방법과 방향, 그리고 이를 정립하는 정신과 사상이 없었다.

국사 곧 우리문화의 연구나 그 교육은 정상正常 위치에서 이루어질 여건이 없었다. 가령 우리나라 최초의 근대식 학교로 지목되는 원산학사元山學舍는 경사經史 즉 유교교양과 전통을 바탕으로 하고 이 위에서 산업기술과 시사時事를 교수하고 있었던 반면에, 기독선교계의 학교에서는 우선 천하 각국의 풍기風氣를 알아야 한다는 상식론에서 역사는 서양역사가 주로 교수되었다. 다만 우리 국가의 존재가 있는 한 국사가 완전 무시될 수 없을 뿐이었다. 결국 국사는 개화주의의 범주에서 필요하였다. 그러나 진실한 애국愛國은 개화지상주의開化至上主義와 양립兩立할 수 없었다. 국사교과는 신식교육에서 제정은 되었으나 종래에 비하면 현저히 왜소화되었다. 개화는 자기전통 곧 자기기반에서 이탈이었다. 이런 점에서 일본의 사정과는 정반대의 그리고 오히려 한층 더 극심한 탈조선脫朝鮮·탈아론脫亞論의 사고 속에 있었다.

그런 만큼 개화노선이나 그 선상의 개혁 및 개혁사상이 출발부터 순조롭지 않았다. 민인대중이나 유자층儒者層은 세계적 격동을 제대로 인식하지 못하였다. 다만 개화에 반발할 뿐이었다. 이들로서는 도저히 납득할 수 없는 사태였다. 동학란東學亂으로 지칭되는 1894년 농민전쟁과 그 후의 의병전쟁은 그 집약이었다. 근대개혁의 차원에서 보면 동학란은 일본을 추진력으로 한 개화시책인 갑오개혁甲午改革에 대한 대결이기도 하였다. 양자의 결합은 요원하였다. 결국 1895년 3월 정부는 내무아문의 각도各道 훈시의 한 조항으로 '인민人民에게 먼저 국사國史와 국문國文을 가르칠 것'을 시달하게 되었다. 그리고 이 방침은 일제가 후퇴한 뒤 대한제국 정부가 주체로 시도하는 광무개혁光武改革에 그대로 이어졌다. 광무기의 근대개혁은 전제황권專制皇權을 주축으로 국제國制를 재편하는 작업이었고, 그 방향은 지금까지와는 달리 '구본신참舊本新參'이었다. 이는 전국 범위로 전개되던 농민전쟁과 의병항쟁을 배경으로 부일개화세력附日開化勢力을 제거하면서 점진적이나 우리 전통 위에서 개혁노선을 재조정한 것이었다. 그간 국사 연구와 교육은 이만큼 소홀하였다. 이 노선과 방침을 학교기관으로서 가장 잘 계승한 것은 이 당시 설립된 한성사범학교漢城師範學校였다. 소학교小學校에서도 마찬가지였다. 모두 '국민國民된 지조志操'의 진기振起가 목표였다. 그러므로 당연히 국사를 위시한 각국역사各國歷史가 중시되었다.

광무개혁은 조선왕조에 의해 시도된 우리나라 근대국가 근대사회 건설의 마지막 작업이었다. 이의 성사 여부는 동학란이 진압된 후 민인대중의 역량이 극도로 피폐·쇄진하여 진 당시에 국운國運을 가늠하는 기로岐路였고, 따라서 국사 등 우리 학문과 그 교육의 존폐存廢를 좌우하는 지점地點이었다. 그러나 제국열강의 침략과 그 지원을 받은 일제에 의해 1904년 러일전쟁 이후 나라가 강점强占되면서 중단되었다. 그리고 개혁은 일제의 필요에 따라 '일본화日本化'로 재편성되어갔다. 국사 자체가 압살되는 운명에 놓였다.

3 • 일제강점과 국사의 압살

소위 보호국保護國 형식으로 일제에 강점된 조선에서 문명계몽운동은 교육구국활동教育救國活動의 형상을 띠고 소란스럽게 전개되었다. 정신精神은 더욱 강조되고 '민족개조론民族改造論'이 방략으로 제기되고 지표는 여전히 일본·구미였다. 따라서 교육의 내용도 물론 '우민愚民'주의에 서 있었다. 민인대중의 역량이나 정서 및 요구는 집약할 안목·능력은 박약하였다. 이는 교육에 그대로 반영되었다. 광무개혁기光武改革期에도 관립官立의 외국어外國語학교에서 국사는 거의 교수되지 않았다. 당시 교육실정이 이러하여 세간世間에선 그 학생에 대해선 외국外國의 '밀정密偵'이며 '고용雇傭'이라는 지탄이 팽배하고 그 교육이 '망국亡國'할 자료라고 개탄하였다. 갈수록 증가하던 기독교계 학교는 더 말할게 없었다. 비교적 조선 본위의 교육에 유의한다고 표방하고 있던 어느 기독선교계 학교도 그 목표는 기독 신앙인의 사표를 길러내기 위해 그 교리에 치중하고 그러한 정신교육의 모범으로서 역사를 중시하는데 있었다. 기타 사립학교私立學校도 대동소이하였다.

추세는 1905년 일제의 국권늑탈로 더욱 성하였다. 일제는 국사교과를 없애거나 여의치 않으면 시간수를 축소하도록 강제하고 검정제도로써 내용에 엄격한 통제를 가하였다. 교과서 검정의 근본은 '진정한 애국심은 항상 식산업殖産業에 근면勤勉하게 하는 것이고 한국의 사정事情의 파괴를 고취하고 또 한韓·일日 양국兩國의 친선親善관계를 저해沮害하는 것은… 명확히 국시國是에 반反하는 것'이라는 기조에 있었다. 한마디로 일본화日本化 작업의 기초공작이었다. 아울러 보통학교에선 일어교육을 강화하였고 국사는 국어·일어 교과서에서 소개한 바와 연계하여 다루고 그 목표는 변경하여 '사적事蹟의 대요大要를 교教하여 국민國民의 발달發達과 문화文化의 유래由來와 인방隣邦의 관계關係 등等을 지득知得케 함을 요지要旨로 함'에 또는 '국초國初로부터 현시現時에 지至하기까지의 사적事蹟의 대요大要를 교수함'에 두어 일제 강점체제에 순응하는 범위로 한정하였다. 자기 전통의 내력과 그 정통을 깨닫게 하여 조국애를 갖게 하는 종전의 목표 곧 '국체國體의 대요大要를 알게 하여 국민國民된 지조志操를 양養함을 요지要旨로 함'은 있어서는 아니되는 것이었다.

물론 국사교육의 왜소화와 그 폐기는 우리 전통에 근거한 개혁을 생각하던 이들의 격심한 반발을 야기하였다. 그러나 그 수와 세는 극히 취약하였다. 장지연張志淵·신채호申采浩·박은식朴殷植·현채玄采 등이 있고 언론에서는 황성신문皇城新聞이 돋보였다. 황성신문은 '국사國史는 국혼國魂'인데 현금의 사태는 '국민國民이 타국他國이 유有한 것은 지知케 하고 자국自國이 유有한 것은 부지不知케 함이니 세계만방世界萬邦에 여차如此한 교육教育이 유有하리오'라고 통탄하였다. 독립신문이 외국外國을 칭송함으로써 한국을 자조自嘲하여 계몽하던 것과는 대비되었다.

개화운동가 및 관료 대다수의 근대상은 우리의 전통과 그 문제해결에 즉한 것에서 갈수록 멀어져갔다. 특히 그 가운데 일부는 나라가 완전 강탈당함에 즈음하여선 외국에 정신까지 완전 함몰되었다. 1910년 일제가 강점 후 국사의 압살을 시도할 때 저항할 자세가 아니었다. 그러니 상대

할 논거가 없었다. 이들에겐, 주관적 의사 여부와 상관없이, 객관적으로는 일제의 조선통치가 개화開化였다. 그 결과 일본사, 일본식 외국사가 우리의 국사, 우리 시각의 외국사 자리에 대신 들어 앉았다. 일제강점 40년의 정치·경제·사상·문화 따라서 그 교육은 우리·우리나라의 황민화=일본화가 기본 골격이었다. '국체명징國體明徵', '내선일체內鮮一體', '인고단련忍苦鍛鍊', '창씨개명創氏改名' 등은 그 상징이었다. 우리 역사는 완전 일본사·일본문화의 일환으로 관련사항으로만 언급되었다. 그리고 수많은 역사용어, 사실, 상황, 풍속에 관한 사항이 변개되고 날조되었다. 황실皇室은 왕가王家로, 일본과 조선은 각기 내지內地와 반도半島로, 한성漢城은 경성京城으로, 대한大韓은 조선朝鮮으로, 조선朝鮮은 이조李朝로, 태극기太極旗는 일장기日章旗로, 건원절乾元節은 천장절天長節, 융희隆熙는 명치明治로 등등 그리고 일본사료·일본침략사관에서 신공황후神功皇后의 신라정벌新羅征伐, 임나일본부任那日本府, 임진왜란壬辰倭亂의 정명가도征明街道 이에 연계한 정한론征韓論, 통감統監·총독부總督府 하에서 조선의 안정安定 등의 강조는 몇몇 예에 불과하다. 대상은 모두 국사에 관한 것들이었다. 우리 국사는 일제로서는 도저히 조금도 용납할 수 없는 존재였다.

사실 일제강점하의 식산흥업殖産興業 곧 일본화가 전제된 산업 개발은 우리의 문화·정신, 그 역사 곧 본체·본질 요컨대 '얼넋'이 없어야 수월한 것이었다. 이것이 그들이 부르짖는 '생활'이고 '실용'의 본체였다. 1종 1책으로 유일하던 외국사 교과서도 동양사·서양사를 기계적으로 배열한 것으로 그 줄거리는 세계 최고最古의 문명발생지방에서 시작하여 일반 문명의 진보를 개관하고 일본문명의 발달을 강조하는 것이었다.

일제의 일본화 교육과 그 범위에서 기독선교계 학교의 교육은 전진하고, 민족교육 정통교육은 겨우 구래의 개량서당改良書堂이나 사숙私塾에서 암암리에 숨을 부지하기 조차 힘들었다. 소위 개명開明지식층은 전자에서 속속 양성되었고 이들은 특히 1919년 3·1운동을 지나면서 사회를 주도하는 세력으로 성장하였다. 이 무렵은 그나마 남아있던 구舊지식인이 쇠퇴·소멸하여 커다란 세대 교체가 일어나던 때였다. 신지식인新知識人은 대개 각종 세계 사조思潮에 각기 침잠하고 서로 대치도 하면서 어느 쪽이나 한결같이 일제의 이른 바 문화정치 속에서 문명주의의 이점을 부각시키고 조국의 장래도 그로써 생각하는 경향이 농후하였다. 일제강점기에 풍미하던 친일행각, 민족개조주의, 외교독립론, 실력양성론, 사회주의 필연론, 일제의 국민총동원시책에 적극 협조하는 사상·교육의 기반은 여기서 배양되고 육성되었다. 그리고 이 일부에선 미국·소련식이 일본식보다 앞선 문명·현대이므로 이 길의 추종이 일제에 대항하는 길이라고 자위하였다. 고금동서를 막론하고 나라를 잃으면 모든 것을 송두리째 박탈·상실 당한다는 사실을 우리는 처절하게 겪는 것이다.

　일제강점기 우리나라 역사는 일본화한 국사와 우리 정통역사의 국사 두 계열이 있었다. 진사眞史의 명맥은 후자를 통해 부지되었고 위사僞史는 큰 위세를 누리며 만개滿開하였다. 일제강점日帝强占 40년 근대식의 체계적이고 정체적인 교육 및 그 제도 운영의 기회는 봉쇄된 속에서 근대의 허상虛像 그리하여 그 식민성에 추종하는 교육을 받은 인물들이 식자층 곧 자기 역사를 모르는 지식인으로 양성되었다. 일제의 강점 및 수탈 정책은 양과 질, 물질과 정신에서 큰 성공을 거두어 갔다. 이들 가운데 심정상 일제에 대해 저항하는 이들이 혹 있었지만 그 입지를 또 다른 외국에 의부하고 있었다.

　조선의 개화=일본화에서 그 주축이던 일본 및 일본화가 탈락될 때 사유방식·가치·의식의 체질상 그 공백은 당연히 다른 외국으로 메꾸게 되어 있었다. 특히 미·소의 언어나 문화·군사에 친숙한 이들은 손쉽게 민족운동가로 변전할 수 있었다. 부일자附日者도 협력의 대상만 바꾸면 되었다. 反제국주의 계열 역시 그러하였다. 1945년 8월 이는 광복光復=해방解放의 현실로 들이닥쳤다. 그러나 이 현실은 동시에 조선말기 이래의 사회문제·민족문제의 해결과 이 위에 선 교육제도를 수행하여야 할 국면의 대두였다. 그 표상은 국사연구의 진작과 국사교육의 흥륭이었다. 그리고 전자와 후자는 서로 병존並存할 수 없는 것이었다. 더구나 전자의 세력과 후자의 당위와 요구를 조정할 사회세력은 극히 박약하였다. 그간 40여년간 일제의 통치와 수탈에서 그런 정치능력이나 세력이 배양될 수 없었다. 일제의 우리나라 강점이 가져온 우리 천추만대千秋萬代의 폐해는 일일이 열거할 수 없을 만큼 수다하지만 빠질 수 없는 것 하나가 바로 이점이다. 여기에 겹쳐서 자본주의 미국과 사회주의 소련의 분할점령은 사태를 극도의 난국으로 몰아갔다.

4 • 신국가재건과정과 국사교과의 회생 및 홀대

국사 및 국사교과가 사회와 학교에서 정상正常으로 자리를 잡으려면 우리나라가 과거 역대 국가처럼 다시 完全 독립을 꾀하고 스스로 체제상으로 민족의 민주국가를 수립하여 교육이 전통에 근거하고 주체에 즉하여 운영될 수 있어야 했다. 1945년 8월 광복은 이 계기였다. 광복으로 당연히 국사교과는 소생蘇生의 기회를 맞았다. 그러나 이 회생으로 곧바로 세계 각국에 비견比肩되고 우리의 정체正體에 적합한 성장여건을 갖춘 것은 아니었다. 이 문제는 그 추진력의 소재와 광복의 성격 및 신국가재건의 방향과 사회주도층의 식견이 서로 얽히고 이 과정에서 주도세력의 인식에 의해 좌우되는 것이었다. 민족의 광복은 국사의 광복이었으나 그 길이 순탄할 리는 만무하였다. 소·미를 통한 좌익·우익의 극한 대결과 분산, 뒤이은 민족·강토의 분단·전쟁은 미증유未曾有의 암벽暗壁이었다.

　50여년전 신국가의 재건과정에서 국사의 연구, 국사교과의 설정 자체는 누구도 감히 이론異論이 있을 수 없는 절대 당위였다. 그리고 이러한 당위의 추진력은 일제강점 하에서도 면면히 있어 온 지조志操있는 지식인층, 민인대중적 사고·정서의 전통과 그 역사성이었고, 이 기반은 농촌사회와 이에 근거한 삶과 생활 그 자체였다. 그러나 광복은 미·소 양대 또 다른 외국에 의한 점령占領에 동반한 것이었다. 여기서 국사는 국사 그대로 회생할 수 없었다. 남한에서 분할정국의 권력에 참여한 층은 대체로 일본화에 익숙했고 미국을 표상으로 하는 인사였다. 이들은 미군정과 연계하여 기반을 조성하고 그 힘으로 신국가의 사회·문화·교육을 조직하는데 진력하였다. 이들의 사고나 행동은 전자의 당위나 정서와 간격이 있었다. 그 정도가 때로는 군정軍政보다도 더 노골스러웠다. 물론 이들 가운데 일부는 민족·국사의 필요성을 체득하고 있었다. 북한에선 소련을 추진력으로 정반대 국면에서 더욱 유일방면唯一方面으로 급격하게 강행되었다.

　일제하에서 우리 전통의 기반 위에서 우리 문제를 스스로 해결하면서 국사를 학습하고 교육하여 보지 못한, 그리하여 역사적 안목과 창조적 학문, 과학적 이론의 탐구가 절실함을 모르고 다만 일본사=국사 서양사=진사眞史로 습득하고 체현한 사고방식과 감정은 미군정美軍政이 점령지에서 으레 시행하는 '생활 속의 시민양성'을 표면 그대로 수용하였다. 이들 교육관의 구조에는 일본식, 미국식이 혼성되어 있었다. 그러므로 당위와 요구에서 국사는 소생하였지만 그 실체는 비정통, 몰정체의 반편半偏으로서 였다. 그 표현의 하나가 바로 광복 후 지금까지 교육과정 개편 때마다 논란되는 '사회생활과' 통합속의 국사교과이고 교육이다. 일제하 40년 일본의 역사와 통치 속에 압살되었던 국사는 사회생활과의 울타리 속에서 명命만 부지하는 것이다.

광복 후 남한에선 자주적 전진적 개혁요구는 교육계에서도 비등하였다. 그 가운데서 특히 국사교육의 체계·내용에 관한 정비·탐구의 공론公論이 빗발쳤다. 군정과 그 교육주도층은 이와 방향을 달리하며 교육체제를 작정하여 나가면서 교육의 정체성과 역사성에서 두 가지 체제적인 병폐를 조성하여 갔다.

우선 사회생활과의 작정 및 그 강행과, 이 속으로 국사 및 역사를 망라하는 그러나 결과는 해체하는 방침의 구축이었다. 신국가의 재건방향을 좌우하는 교육제도의 구상에 있어서 참여지식층의 자기정체의 부재는 미군정의 대한정책의 이해와 부분적으로 일치하였다. 미군정의 대한정책의 기조는 그 입지조건을 강화하는 일이었다. 그러자면 무엇보다도 우리나라가 일제하의 사회에서 새로운 사회로 재건될 때 당연히 겪어야 할 충격과 갈등은 억제되어야 했다. 이 점은 참여지식층의 안전과 그 세력부식에 호조건好條件이었다. 사회생활과는 1946년 작정되었다. 이 교과는 미국학교의 교과명이지만 국내에 들어와서는 우리 손으로 그 내용·의의가 왜곡된 채 '민주주의' 교육이며 그 훈련이라고 적극 홍보되었다. 교육은 새나라 체제와 민인사상·감성의 골격을 좌우하는, 따라서 지극히 정치적인 그러나 국민적이고 대중적인 부면인데, 그 실제는 이러한 방향을 걸었다. 국사 및 그 교과는 역사로서 정신과 지조로서가 아니라, 생활교과 곧 우리나라 사람의 정치사회화하는 처지가 되었다. 이 정치사회화의 교육은 외국에 대한 무조건의 적극적 인식과 호의적 자세, 외국유학의 선망과 그 동경심의 부축을 수반하였고, 그만큼 사회생활과는 미국식 정치제도 생활가치를 흡입하고 실천하는 교과목으로 또 그러한 교육이론 교육방법의 실천터전으로 중요시되었다. 능력주의能力主義의 교육은 이 속에서 강조되었다.

또 하나 근본문제는, 이와 관련된 사태로서, 우리나라 전통의 사범師範으로서의 교사육성과 그 대학운영이 정착하지 못한 채 미국식의 기계적인 교원양성방식이 양자를 모두 대신할 수 있다는 관점이 지배하여 가게 된 것이다. 신국가로서 그러나 약소국가로서 자기 정체를 강고하게 확립하여 나가고 또 자세와 정신에서 당당한 곧 학문의 내용·원리에 박식하고 아울러 도리·지조를 겸비한 사범을 교육하고 배출하여야 할 우리의 교육방략에 치명적인 결함을 안겨준 점이다. 신국가이고 약소국가에서 사범대학師範大學이 차츰 교육대학식으로 전락하고 학교교육의 줏대가 바로 서지 못하여 온 요인은 여기에 있다.

이러한 점들은 우리 교육의 체제 및 이념에 직결된 문제였다. 나라의 경륜이 좌우되는 것이다. 우리교육은 학교 내의 학습활동이나 학생생활, 교과개편 등 극히 국부적局部的인 사안에 제한되어 안주하게 되었다. 이러한 발상이나 가치로서는 민족·국민의 교육, 정체성正體性에 근거한 신국가의 교육, 전통과 혁신의 교육은 먼 곳에 있었다. 그러므로 역사는 중등학교에서 그러한 방향을 추구하고 민족장래를 전망하는 교과가 되기 힘들었다. 역사교과의 내용은 여전히 일제하 일본화의 국사이고 모범은 서양사였다. 그리하여 강대국은 선진국, 선진국은 이상국이라는 환상=현실에서 양자를 대비하여 국사는 한국인에게 스스로 멸시와 자조하게 하고 이로써 민족각성을 국민통합을 촉구시킨다는 교육관의 방편이 되었다. 일제하의 역사교육, 교육방침과 별반 달라진 것이 없었다. 교육은, 그 체제성은 일제하에 그러했듯이 미국식·일본식에 그대로 맡긴 채, 학습방법, 학습평가, 아동심리발달, 인성·적성의 개발 등 학교 내의 수업활동에 한정된 국부·말단에 집중되었다. 정신과 자세 그리고 목표가 없었다. 그리고 비판능력의 부재 속에서 정치단체, 정치기구의 주문注文에 부응하여 갔고 사회이익집단의 요구를 교과목으로 증설하여 나갔다. 이 형세는 거대하였다. 위의 당위 사항은 교사 개인의 교습에서 이루어 질 수 있었다.

그러므로 격심한 요동이 끊임없이 폭발하였다. 미군정하의 조선교육심의회에서 교육방향을 '홍익인간弘益人間'의 건국이념에 입각하여 애국정신이 투철한 민주국가의 공민公民양성으로 정하는 과정에서 마저 극심했던 근미계近美系 인사의 반대나, 교육계 내의 친일·민족반역·파쇼의 추방과 교육내용의 개혁을 주장하며 일선 교사조직을 기반으로 한 조선교육자협회의 결성과 그 소요는 한두 가지 예이다. 이른 바 국대안國大案의 구상과 관철 그에 대한 반대소란 및 미국식 대학 설립안의 등장 등도 같은 선상에서 야기된 사건들이다.

이런 가운데서 조선의 역사와 사회객관에 입각한 신민주주의新民主主義 민족교육 계열과 미국 일변도에 우려하는 서구식西歐式 민주교육성향의 인사들은 연대하여 조선교육연구회를 결성하고 민족정통의 교육노선을 주장하며 나갔다. 전자와 후자는 대립으로만 치닫고 후자는 배격되었다. 미군정하의 교육주도층 내에서도 민족과 국사의 중요성을 표방하는 계파가 없는 것은 아니었다. 이들은 '일민주의一民主義'의 구호 아래 현실 체제를 주축으로 국론통일을 시도하는 정책의 일환으로 이에 주목하였다. 그러나 세가 정치적으로 빈약하였다. 이는 우리의 폭발적인 민족주의 파도에 거부감을 갖고 한반도를 좌우익左右翼대결과 그 사상의 최종지점이고 세계 2차대전 최후의 전쟁터로 간주하여 진주해 있던 소·미의 이해와도 일정한 선에선 일치하는 바였다. 이런 점은 대극적對極的으로 북한에서 소蘇는 더욱 그러하였다.

이러한 갈등과 상쟁을 되풀이 하면서 남한에선 미군정 및 그 협력세력의 교육구상은 정부수립 이후 기본궤도와 기틀이 되어 교육법과 교육법 시행령으로 안치安置되었다. 계속되는 미국의 교육원조는 이 물적 지반이었고 미 국무성 계획 하에 한국의 지도층, 교수, 학생의 도미渡美유학이 본격화하였다. 특히 1950년 이후 1962년까지 있었던 소위 '피바디' 사절단에 의한 미국 교육학의 연수는 이들 연수생이 귀국하여 한국 교육의 향방向方

을 완전히 미국식 교육의 실험장으로 만들었다는 비평이 중론衆論으로 훼자할 만큼 효과가 다대하였다. 우리의 교육은 그 근간이 전통체제와 연관시켜 구상하고 모색하는 데는 왜곡이 따랐다. 미국 유학생留學生 수준에서 습득한 교육기술과 방법이 교육이론·학설의 이름으로 연속 유행하고 그 응용이 경쟁적으로 이루어져 갔다. 이 과정에서 세계 유래 없이 창궐한 것이 교육학이고 그 기구였다. 한말·일제하의 개화지상주의는 형태를 달리한 채 여전히 대해大海였다. 국사교과가 정착하고 국사교육이 안정할 여건은 없었다.

5 • 개발지상과 국사교과의 험로

6·25 전쟁은 분단을 국토·민족·이념·생활에서 완전 고착시켰다. 남북 모두 휴전休戰 상태 하에서 교육주도층의 체제안주성體制安住性은 극도로 심화되었고, 그 만큼 전후 복구과제와 맞물려 대결 국면은 절대절명絶代絶命의 극점極點에 있었다. 남북 각각 정부의 안위安危는 나라의 안위였고 이는 곧 바로 민인·민족의 이란理亂이었다. 체제의 고정과 유지와 강화 그리고 우열경쟁은 필연이고 최우선의 일이 되었다.

남한에서 전후 복구과정에서 국사교과는 한층 공고히 사회생활과의 일환으로 교수되었다. 교육과정의 입론立論은 소위 듀이의 진보주의교육론進步主義教育論이었다. 이는 1954년 5월 제정 1963년까지의 제 1차 교육과정의 지표였다. 듀이의 진보주의교육론은 본질상 보수주의 교육론으로서 미국에서나 그렇게 지칭되는 것이었다. 교육과정은 전통과 연계한 방향 및 그 노선상의 개혁과는 상관없는 모방 그리고 그에 따른 개발과 객체주의를 추구하였다. 국사교과는, 고유固有 및 정신의 강조가 겹친, 무능과 미개의 나

열로 교육되었고 그 결과 양화洋化에 근거로서 이용될 소지에 있었다. 교육계는 학습지도 및 평가의 방식 및 인성개발 등이나 관료官邊측에서 요구하는 정책개발에 안주安住하고 이런 것이 학문으로 자리잡아 갔다. 정치·경제력은 아직 이를 바로 잡을 힘이 없었다.

그러나 남한사회는 내적으로도 변화·변동을 동반하고 또 요구하게 되어 있는 체제였다. 이러한 교육제도에서 습득한 민주상民主像을 정치사회의 기준으로 하여 대중의 개혁요구와 여론은, 6·25 전란 피해가 차츰 복구되면서, 고양되고 4·19(1960)로 폭발하였다. 4·19는, 여러 계열의 세력이 뒤섞여 야기한 것이지만, 대학생층을 선두로 당시의 정치주도세력과 사회체제의 반봉건성半封建性의 제거, 분단모순分斷矛盾 타결의 지향이 그 이상이었고 전체로선 민족주의의 열풍을 몰고 왔다. 교원노조의 결성은 이 반영의 한 형상이었다. 이러한 격류激流는 5·16(1961) 군사정변으로 전환되었다. 당시 군부는 가장 내외의 정보에 밝고 조직력과 실천성을 겸유한 유력집단이었다. 후진국개발론後進國開發論이 우리 근대화의 이론으로 접수되고 국가는 수출주도의 경제사회로 개발계획을 수립하여 매진하였다. 그리고 이 위에서 민족주의가 표방되었다. 특히 한일韓日회담 체결(1965)을 전후하면서 정부·체제 측이나 반정부·반체제 측이나 민족주체성의 강조가 유래없이 열화熱火같았다. 세계적으로도 민족주의 고양시기였다. 지구 곳곳에서 종래 제국帝國·침략侵略의 민족주의에 대항하여 자주自主·저항抵抗의 민주주의가 고취되고 있었다. 민족·민주의 구호는 다시 만발하였다. 이 중심에선 세계적으로 국가와 국가 사이에 그리고 각 국내에선 체제와 반체제 사이의 대립격화가 좌우형태로 요동쳤다.

여러 계통의 그리고 서로 대립하는 내용의 민족·민주주의가 전체로서 뒤섞여 유행하였다. 이런 추세에서 우리의 정체에 대한 관심도 높아졌다. 아울러 국사 내지 국사교육이 정상화될 수 있는 여건이 움트고 그 싹은 무성히 자라면 다른 문화민족·국가처럼 학문과 교육에서 정당한 자리를 찾을 수 있는 전망도 비칠 정도였다. 국사학계를 비롯한 학계 일각에선 연구·교육의 정체성 제고提高를 대중을 상대로 보급하여갔고 각종 잡지·신문 등 보도매체에선 그간 외래·몰정체의 학문·사유의 극복노력을 집중하여 편집하기도 하였다.

교육정책·교육과정 등에서도 이 조류를 외면할 수 없었다. 한국사회의 현실 그리고 우리의 역사전통과는 아무런 연계도 없이 생소하고 문제만 야기한다는 비판을 견디기 어려웠다. 이에 생활중심 경험중심이란 구호가 대응하면서 제 2차 교육과정(1964~1974)을 작정하였다. 그 지표가 이른바 '바람직한 인간상'이었다. 기본골자는 1차 그대로였다. 다만 표면상 한국적인 것이 운위되는 것이었다. 사고체계에 변전이 있어서라기 보다는 정치·사회정세의 압박이 컸다. 생활중심의 바람직한 인간상의 교육목표와 우리 정체에 즉한 교육의 시행은 현실에선 상충되는 바였다. 그러므로 후자는 여전히 고유문화·정신으로만 부각되었다. 그러면서도 차츰 우리의 전통에 입각한 우리 문제를 인식하고 그리하여 우리교육의 폐단을 점검하는 자세가 다시 부상하였다.

정치실력을 제고提高해가던 정부는 갈수록 이 문제를 중요시하였다. 더욱이 1965년 한·일협정의 체결을 전후하여서는 나라·민족의 주체성 확립이 커다란 정치·사회·문화 전반에 걸친 과제였다. 1969년 그간 추진되어오던 국사 연구의 진흥·교육을 위한 방책으로서 서울대학교 문리대 사학과가 국사학과·동양사학과·서양사학과, 3개과로 분리 독립하였고, 1972년에는 문교부 주관 하에 국사교육강화위원회國史教育强化委員會가 구성되었다. 제 3차 교육과정은 국사교육의 정상화를 하나의 목표로 하게 된 것이다. 이는 뒤이어 소위 유신체제維新體制의 출발과 그 유지가, 미국 따라서 미국식 정치·경제·사회·가치를 기준으로 하는 층 그리고 이 층과 원천적으로 대척하는 세력 양자 모두와 대립을 필연으로 하고 있어서, 국론통일이라는 면에서도 필수사안이었다. 정부는 이를 자주·한국적인 것의 강조로 타개하고 조성하여 나가고자 하였다. 그리고 마침내 사회생활과에 감금되어 홀대받던 국사교과가 독립교과화하는 데 이르렀다. 1973년의 일이다.

다른 외국의 대학과 달리 우리나라에서 국사학과가 독립된 이유는, 세계 각국의 경우에 비교하면 지극히 괴상하고 납득하기 힘든 일이지만, 매우 현실적이고 상식적인 데 있다. 일제강점기 및 광복 후 우리 학계 교육계의 몰정체성에 기인하는 것이었다. 어느 나라 어느 민족도 역사는 따라서 역사계통의 학과는, 역사학과로서 역사전반을 다루지만, 그 중심은 항상 자기나라 자기문화의 역사이고 비중도 크다. 자국사를 주축으로 하고 부수하여 외국사를 연구하고 학습하는 게 당연한 까닭이다. 그러나 우리의 경우 문화는 곧 구미로 간주하는 풍토에선 역사는 곧 서양사로 이와 정반대에 있었다. 국사연구는 극히 부진하고 그 교육은 무시되고 대학의 강좌내역에서도 균등이라는 명목아래 획일적으로 산술평균하여 대개 국사부문은 동양사·서양사와 마찬가지로 3분지 1 밖에는 배정되지 못하였다. 국사는 외국사의 식민지 즉 속방屬邦처럼 간주되었다. 이런 현실은 지금도 여전하지만, 국사가 정상으로 연구되고 또 교육되려면 온상溫床이 절대 필요하고, 그러기 위한 현실방편은 구차스럽고 타국他國의 예로 보면 기괴스럽지만 외국사학·사회생활과에서 분리하는 길 뿐이었다. 사실 국사연구의 지원, 국사교과의 정상운영은 정상적인 국가에선 그 정부의 근본책무根本責務이다. 하물며 우리의 역사현실에선 더 이를 나위가 없는 바였다. 국사교과를 정상화 한다는 것과 국가권력이 이를 정치적으로 이용한다는 것은 차원이 다른 사안이다.

제 3차 교육과정(1975~1981)은 학문중심의 교육과정, 탐구학습의 강조로 장식되었고 이를 부르너의 지식구조론 도입으로 설명하면서 한편으로 소위 국적國籍있는 교육을 추구하는 데 두어졌다. 국사 교과와 함께 국민윤리, 정치·경제 과목이 국정필수화國定必須化되었다. 국사는 여러 계열의민족주의가 중첩하고 교차하는 여건에서 제자리를 찾게 되었다. 일제강점 후 70여년, 해방후 30년만이었다. 이 단계를 거치면서 국사교과는 그 동안 분단현실상 숱한 곤란을 짊어진 채 각고 속에 이루어 온 국사학계의 여러 성과를 풍부하게 흡수하여, 내용과 체제에서 엄청난 진전을 할 수 있었다. 타율他律, 정체停滯, 고난, 외침, 분열 일변도로 점철된 국사교과서는, 여러 점에서 미흡하지만, 정통·정체正體·발전·개혁을 축으로 체계성을 갖추어 나갔다. 국사는 교과서로서나 내용으로서나 비로소 역사다운 면모를 띠워가면서 첫걸음을 내딛기 시작한 것이다.

그러나 국사교과의 독립과 시수時數의 증대에 대한 비난이 여러 부면 여러 집단에서 작열灼熱하였다. 우선 인문·사회·자연계의 각 대학 학과 및 그 소속 교수나 관련 학회에서부터 직접 간접으로 적극 소극으로 그러하였다. 외국의 학문 및 문화의 수입·보급의 거점으로서 보편성=구미歐美, 민족=파시즘 정도로 인식하는 정서와 사고에서 국사의 정상화는 이해할 수가 없는 사태였다. 오직 정파적 소산, 정권적 활용이라고 낙인찍을 뿐이었다. 물론 여기에는 각 학계와 직접 연관된 각종 교과의 이해관계가 거세게 작동하였다. 심지어는 역사학계 곧 동·서양사 측에서 조차 국사교과의 독립이 동·서양사의 영역 내지 세계사 교과의 중요성을 약화시켰다는 힐난을 국사학계 및 국사교육계에 집중 투하하였다. 이러한 일부 지식층의 국사에 대한 비난과 부정은, 유신정부에 대한 반발감과 한데 묶여, 갈수록 고조되었다. 국사교과의 정상화와 정치집단에 대한 자신의 거부감·배척심을 엄중히 구분하고 막 걸음을 걷기 시작한 국사의 앞길을 지원하는 세력은 매우 적었다. 일제강점·해방 후의 분단 속에서 체질

화된 몰정체의 교육과 사상은 선동·비난·논쟁뿐의 정신상태를 정착시
킨 것이다.

  국사교과의 정상화는 겨우 궤도에 올랐으나 그 풍토는 열악하였다. 정
부의 관심이 없어지고 그 지원이 중단될 때 즉시 저러한 정신구조의 정치
세력 및 식자층에 의해 와해될 위험을 안고 있는 것이었다. 유신정부의
몰락이 시작될 때 국사교과는 다시 험로를 걸어야 할 운명이었다. 유신체
제의 4공화국이 몰락하고 5공화국으로 이어지는 시기 이미 국사의 독립이
나 그 필수가 부당不當하다는 발언이 보도매체 안팎에서 부각되고, 제 6공
화국의 5차 교육과정(1988~1994)에서 국제화 시대의 자유 민주주의의 기
반 구축이란 기치 아래에 건강인·자주인·창조인·도덕인 등 4개 조목의
'이상적인 인간상'의 수립이 제시되면서 였다. 그리고 그 구체형식은 광복
이래 전가傳家의 보도寶刀처럼 쓰는 사회과 통합안의 재등장이었다. 다만 광
복회光復會, 재야국사학자在野國史學者, 국사학계國史學界에서 격렬히 반발하고 미
국 사회생활과의 본체와 한국 사회과 통합론의 허구虛構가 지적되면서 중
학교는 사회로 편입하고 고등학교는 그대로 현상 유지시키는 선에서 종결
되었다. 그러나 정치권력이 다시 변동하면 이마저 훼손될 운명이었고 실
제 사태도 그렇게 진전되었다.

  제 7공화국(1993.2~1998.2) 세칭 문민정부文民政府가 들어서 개시되어 이
른 바 국민정부國民政府, 참여정부參與政府를 거쳐 현 정부에 이르기까지 끊임
없이 되풀이되는 '국제화·세계화' 속의 '교육개혁'이란 표방 속에 고도의
경쟁사회의 촉구와 교육평준화의 우상偶像이 교차·충돌하는 가운데 강행
하는 입시·평가방법 및 교과안배의 조정 및 이를 통한 득점계단화의 교
육정책은, 국사교과를 신속히 그리고 완전히 사회과로 환원시켰다. 사회·
지리교사가 역사를 교수하는 이상한 사태가 사회생활과라는 이름으로 호
도됨은 물론이었다. 일부 일선 교사의 양식 있는 호소·우려의 여론은 공

허하였다. 국사 및 국사교과는 이야기거리로 간주되고 그 본래의 의의와 가치를 다시 사상捨象한 것이다. 문화의 계통과 발전, 나라의 흥망과 민인 대중의 정서를 일관된 발전논리로 체계를 잡아 그 원리와 특징을 익혀 조국과 조상에 대한 애정, 외국에 대한 진정한 이해를 갖게 할 교육을 부정한 것이다 교육개혁의 속성과 장차 시행될 7차교육과정의 본색은 여기에 있다.

교육주도집단 및 사회과의 나머지 교과 이해관련 학자나 교육자는 국사교과의 사회과 통합에 반대하는 의견을 과목이기주의라고 봉박封駁하고 있다. 그러나 이러한 개편이야말로 개혁을 빙자하여 정부 또는 권세를 이용하여 나라교육의 폐허화를 시도하는 작업이다. 이로써 이득을 얻는 층은 소수이며 따로 있다. 이런 것이야말로 바로 이기주의이다. 이들은 외국의 교육제도를 들어 그 정당성을 말하나 한말·일제하의 개화파나 해방직후 교육주도세력처럼 극소수 특정국가에 한정된 더욱이 그들 나라의 교육운영의 근본정신과 원리와의 관계는 무시·외면한 채 자신들의 구상계획에 적합한 부분만 따로 떼어 과장誇張하고 있을 뿐이다. 이미 폐단이 속출하는 일본식 '공통사회'가 그 실례이다. 중등교육에서 영어·수학·국어를 위시한 모든 교과에서 암기식 주입식 교수학습이 기본방법의 하나임에도 유독 국사에 관해서만 암기과목, 주입식 과목이라는 표찰을 붙여서 국사교과의 정상화를 매도하고 있는 것도 마찬가지 사정이다. 세계 각국의 교육에서 자국自國의 어문·역사는 진실로 숙지熟知교과로서 초·중등의 단계·단계에서 되풀이 하여 교습시키고 있는 것과는 정반대에 있는 것이다.

1980년대 후반 이후 현재까지 지속하여 오는 국사교과의 오랜 무시와 천대 추세는 이와 같이 그 배경이 크고 연원이 깊다. 일제강점기에 육성되고 분단 후 더욱 심해져온 생활편의주의식 효용론이 개발지상의 통치·경제와 결부되어 사회의 전 부면 구성원 전체를 휩쓸면서 자존_{自尊}·염치_{廉恥}·정체_{正體}의 존립기반을 해체시켜온 데 있다. 사회주도층 속에선 세계자본주의 속에서 한국의 생_生·사_死냐, 남북의 전_戰·화_和냐 라는 식의 양자택일 위기론으로 세인_{世人}의 심정_{心情}과 이목_{耳目}을 불안_{不安}·혼란_{混亂}시키면서 반목하고, 사회의 온갖 비리_{非理} 및 인간의 패륜을 산업화_{産業化} 혹은 양극화_{兩極化}에 따른 불가피한 추세라고 일언_{一言}으로 덮어버림으로써 수습능력과 조정감각을 폐기하고 있다. 이러한 지식층의 편의주의 편파주의식 사고와 체질이 우리의 근현대로 정착하고 있는 한, 그리고 외국 각종 교육관련설을 이론으로서 원용_{援用}하고 일방 강제하면서 이러한 이해관계의 관철을 시도하여오고 있는 한, 국사교과의 독립성 부정과 사회과로 통합·축소는 당연한 귀결이 아닐 수 없다. 우리 교육의 병폐를 유교의 전통에서 오는 숭문주의_{崇文主義}나 학부모의 이기심_{利己心}에 있다고 간단히 밀어 붙이고 기능만능 혹은 평균절대의 교육개발만 펼치는 것도 이런 선상에선 필연스러운 양상이다. 영어조기_{英語早期} 혹은 인성제일_{人性第一} 교육도 한가지이다.

국민의 전통과 나라의 내력에 대한 정당한 이해와 여기서 체득하는 애정의 함양과 그 가치의 소중성을 교육에서 진작시키는 일은 극히 불편하고 차질도 커지는 사회, 우리는 근현대화가 되면 될수록 이러한 가치관이 만연하고 이러한 성향의 세력이 전횡함으로써 우리의 교육은 타국_{他國}과는 정반대의 길로 더욱 더 멀리 나가는 것이다. 지금까지 교육주도층이 교육에서 중시하여 온 것은 오직 평가방식_{學力評價方式} 뿐이다. 모든 교과가 이 범주에서 설정되고 운영되고 있다. 각종 정치집단이 세계화·정보화 혹은 균등화·획일화가 만드는 허상_{虛像} 앞에 국민교육=학교교육을 세워놓고 이를 커다란 이론이나 획기적인 개혁으로 선전하는 세태에선 인재양성이나 국민육성은 애초 기대할 수 없다. 그나마 그간 국사교과의 위치를 지켜주던 기층사회의 민족적 정서와 대중적 정조가 고갈되고, 이를 배경으로 사회여론화 하여오던 인사는 세월의 흐름과 더불어 소멸·쇠잔해 있다. 우리 사회는 국사교과의 추락墜落과 그 암울한 전도前途를 방비하고 전환할 기력이 없는 것이다. 국사교과의 침몰에 대한 각종 보도매체報道媒體의 냉담과 학계 전반 특히 소위 동東·서양사학계西洋史學界의 영역확보행위는 더욱 암담한 사태이다.

　우리는 자기 역사를 명분名分을 세워 가르치지 않는 지구상의 유일唯一한 국가, 무이無二한 나라·민족이 된 지 오래이다. 수년째 시행되는 대학수학능력고사修學能力考査에서 국사 및 세계사 교과를 소위 통합사회형의 출제로 강제하거나 아예 잡다한 과목과 함께 선택교과로 치지하고 있음은 우리를 이러한 처지로 만들어 가는 결정적인 정책이다. 사회생활과 속에서 하는 그리고 저러한 시험 방식 속에서 이루어지는 역사의 교수와 그 평가는 역사가 아니며 역사교육歷史敎育도 아니다. 중등학교·대학교 및 국민·시민 일반에 대한 역사교육은 역사를 가르쳐서 역사성을 갖추어 정치·경제·사회·학문·문화·군사·산업을 제대로 담당할 그러한 품격·자질을 갖출 소양 즉 자람점을 육성하는 것이다. 역사상의 소재를 사회생활의 기준 혹은 교과로서 불안정한 상태로 제쳐놓고 이런 속에 선택하고 그 기준에 맞추어 교수하고 학습하는 것은 우리를 자아인식 비판능력을 봉쇄하고 현실에 매몰시킴으로써 현 한국인의 자주성, 창조성, 도덕성을 근절시켜 세계世界에 가장 뒷전에 있게 하는 것이다. 최근 대학입시에서 국사교과를 선택으로 만들고 세칭 한국사 능력시험이란 것으로 이 빈탕을 메운다고 자부하는 모양은 우리는 고사하고 세계 만방의 웃음거리이다.

6 • 결어

미래未來와 이상理想은 과거過去를 존중·반추하는 데 있지 현재現在에 몰두하는 데 있는 것이 아니다. 우리나라에서 국사 및 국사교과는 근현대 어느 시기에도 정당한 위치에 있은 적이 없고 근자에는 한층 더하여 처참한 지경에 있다. 그 정황은 이미 교과시간수의 다과多寡여하나 독립여부獨立如否를 떠나 이제는 이로써 상징되는 처지와 그 배경현실이 근원문제가 되고 있다. 세계화 속에서 생활만능 아니면 이념지상을 세계성 혹은 일반성으로 정의하고 스스로를 함몰시키고 있는 가운데, 한국교육은 그 근본문제를 방치한 채 외국의 사례나 학설을 빗대어 인성·적성·평가·능력 개발 등만을 그것도 위의 기능에 부합하는 선상에서 편제되어 왔으며 이에 대한 문제지적 조차 수용되지 않았다. 지식층의 입지 그 정신과 자세가 정치·경제의 현실에 매몰되어 비판능력이 결여되어 있는 까닭이다.

조선말·일제강점기, 해방후 50년 근 1세기간 우리의 경우는 주도세력인 자산층資産層 및 지식층知識層·정치층政治層 그리고 민인층民人層 사회구성원 전체의 정체의식正體意識·자존의식自尊意識의 부재不在로 근현대화=개발지상이 진전할수록 민족·정체·전통의 자아自我는 더욱더 파괴되고 홀대되어 왔으며 반면에 세계·보편·선진의 추종만 되풀이하여 왔다. 국사교과의 부침, 그 왜소화와 홀대, 그리고 사회생활과 선택교과로 해소획책은 이런 추세의 단적인 대표적인 예이다. 사태의 진인眞因은 우리 근현대사회의 주도세력이 근현대화의 허상虛像을 추종하면서 이를 우리의 실상實像으로 간주하여 오는 데 있다.

우리의 국사교과가 다른 나라의 경우처럼 제위치를 찾을 때, 곧 민인일반이 문화국민의 자존自存을 견지할 수 있게 될 때 우리의 진정한 현대사회는 성립할 수 있다. 교육체제도 이에 이르러서야 기능주의 실용만능 일변도에서 벗어날 수 있다. 그리고 세계사에 대한 교육도 여기서 비로소 정상화될 수 있다. 그러나 이러한 것이 시간이 지나면 자연히 내도來到하는 것이 아님은 물론이다. 그것은 최소한 나라의 정부당국과 정치화한 각종 교육주도세력이 하나같이 그 기본자세에서 일대 혁신을 꾀하지 않으면 전망조차 할 수 없는 지난至難한 난국難局이되 과제이다.

《사회과학교육》제 1집 (1997. 4), 2012. 수정

역사교재 찬술撰述에서 용어用語 선정의 문제

1 • 서언

역사기술에서 사용하는 어휘나 문구는 종종 표현의 타당성, 개념의 적절성, 함의含意의 충분성에서 불합리 내지 부적절함이 지목되고, 이로 인하여 때로는 사실의 왜곡 진실의 은폐라는 비난이 일고 심하면 요란스런 논쟁과 공박으로 이어지기도 한다. 중등학교 교과서 같은 교재教材의 편찬에 당면하여선 더욱 심하다. 논쟁이나 공박은 주로 사건·인물에 대한 의미의 부여나 해석과 관련하여 그 역사성의 묘사에 직결된 어휘·문구에서 발생한다. 계기는 주로 과거의 사실을 현실의 특정 학계, 종교계, 정치계 내지 군사, 시민 등 각급 사회단체 및 위세집단이 혹은 외세外勢가 자신의 이익·가치에서 정리하는 관점을 역사의 해석 바로 그것으로 간주하고 나아가선 이를 관철하도록 직접 간접으로 요구하는 데서 말미암는다.

역사학 연구를 위시하여 역사서술 그리고 교육용 교재편찬에서 이러한 논쟁이나 논의는 동서고금에 통상 있는 현상이지만 우리의 경우는 이러한 수준을 넘어 문제가 제법 심각하다. 그 양상은 우선 대부분 역사이해 내지 그 인식을 심도있게 하는 데보다는 표현하는 문자文字·문구文句에 구애되고, 둘째 이 문자로서의 용어로써 해당 역사사실의 가치價値·선악善惡을 모두 담지하려 하며, 셋째 이로 인하여 용어 자체와 그 용어의 의미가 절대 사실로 극대화되고 이것이 실제 역사상인양 고정시키고, 넷째 그리하여 때때로 현재의 여러 정치·사회세력 특히 집단조직 권위단체의 이해와 일치 혹은 충돌하며는 대립이 커지고 나아가선 국론國論마저 소용돌이치기도 한다.

사정이 이러한 데는 여러 이유가 있지만 전체로 그리고 구조로 보면 근현대 우리의 역사연구가 갖는 내력상의 특징과 도달수준, 작업경향에서 유래한다. 그러므로 문제의 소재와 실상을 이해하려면, 첫째 역사연구에서 용어가 갖는 기능 일반 및 그 원리와 이와 관련한 우리나라 국사의 처지를 가늠하고, 둘째 근현대 한국 역사학의 역사적 특징과 이와 결부되어 정해지는 용어선정의 경향성을 추구하고, 셋째 국사상의 몇 가지 사례를 통해 용어선정시의 문제 및 허실虛實을 점검하되, 이 모두를 우리 역사 전체 속에서 살필 필요가 있다. 여기서 국사·동서양사를 아우르는 역사의 교육적 측면, 교재구성의 지침도 설정할 수 있다.

2 • 역사용어의 음미吟味와 국사의 처지

역사가 역사로서 체계성을 갖춘 것이 역사학이다. 역사로서의 체계는

외면상 연구방법研究方法과 편찬기술編纂記述 두 과정으로 구성된다. 이 과정
은 진행상에서는 자료資料를 수집하고 고증하여 사료史料로서 정돈하고 이
를 종합 정리하는 작업이며, 절차상으론 하나이면서 통일 혹은 별개로 그
리고 동시에 혹은 시간의 선후를 두며 수행된다. 아울러 이 과정에는 사
료비판론, 지리환경론, 발전단계론 등의 역사이론이나 역사법칙의 일반원
리, 역사의 개별성과 보편성, 인간성의 이해, 역사인식의 주관성과 객관성
과 같은 역사이해에 관한 사유형태思惟形態와 그 절차가 융합되어 동반한다.

　역사학에서 연구와 찬술은 과정은 두 개이면서 행위는 하나이며 실제
는 별개의 부면으로 행하여지는 것이다. 대부분의 역사가는 이 모두를 함
께 다루고 있고 그런 속에서 뛰어난 역사편술을 산출하지만, 어느 한 부
면만 전문으로 하는 이들도 적지 않다. 어느 경우가 정통이냐 하는 것은
본질적 사항이 아니다. 이 두 측면 두 과정이 하나의 행위인 것은 역사학
이 역사적 문제를 시간성 공간성과 개별성 보편성에서 파악하는 데서 필
연하는 것이다. 이는 역사학의 본질임과 동시에 역사서술의 본체이다. 역
사와 역사학이 이러한 내용, 성격, 형식을 가지고 있기 때문에 역사서술에
서 어떠한 용어用語를 사용하는가는 늘 조심스럽고 궁리가 깊어야 할 부문
이다.

　역사학에서 역사용어의 선정이 직접 관계되는 부분은 종합·정리하는
국면이다. 역사연구에서 종합과 정리는 자료를 음미하고 소화하는 절차
로서 그 실제는 기술記述과 해석解釋을 통해 이루어진다. 역사는 이 단계에
서 역사로서 형체形體를 갖추고 상像을 결성한다. 역사의 기술과 역사의 해
석은 역사학의 두 기둥이다. 역사의 기술은 일반적으로 말하면 기왕에 일
어난 허다하고 복잡하고 다기한 사실과 그 사실에 시공時空의 진전과 변동
에 짝하여 지금에까지 전하여 오면서 축적된 사실의 상像=인식을 묶어 일
관되게 기록하는 것이며, 역사의 해석은 서술하는 역사가 변동·발전하여

전개하는 궤도와 그 의의 및 소재를 밝히고 전망하는 것이다. 역사에서 기술과 해석이 단계나 공간을 달리하지 않음은 물론이다.

역사서술은 이러한 역사기술과 역사해석이 융합된 상태에서 이루어진다. 역사의 기술은 사건·사실을 관련 자료를 정리하여 얻은 내용을 사실史實로 하여 설화식 설명식으로 묘사하게 되며, 역사의 해석은 이러한 가운데서 역사의 발전방향과 문화역량 그리고 의의를 밝히고 부여한다. 그러므로 사용하는 낱말·어휘의 선정은 자료에 의해 뒷받침되지만 여기에는 탁월한 사식史識과 대상화한 주관, 치밀하고 엄격한 고증과 비판, 광대한 사유 등에 의해 자료 그 자체가 아니라 반드시 문장에 의해 표현된다. 이 표현의 추진력은 사상이다.

그러므로 역사서술의 작업은 형태상 낱말과 어휘로써 시작하고 끝난다. 작업과정에선 때로는 추상스럽고 개념있는 술어術語도 자주 원용援用된다. 각종 인문·사회·자연과학 측의 용어는 물론이고 문학·철학·예술상의 용어 그리고 일상어 등이 두루 동원된다. 역사학은 고유의 정의나 개념을 갖춘 용어를 갖지 않는다. 역사학 외에 구체적인 인간의 사건을 연구하는 학문, 곧 경제학 사회학 법률학 정치학 그리고 인간의 사유와 그 진眞·선善·미美를 탐구하는 철학·미학·음악 등도 역사적인 것을 대상으로는 삼는다. 그러나 역사성에 근거하여 취급하지 않고 유형화類型化 모형화模型化하여 해석하는 까닭에 여기에는 그때 그때 여러 가설 및 개념을 조작操作한 독자의 용어가 있어야 한다. 그러므로 이들 계열에서 취급하는 대상 및 작업하는 원칙·방식은 본질상 비역사적이다.

역사학은 사료비판과 서술·해석을 통해서만 성립하고 여기서 역사는 바야흐로 역사로서 나타난다. 역사의 기술은 역사의 해석을 동반하므로써 비로소 맥脈이 있는 기록이 된다.

1 대륙의 원기元氣는 동으로 바다에 달려 백두산에 치솟았고, 북으로 요동뜰을 열었으며, 남으로 한반도를 이루었다. 한국은 당요唐堯시대에 나라를 세워 인문人文이 일찍 열렸고, 그 백성은 윤리가 돈독하여 천하가 군자의 나라로 칭했으니, 역사는 면면히 이어 4천3백여 년이다. 아! 우리의 옛 문화가 극동의 세 섬에 파급되어 저들의 음식·의복·궁실이 우리에게서 나오고 종교와 학술이 우리에게서 나왔다. 까닭에 저들은 일찍이 우리를 스승으로 섬겨 왔는데 이제는 우리를 노예로 삼는가

이는 백암白巖 박은식朴殷植, 1859~1925의 『한국통사韓國痛史』 첫마디 글[緖言]의 머리부문이다. 박은식은 이 몇줄의 문구文句로써 우리의 역사를 공간과 시간에서 간결하고 명쾌하게 집약하면서 아울러 장엄莊儼과 비통悲痛을 한꺼번에 절감切感시킨다. 역사서술은 자료를 근거로 하고 사상思想을 기초로 삼아 문장文章을 도구로 하여 완성된다는 점을 깍듯이 보여 준다.

역사의 해석과 상관이 깊은 것은 역사가의 사상이다. 역사해석은 역사가의 비판과 판단요컨대 관점에서 나오는 것인데, 이 관점은 해박한 역사적 지식과 함께 풍성한 사상 이 둘의 결정체이다. 이 관점은 일반 사상과는 거리가 있다. 비판과 판단으로서의 사상적 관점이므로 가치판단과 도덕비판을 동반한다. 그러므로 고귀함과 지향성에서 빛나지만 그만큼 자칫 사물을 곡해할 위험성과 편견을 유발할 속성을 지니고 있다. 역사 해석에서 이 곡해와 편견을 최소화시키고 간섭시키지 않겠다고 하여 비판과 판단을 피할 수는 없다. 이것은 역사서술에서는 불가능하다. 곡해와 편견의 위험성을 단속하는 길은 용기를 갖고 평명平明한 처지에서 이 판단과 비판의 필요성과 불가피성을 인정하는 것뿐이다. 즉 지공지고至公至高한 규준의 도덕성을 승인하는 방도이다. 한 예로 『삼국사기三國史記』(1145) 진삼국사표進三國史表의

 임금과 왕후의 선악善惡, 신하의 충사忠邪, 나라사업의 안위安危, 인민의 이난理亂을 모두 드러내어… 우리의 역사가 해와 달처럼 밝게 빛나게 해야 할 것

이라는 표현처럼, 어느 시대에나 역사가는 역사에 대한 판단과 비판을 신념화한 자세가 갖추어져 있어야 한다. 그리고 이것을 역사가의 진정한 임무의 하나로 삼아야 한다.

이러한 자세에서만이 역사의 해석은 비로소 의의와 가치를 발휘할 수 있다. 선善·충忠·안安·리理는 옛과 지금을 막론하고 영원히 선·충·안·리이고 악·사·위·난은 영구히 악, 사, 위, 난惡·邪·危·亂이다. 이는 불변이다. 역사의 기술과 해석은 이점에서 우뚝 솟는다. 변하는 가운데서 불변하는 것을 견지하여야 그 역사서술 그 역사서는 그리하여 그 판단·사상·가치는 비로소 인류문명의 참다운 진전과 방향, 인간만사 존재의 진실과 지향을 가늠하고 설정할 수 있게 한다. 그것이 바로 진·선·미이며 지혜이다. 그리하여 옛부터 위대한 역사서술은 이러한 판단과 비판을 공정한 기준에서 수행할 힘 재才·학學·식識의 삼장三長 곧 사재史才, 사학史學, 사식思識을 잘 구비한 데서 이루어 질 수 있다고 하였다. 여기서 역사는 학문=과학이면서 예술이 된다.

역사의 학문성과 예술성으로 인하여, 역사는 문장으로 이루어지되 그 문장은 역사문장으로서 특징을 갖는다. 역사서술은 사실事實에 의해 진실眞實을 고귀하게 여기는 심성때문에 이에 따라 그 단어單語, 술어述語, 술어術語를 적절한 어휘로 선정하는 일이 큰 비중을 차지하는 까닭이다. 역사서술에서 적절한 용어의 선정은, 전문 역사연구에서도 반드시 필요하지만, 통사通史 내지 개설형概說型 교재의 편술에서는 매우 큰 무게를 갖는다. 이러한 류의 역사서는 내력이 간결하고 깊이있게 정돈되고 내용은 단정하고

공정하게 정리되어야 하고, 그런 속에서 뜻이 달통達通하여 의미가 분명하고 일관되어 있어야 한다. 용어선정의 중요성은 거의 절대적이다. 적절한 용어는 좋은 역사를 서술하는 데 반드시 필요한 공구工具이다.

내력이 간결하고 내용이 공정하게 정돈되어야 한다는 것은, 실재實齋 장학성章學誠, 1738~1801이 명확히 지적하였듯이, 그 서술이 조심스럽게 근본하는 바가 있어야 하며 공허한 데서 꾸며내지 않아야 하고 화려하고 재치를 위주로 하지 않는다고 한 정의와 같다. 장章은 『장씨유서章氏遺書』14, 방지략方志略에서 이 점을 역사가歷史家와 문사文士를 대비하는 가운데 이렇게 표현하였다.

> 3 문사文士가 글을 짓는 데는 오직 스스로가 나타나지 않을까 두려워 하지만, 역사가歷史家의 글은 오직 자기가 여기에 나타날까 두려워 한다.… 역사가는 기술하되 만들지 않는다. 만약 역사의 글이 자기에게서 나온다면 이는 무징無徵이고 무징無徵하면 뒤에 믿어지지 않는다.… (문사는) 오직 다른 사람이 그 근본하는 바를 알까 두려워 하지만 (역사가는) 오직 다른 사람이 그가 근거한 바를 모를까 두려워 한다.

역사서술은 그 뜻이 달통하여야 한다는 것은, 사건을 그 내력에서 기술하는 데서 필연하는 바로서, 역사가의 논지가 그로써 드러나도록 하여야 한다는 의미이다. 정림亭林 고염무顧炎武, 1613~1682는 『일지록日知錄』19, 문장번간文章繁簡에서

> 4 '사주호달辭主乎達' 즉 말은 쓰고자하는 뜻을 도달시키는 것을 주로 하는 것이지 그 번잡함이나 간략함을 논하지 않는다.

고 하였다. 역사서술에서는 당시의 문체文體를 그대로 본딸 수만도 없고 지금의 어휘를 곧 바로 채용할 수만도 없다. 역사가는 이미 있는 문사文辭를 녹여서 새로 만드는 임무가 있으며 그렇게 하여야만 그 많고 복잡한 자료의 표현이 소통하고, 유치하고 번거로운 곳이 산삭刪削되어 정화淨化한 형태로 전화한다.

내력과 달통은 역사를 서술할 때 용어선정과 문장편성의 전제요건이다. 영·정·순조대의 학자이고 저명한 필가筆家 원교圓嶠 이광사李匡士의 아들 연려실燃藜室 이긍익李肯翊, 1736~1806이『연려실기술練藜室記述』을 편찬할 때 그 의례義例의 대체를 말하여

> **5** 매 각조各條밑에 인용서책의 이름을 적었고 말이 번용繁宂한 곳은 산삭刪削한 데가 비록 많지만 감히 내 의견을 더하여 논평하지 않았다. 삼가 기술하되 짓지 않는다述而不作는 의리에 따른 것이다. 동서분당東西分黨이후 이편 저편 기록에 헐뜯고 칭찬한 것이 서로 반대되어 있는데 편찬하는 이들이 한편에 치우친 이가 많다. 나는 모두 사실 그대로 수록하여 뒷날 보는 이들이 각기 옳고 그름을 정하기를 기다린다.

라고 하고 있는데, 다름 아니라 이러한 점을 지적한 것이다. 역사기술에서 내력과 달통과 정화에 극히 유의하였음을 간결히 밝힌다.

역사의 문장·용어가 이러한 특징을 가져야 하므로 그 표현은 순연하고 진정하여야 한다. 곧 우아함이다. 희화스럽거나 경박하고 조악한 유행어나 비속어 혹은 고발과 폭로로 가득찬 문장이어서는 아니되는 것이다. 조용하고 겸손하고 평온스러워야 한다. 과거사를 역사로서 서술함은 마치 바느질과 같다. 꼼꼼히 차분하게 그리고 또박또박 정확하게 한뜸한뜸 용어를 선정하고 배열하여야 한다. 품위있고 맵시있게 지은 바지(치마) 저

고리, 이부자리는 마름질하고 꿰맨 곳이 보이지 않는데 가려 있듯이 역사는 이렇게 상서롭고 고귀한 기품이 문장의 이면과 자구의 행간에 넘쳐 흘러야 뛰어난 서술이라고 하겠다. '천의무봉天衣無縫'한 서술은 역사서술의 이상이다. 미사美辭·화어華語를 창조하고 그 재조才操를 드러내고자 하는 것이 아니다.

역사서술의 문장은 다른 학문과 달라서 따로 분석한 흔적이 드러나지 않는다. 술어術語는 가급적 피하고 주로 일상어를 사용한다. 설명방식 역시 일상생활에서 상용하는 것 그대로 이다. 그러나 이렇게 하여 이루어지는 서술 자체는 상식적 차원을 넘어서야 하고 실제 그러하다. 일상용어를 사용하고 일상생활의 방식처럼 수행하지만, 일단 역사 속에서는 그 용어는 언외言外의 의미 그리고 강한 암시력暗示力을 투사하는 까닭이다.

역사의 문장과 용어가 순연하고 진정한 데서 역사의 고귀高貴함이 발휘되어 인생·자연의 장중莊重이 드러난다. 역사의 고귀함은 역사학의 진·선·미에서 오고 이는 일차 역사의 문장·어휘와 더불어 앞서 말한 역사가의 판단과 관점 그리고 사상과 연계된다. 역사서술에서 이 고귀성은 판단·관점과 함께 역사성이 함유된 역사적 기질이다. 이른 바 사덕史德으로서 재才·학學·식識과 함께 갖추어야 하는 것이다. 그러므로 우리나라나 중국 등 동양 제국의 문명이 오랜 나라는 역사의 포폄褒貶으로써 인류문화에 커다란 공헌을 하였다. 그 요소는 관용寬容·인자仁慈·평온平溫·겸손謙遜·수치羞恥 등이고 이로써 충일하여 있다. 이것은 절대규준이다.

이런 점에서 우주宇宙간의 정기正氣로 충만한 행위, 예컨대 자기를 버리고 다른 이를 위하는 의거義擧, 살신성인殺身成仁의 깨끗한 절개, 청렴결백한 지조志操, 산림山林과 의리義理를 즐기는 풍류風流는 영원히 남겨야 하고, 용서할 수 없는 폭행暴行 즉 침략·도살·압박·교만·방자·유린 등은 의당 영구히 견책하여야 한다는 주장은 옳다. 역사서술 역사학이 갖고 있는 직무의 하나는 인류역사의 문명화에 있는데, 그 여부如否는 진·선·미의 절대규준과 도덕률의 표준이 유지되는가에 달렸다. 그러므로 무모한 침략과 까닭없는 압박, 패륜과 강포, 방자와 모함은 끝까지 경멸하고 통책하여야 하며 충렬忠烈, 효제孝悌, 지조志操·저항抵抗·호연浩然은 언제나 드러내 찬양하여야 한다. 이는 현실의 패권霸權·지배支配·권력權力이 윤리적으로까지 우월성을 갖고자 스스로를 선악의 인과보응因果報應으로 정당화하고 신명神命처럼 주장하는 곡아曲阿 및 도색塗色과는 전혀 다르다.

성호星湖 이익李翼, 1681~1763은

> 6 상시常時 역사를 읽을 때 매번 의문나는 것은 선善한 것은 지나치게 선하고 악한 것은 지나치게 악하다는 것이다. 당시에는 반드시 그렇지는 않았을 것이다. 역사의 저작이 비록 징악권선懲惡勸善의 지극한 뜻에 인연하는 것이나 오늘날 사람들은 평지상平地上에서 간과하여 말하기를 선한 이는 진실로 저래야 하지만 악한 사람은 어찌 이 정도로 악할까 한다. 기실 선한 것 가운데에도 악이 있고 악한 것 가운데도 선이 있는 것이어서 당시 사람들도 실로 시비를 가리지 못하였기 때문에 거취去取를 잘못하여 죄를 얻는 사람이 있는 것이다.

라고 하였다. 선악善惡·시비是非의 분간에서 있게 되는 곡아曲阿·윤색潤色과 암우暗愚를 비판하고 경계한 것이고, 그 진실은 어디까지나 진·선·미의 인간성 즉 보편원리로의 교정과 지향에 있음을 강조한 바이다. 이익은 자세가 이러하여 화이관華夷觀의 허구성과 침략성을 당당히 논평하고, 중국측 사서史書가 남북조시대 위魏의 효문제孝文帝가 비한족非漢族이면서 유학儒學을 장려한 사실을 무시하고 요遼·금金·원元 등의 예악禮樂을 소홀히 취급하는 태도를 비판할 수 있었다.

역사서술에서 문장은 어떻게 짓고 용어는 어떤 것을 쓰는가 하는 점이 갖는 의의 및 소중성은 이상과 같다. 우리나라는 이 점에서 엄중하고 매서웠고 이것이 역사학의 소중한 전통으로 내려오고 있다. 몇 해 전부터 회자膾炙된 일본의 《새 역사교과서歷史敎科書》를 위시한 여러 종의 역사 교과서가 우리역사 관련 기술을 필두로 원시사회에서 현재에 이르기까지 대목 대목 편파와 곡아로 들어찼다고 우리나라는 물론 중국 및 동남아시아 제 국가에서 극렬한 지탄을 받고 있다. 일본 국내에서조차 비난이 크다. 역사서술에서 문장과 용어가 갖는 사상성의 표출을 파악하고 이에 따른 역사의 처지여하를 이해하는 데 이는 매우 적당한 사례이다.

역사서술의 문장·용어와 직결된 역사적 비판 및 판단 즉 그 사상에서 볼 때 일본 역사교과서의 기술은 출발부터 그렇게 될 수밖에 없다. 예컨대 이 역사 교과서(『새 역사교과서歷史敎科書』, 2001)의 서장序章 '역사에 초대'에 실린 '역사를 배운다는 것은'에 편술자들이 피력한 역사에 관한 관점에서 확연하게 드러난다.

7 역사를 배우는 것은 과거의 사실을 아는 것이라고 생각하고 있는 사람이 아마도 많을 것이다. 그러나 반드시 그렇지는 않다. 역사를 배우는 것은 과거의 사실에 대해 과거의 사람들이 어떻게 생각하고 있었는가를 배우는 것이다.…

…역사를 배우는 것은 지금 시대의 기준에서 보아 과거의 부정不正과 불공평不公平을 재판裁判하거나 고발告發하는 것과 같은 것은 아니라, 과거의 각각의 시대에는 각각의 시대에 특유한 선악善惡이 있고 특유의 행복幸福이 있었다.

8 역사를 배운다는 것은, 과거의 사실을 안다는 것은 반드시는 아니라

고 말했지만, 과거의 사실을 엄밀히 그리하여 정확히 안다는 것은 가능하지 않기 때문이기도 하다.… 민족에 따라 시대에 따라 사고방식과 감지방식이 각각 완전히 다르기 때문에, 이것이 사실이라고 간단하게 하나의 사실을 또렷이 그려내는 것은 어렵다고 하는 것을 알게 될 것이다.…

역사를 고정적으로 움직이지 않는 것처럼 생각하는 것을 그만두자. 역사에 선악善惡을 들이대고, 현재의 도덕으로 판결하는 재판의 장場으로 하는 것도 그만두자. 역사를 자유로운, 구속되지 않는 눈으로 바라보고, 수많은 견해를 겹쳐서, 곰곰이 사실을 확인하도록 하자.

이에 의하면, 역사를 배우는 것 따라서 기술하는 것은 과거 사람들의 생각 자체를 알기 위함이고, 시대마다 특유의 선악·행복이 있음을 파악하기 위함이다. 역사 속에서 선악·행복을 상대성 주관성으로 대치시킴으로써 일본 민인대중의 주체성이나 이웃나라의 독자성과 여기서 제기되는 역사적 비판은 역사에 선악을 들이대고 현재의 도덕으로 판결하는 재판마당쯤으로 간주된다. 그리고 이런 비판은 역사를 자유롭고 구속되지 않는 눈으로 바라보고, 수많은 견해를 겹쳐서 곰곰이 사실을 확인하는, 즉 자의와 편의에서는 당연히 근거없는 비난이 된다. 아예 무시되는 것이다. 결국 현실 일본의 구미에 맞는 역사해석만을 할 수밖에 없는 것이다. 편술자의 사유와 그 감성에는 우리가 앞에서 살펴온 역사서술에서 문장과 용어선정, 이와 관련하여 있는 진·선·미의 고귀성, 그에 입각한 불변의 가치판단과 도덕비판, 그리고 문명진보의 역할로서의 희망과 노력이 모두가 갖추어져 있지 않다. 곧 인간공유人間共有의 인류공동人類共同의 역사사상 자체가 결여되어 있다.

실제 이러한 기술태도는 전체에 일관되고 있다. 한 사례만 들어도 본색을 알 수 있다. 위의 교과서 제 4장 근대 일본의 건설, 3 입헌국가의 출발,

(50) 일청전쟁과 중화질서의 붕괴의 첫 항목 '조선반도와 일본의 안전보장'의 서두 문장과 어휘이다. 인용문 말단 괄호 속의 구절句節은 검인정 신청단계에는 있었던 것을 검정 후 생략한 대목이다. 본 인용문은 이외에도 검정 후 다소간의 표현조정이 있다.

> 9 동아시아의 지도를 보자. 일본은 유라시아 대륙에서 조금 떨어져, 바다에 떠있는 섬나라이다. 이 일본을 향하여 대륙에서 하나의 팔뚝과 같이 조선반도가 튀어나와 있다. 당시 조선반도가 일본에 적대적인 大國의 지배하에 들어가면 일본을 공격하는 절호의 기지基地가 되고, 배후지背後地를 갖지 못한 섬나라 일본은 자국의 방위가 곤란하게 된다.(이 의미에서 조선반도는 일본에 끊임없이 들이대어져 있는 흉기凶器가 되기 쉬운 위치관계에 있었다.)

역사의 포폄褒貶이 갖는 영원한 의미를 편술자들은 자국의 역사경험상 체득하지 못한 이상 우리나라가 고조선, 진국 등 상고기의 국가형성이래, 삼국, 통일신라·발해, 고려, 조선, 대한제국, 일제강점 그리고 광복 분단후 지금에 이르기까지 저 유구한 시간과 공간에서 우리에 대해서는 줄곧 노략과 분탕, 침략과 유린만을 자행한 것이 세계사로서 일본사의 부면임을 깨달을 수가 없는 것이고, 동양에 대해 구미歐美와 함께 제국주의 침탈을 자행한 것을 내심 일본사의 선善·복福으로 간주할 수밖에 없는 것이다. 우리나라는 저들에게 들이민 팔뚝이고 흉기일 뿐인 것이다. 인식이 이러한 까닭에 순연純然과 진정眞正을 이해할 수 없고 따라서 세계문화·인류문명에 주체적 도덕적 기여를 바랄 수 없음이 안타깝다.

고금古今에 동서東西로 허다한 역사서술에서 정도의 차이는 있지만 항상 용어에 유념하고 고심하여 왔다. 그리고 사용 어휘 및 용어선정에 관한

다소간의 이의와 이견은 늘 부수되어 반복되어 왔으며 때로는 이런 정도를 넘어서서 한 나라 안에서 혹은 나라와 나라 사이에 소란한 논란이 일고 격렬한 공박을 야기하기도 하였다. 근현대로 올수록 그리고 근현대사에서 특히 그렇다. 우리나라에서도 그리고 국사를 둘러싸고 그런 사태가 종종 발생한다.

우리 역사의 연구 및 개관에서 사용어휘의 적절 여부를 둘러싼 논의는 항시 있는 바이고 학계에서는 학문적으로 토의되는 데 그친다. 그러나 중등학교용 교과서 등 주로 교재와 결부되면 용어 자체가 그것이 표현하는 사건·인물의 시비是非·당부當否·선악善惡·진위眞僞·예훼譽毁의 판별로 이어져 큰 물의를 일으키는 것이 상습이다. 보도매체에 의해 여론이 조성되고 정부가 나서고 교육계가 소요하며 학계가 정치계에 불려나가 분란이 일어나기도 한다. 그만큼 사안은 민감하고 문제는 심각하다. 학계와 교육계는 주로 교과과정 개편때마다 그에 임하여 수행하는 국사교육 내용전개에 관한 준거안=시안작성과 이를 놓고 국사교육심의회에서 이루어지는 심의, 그리고 정비된 준거안이 공포되었을 때 의사개진과정에서 문구와 용어를 가지고 논란이 야기된다. 논란이 격심하여 물의가 크게 빚어지면, 정부나 국회가 이에 간여하게 되고 그리되면 논란의 확대와 여론의 비등은 엄청나서 수다한 사회세력이 집단으로 분요紛擾하고 봉기蜂起한다. 우리 역사에 관련한 외국의 역사편술에 나타나는 문구·용어문제는 정부 및 국가간에 정치·외교상으로 크고 작은 파문을 일으키고 국민적 민족적 역사적 대결 양상으로 번지는 경우가 흔하다. 중국과는 이제 본격 문제가 표면화되는 단계에 들어가있고, 일본과는 오래 전부터 사태가 극악하다. 일본의 자국사 및 세계사 교과서에서 기술하는 우리 관련 역사서술은 일제 강점기는 아예 차치하고서 해방 후 지금까지 계속 저들의 교과서 개편때마다 소란을 빚어오고 있는 것이다.

이와같이 우리 역사서술을 둘러싸고 일어나는 안팎의 논의와 소동은, 여러 방면에서 기인起因하고 그것이 현실의 이해상관에서 이리저리 얽혀 발생하지만, 역사학과 역사를 중추로 하여 살피면 한국 역사학의 수준이 우리역사 연구 및 서술을 양질量質에서 그 진전방향을 좌우하고 조정할 수 있을 만큼 뿌리와 줄기가 깊고 단단하지 못한 데도 있다. 그러나 물론 근본은 상대 당사국의 역사서술 내지 그 인식 및 자세가 역사의 진실을 정면에서 직시할 포폄적褒貶的 역사경험이 없는 가운데서 이루어지고 있는 데에 기인하고, 아울러 우리의 정치·사회·사상 속에 이러한 사실을 엄중히 지적할 의지와 깨닫게 할 자세가 결여되어 있는 데서 연유한다. 이제 이러한 선상에서 우리나라 역사의 서술에서 용어문제가 야기되는 사정을 살피려면 현 한국 역사학의 특징과 한계 그리고 그 일환의 하나로 나타나는 용어선정의 경향을 이해할 필요가 있다.

3 • 한국역사학과 용어선정의 경향

역사용어의 선정은 서술자가 갖고 있는 역사에 관한 인식의 깊이 및 폭과 자세, 연구방법의 규모와 세련, 자연과 인생에 대한 이해와 가치, 그리고 이런 것이 자리잡고 있는 사유, 정서, 학식, 심리 등 인성과 불가분의 관계에 있다. 이러한 성향과 관계는 역사서술의 일반원칙—般原則과 밀접되어 있다. 역사서술의 일반원칙이란 역사는 서술 당시의 시대조건 속에서 과거에 발생한 사건이나 인물의 행위를 구체·독자에서 파악하는 것으로 그 요체는 사건 및 행위가 시간과 공간에서 일회—回로 우발偶發로 개별個別로 전개하면서도 서로 얽혀온 잡다하고 중첩되는 파란만장한 경로를 특징 있게 묘사한다는 점, 그러면서 한 나라의 역사 나아가선 세계의 역사 인류의 역사 속에서 상관시켜서 혹은 그 일환으로 인식한다는 점에 있다. 한 사건, 한 인물, 한 나라 한 거레의 역사는 그 특수·개별을 통해 보편· 일반으로 이해할 때 체계와 면모를 구비하게 되고 학적 형태를 갖추는데, 여기서 앞에서도 말하였듯이 역사해석이 자연히 동반된다. 역사의 일반법 칙이고 일반화인 것이다.

그러므로 역사용어의 선정, 역사문장의 형태는 당대성과 함께 역사성 을 가진다. 가령 역사는 예나 지금이나 자연과 인간, 인간과 인간 사이에 일어나는 제 관계 및 그의 전개·발전·변화임에서는 항상 공통이고 불변 이다. 그러나 이러한 점을 인간과 천天·지地를 함께 일체一體로 인식하고 그 생활관계를 자연과의 일치一致 속에서 파악하면서 그 행적과 진행이 천의天意·신이神異의 발현임을 주축으로 하여 인식하고 기술하는 것은 고대식古代式 서술이다. 『고기古記』에 전한다는 고조선古朝鮮의 개국설화開國說話

10 옛날 하늘에는 환인桓因이 있고 그 아들 서자庶子·환웅桓雄이 있었다. 그들은 늘 천하天下에 뜻을 두고 인간 세상을 구하고자 하였다. 아버지가 그 뜻을 알고 밑으로 삼위三危·태백太伯을 내려보니 인간을 홍익弘益할만하 다고 여겨 천부인天符印 3개를 주어 보내어 그 곳을 다스리게 하였다.… 환 웅이 잠시 사람으로 변하여 그녀(웅녀熊女)와 혼인하여 아들을 낳았다. 단 군왕검檀君王儉이라고 불렀다. 당요唐堯가 즉위한 지 50년 경인庚寅에 평양성 平壤城에 도읍하고 조선朝鮮이라 칭하기 시작하였다.

그리고 구舊『삼국사三國史』의 고구려 본기에 전한다는 북부여北扶餘·동부 여東扶餘의 존재와 개국설화

11 부여왕 해부루解夫婁는 늙으마적까지 아들이 없어 산천山川에 제사지

내고 후사를 빌었다. 타고 있던 말이 곤연鯤淵에 이르러 큰 돌을 보고 눈
물을 흘렸다.… 돌을 굴려보니 어린 아이가 있었는데 금빛 개구리 모양이
었다. 왕이 '이는 하늘이 나에게 훌륭한 아들을 내림이로다'하고 거두어
길렀다. 이름을 금와金蛙라 하고 태자太子로 삼았다. 왕의 정승 아란불阿蘭
弗이 요사이 하늘에서 저에게 이르시기를 '장차 내 자손으로 하여금 여기
에 나라를 세울까 하니 너희들은 여기를 피하라. 동해東海가에 땅이 있는
데 가섭원迦葉原이라 이르는 곳이다. 토지가 농사짓기에 알맞아 도읍할 만
하니라'하시더라고 아뢰고는 왕에게 권하여 도읍을 옮기고 동부여東扶餘라
이름지었다. 그 옛 도읍터에는 해모수解慕漱가 천제天帝의 아들로서 와 도
읍을 정하였다.

등에서 짐작되는 원상原相이 바로 그런 예이다.

이들 설화가 발현하고 있는 역사적 원상은 신이神異를 역사 속으로 가져
와 그 속에 융합시켜 역사화시켜 놓고 있는 형태이다. 신화가 신화로 독립
되어 있는 단계를 지나 넘어선 것이다. 아마 역사서술의 원형原形 자체가
애초부터 이러한 구성과 문장이었을 것이다. '천제지자天帝之子'의 하강下降으
로 개국開國의 시초를 시작하고 천제天帝의 의지, 일월日月의 조짐을 매개로
인간계와 자연계 곧 사회관계와 자연현실을 혼융시키면서 위대한 권위적
權威的 통치력을 설정함을 주축하고 있는 이러한 기술記述은 우리나라 고대
국가 형성·발달기에 있은 인간에 의한 인간지배를 천의성天意性으로써 그
불가항력의 노예제적 관계 및 그에 입각한 문명화의 전개를 유감없이 시
사하고 있다. 고구려 영양왕嬰陽王 11년(600) 태학박사太學博士 이문진李文眞이
편찬한 '신집新集' 5권의 저본底本으로서 국초에 있었던 '유기留記' 100권은 이
런 바탕에서 정리된 고사古史였을 것이다.

고대식 서술의 단계를 넘어서면 같은 공통 불변의 내용을 인仁·의義·예

禮·지智·신信을 통한 도리道理〔天道〕의 실현으로 정리하고 나아가서는 이를 명분으로 고정하여 인간생활과 그 진행을 우주·자연·인생을 관통하고 주재하는 하나의 원리=힘 자체와 그리고 그로써 운영되는 질서 속에서 파악하고 감계鑑戒·귀감龜鑑을 목표로 하는 기술로 전환한다. 중세식中世式 서술이다. 삼국시기 고구려 장수왕長壽王 2년(414)에 건립한 광개토왕비문廣開土王碑文의 첫머리에서 추모왕鄒牟王=朱蒙의 고구려 창업創業을 중심으로 광개토왕 17세손世孫에 이르기까지의 내력을 미사여구美辭麗句의 수식修飾없이 간결하게 사실적으로 기술하고, 그 가운데서 추모왕이 승천昇天하면서 세자世子였던 유리왕儒理王에게 '이도흥치以道興治'할 것을 고명顧命하였다 하여 덕德을 칭송하고 있는 것, 신라 진흥왕眞興王 6년(545) 국사수찬國史修撰 때 이찬伊湌 이사부伊斯夫가 역사를 '임금과 신하의 선악善惡을 기록하여 만대萬代에 포폄褒貶을 보인다' 한 것, 고려시기 김부식金富軾, 1075~1151의 『삼국사기三國史記』진삼국사표進三國史表에서 '선악善惡·충사忠邪·안위安危·이란理亂을 통해 역사를 해와 별처럼 밝게 드러나게 한다'는 것, 특히 이규보李圭報, 1168~1241가 동명왕편東明王篇에서 밝히고 있는 동명왕東明王=朱蒙의 신이사神異事에 대한 인식, 즉

12 세상에서 동명왕東明王의 신이神異한 일이 이야기되고 있는데, 비록 배운 것 없는 미천한 남녀들까지도 제법 그에 관한 일들을 이야기 할 수 있을 정도이다. 내가 일찍이 이 이야기를 듣고는 웃으며 '선사先師 공자님은 괴력난신怪力亂神을 말씀하지 아니하셨는데 이 동명왕 설화는 실로 황당하고 기궤奇詭하니 우리가 논의할 바 아니다'라고 말한 적이 있었다.

13 그후 …계축癸丑, 1193년 4월에 구삼국사舊三國史를 얻어서 동명왕東明王 본기本紀를 보니 그 신이한 사적事迹이 세상에서 이야기하고 있던 것 보다 더 자세하였다. 그러나 역시 처음에는 그를 믿지 못하였으니 귀환鬼幻스럽다

고 생각하였기 때문이다. 여러 번 탐독음미耽讀吟味하여 차차 근원을 찾아가니 이는 환幻이 아니고 성聖이며 귀鬼가 아니고 신神이었다. 하물며 국사國史는 직필直筆하는 책이니 어찌 망전妄傳하겠는가

함에서 이미 신이神異도 그 근원·정신을 찾아서 주체를 성인聖人으로 파악함으로써 유교의 인본人本과 실제實際에 조화를 갖는, 그리하여 기궤奇詭가 아니라 인간의 고귀성과 역사의 단계성에서 이치理致로 파악하고 있는 데 이르고 있는 것,

그리고 조선초기 『고려사高麗史』와 『고려사절요高麗史節要』가 각기 진전문進箋文에서

14 듣건대 새 도끼자루를 다듬을 때는 헌 도끼자루를 표준으로 삼으며 뒷 수레는 앞 수레의 넘어지는 것을 보고 자기의 교훈을 삼는다고 합니다. 대개 지난 시기의 흥망이 장래의 권계勸戒가 되므로 …이것으로서 역사의 밝은 거울을 후대 사람에게 보이며 선악의 사실을 영원히 전하도록 하겠습니다.

라고 하고,

15 고려 …475년간에 걸친 32왕의 사적이 포괄되어 빠진 것이 없이 자세하고 간략하게 모두 기록되어 사가史家의 체재體裁가 비로소 대강 갖추어진 듯 합니다. …착함을 권장하고 악함을 징계함에 있어서 정치하는 데 조금이라도 도움이 될 수 있을 것입니다.

고 하는 것 역시 어느 경우나 도리에 근거하고 선악善惡의 권징勸懲과 감계

鑑戒를 역사서술의 주축으로 삼고 있다.

　고대·중세식 서술과 달리 사회현상을 자연현상에서 분리시키고 역사적 사실의 인과관계를 사회현상 속에서 변증적 발전적으로 파악하면서 자유와 평등의 이해대립, 생산방식의 전환 등 관계關係로서 정리하는 것은 근현대식近現代式 서술이다. 단재丹齋 신채호申采浩, 1880~1936가 『조선상고사朝鮮上古史』, 총론總論, 1948(1926년 완성, 1931년 조선일보 연재, 1948년 안재홍安在鴻의 서문과 함께 출간)에서

> 16　역사란 무엇이뇨? 인류사회의 「아我와 비아非我」의 투쟁이 시간부터 발전하여 공간부터 확대하는 심적心的 활동의 상태의 기록이니, 세계사世界史라 하면 세계인류世界人類의 그리되어 온 상태의 기록이니라 …무릇 …주관적 위치에 선자를 「아我」라 하고 그외에는 「비아非我」라 하나니 …그리하여 아에 대한 비아의 접촉이 번극煩劇할수록 비아에 대한 아의 분투가 더욱 맹렬하여 인류사회의 활동이 휴식될 사이가 없으며 역사의 전도가 완결될 날이 없나니, 그러므로 역사는 아와 비아의 투쟁의 기록이니라

라고 설파한 역사론, 동암東岩 백남운白南雲, 1894~1979이 『조선사회경제사朝鮮社會經濟史』 서序, 1933에서

> 17　조선사 연구는 곧 과거의 역사적 사회적 발전의 변동과정을 구체적 현실적으로 究明함과 동시에 그 실천적 동향을 이론화하는 것을 임무로 해야 할 것이다. 그러기 위해서는 …그 민족생활의 계급적 제관계 및 사회체제의 역사적 변동을 구체적으로 분석하고 나아가 그 법칙성을 일반적으로 추상화함으로써만 가능하다. 그것은 결국 전 인류사의 한 부문으로서, 세계사적 규모에서 현대 자본주의의 이식발전과정을 본질적으로

파악할 수 있게 함과 동시에 그것이 지구상의 사회평원으로 나아가는 진
로를 제시할 것이다.

라고 한 조선사의 연구론은 이러한 점에 입각한 역사서술의 기조를 천명
한 것이다.

　이와 같은 우리나라 역사서술의 발달과정은 단계적으로 역사발전의 일
반성 법칙성을 구현하고 있다. 그리고 고대식·중세식 역사서술이 그 보편
법칙을 각각 신이성神異性, 도리성道理性에서 파악하고 이를 절대성絶對性으로
설정하고, 근현대식 역사서술은 보편법칙을 관계성關係性 객관성客觀性으로
이해하되 상대성相對性으로 파악하는 차이는 있으나 보편과 일반에 입각
한 서술임은 공통이다. 아울러 이 사실 역시 문명이 구원久遠한 국가나 민
족의 역사서술에서는 공통임을 확인하게 된다. 신이적 역사, 도리적 역사,
과학적 관계적 역사는 시대에 따라 제각기 격리되고 단절되어 있는 것이
아니고 앞의 것이 뒤의 것을 배태 성장시키고 아울러 그 속에 연속 중첩
하면서 시대가 갈수록 역사이해와 역사서술의 문화는 풍성하여진다. 그
리하여 신이神異, 도리道理, 관계關係는 상호 모순되는 것이 아니라 서로 병존,
보완, 융합하면서 각각 역사 즉 문화에 샘물처럼 무한한 연속성과 창조성
곧 생명성을 제공하는 것이다.

　우리의 역사는 이러한 역사 및 역사서술의 단계적 진전을 거치는 가운
데 사건·인물·제도·생산·사상·예술 등을 통해 우리 민족의 전통과 발
전력 및 선악善惡·미추美醜·성정性情이 나타나며, 이러한 특징 개성은 중국·
몽고·일본 나아가선 인도·아랍·러시아·구미 등 세계 각국의 역사와 연
계하여 인식함으로써 세계사로서의 보편성과 일반성 또한 발견된다. 이러
한 역사가 바로 한 국사학자가 일찍이 제창하고 평생 천착하여 간 '고증적
考證的 기반 위에서 세계사世界史의 발전發展이라고 하는 일반성의 배려配慮 위

에서 한국사의 특수성을 살리는 그러한 한국사관 그리고 한민족의 풍토색風土色이 물씬 풍겨오는 그러한 한국사관이 이루어진' 역사이다. 우리의 정취情趣가 흠뻑 풍기면서도 발전發展의 논리가 관철되고 있는 그러한 서술의 국사인 것이다.

정취는 구체·개별로서의 사실성이고 발전논리는 일반성의 의미이고 그 해석이다. 이 양자의 조화는 역사서술의 커다란 원칙이고 균형이다. 이러한 기준에서 볼 때 우리 역사의 서술은 근자에 연구의 양으로 보면 두드러지게 발달하였지만 전반 수준은 여전히 미흡하다. 용어문제의 논란이 비등하는 소지素地도 여기에 큰 원인이 있다. 이러한 점은 우리나라 근현대식 역사서술이 현재도 지니고 있는 특징이면서 한계이다. 요인은 구한말舊韓末·일제강점기日帝强占期 이후 우리역사의 서술추이에서 찾을 수 있다. 주지하듯이 우리의 역사는 중세해체의 단계에서 발전방향과 그 역량·형태가 제국주의帝國主義와 충돌하고 그 압박하에서 심히 왜곡되고 파탄나면서 근현대사회를 조성하고 꾸려왔다. 역사학도 물론 이러하였다.

우리나라 사학사史學史에서, 이제는 진부하고 유치해진 사실이지만, 일제日帝 관학파官學派 역사가들의 일본화 식민주의 침략사관에 의해 주도된 우리 역사 연구와 서술은 타율성 정체성 당파성 반도성으로 일관하였다. 제국주의는—실제 모든 침략행위는— 자신의 침략행위 일체를 문명·문화의 보급으로 위장하고 이것을 개방開放이라 하며 이웃 선진국으로서의 도리나 유일신唯一神이 부여한 사명으로 선전하여 보편적 일반적인 것으로 절대화하고, 반면에 침탈과 강점의 대상은 이를 무조건 수용해야 할 타율·정체로서의 특수성으로 관계를 설정함을 본질로 하고 있다. 그리하여 강자와 약자, 침략자와 방어자의 관계를 시혜자施惠者와 수혜자受惠者로 상대화시키고 이를 문명과 미개, 부국과 빈국, 대국과 소국으로 위계화하며 인식상으로는 선악善惡·정사正邪·우열優劣로 대조시키면서, 이 모두를 전체로써 근현대식 사유의 기반이며 전제로 미화하여 조작하였다. 정체와 특수의 이름 하에 그리고 개방의 구호하에 강점자의 침략은 정당화되고 피강점자의 자조自嘲는 합리화되었다. 역사서술도 이러한 선상에 선 것이 신식新式의 역사이고 진사眞史로 자리 잡아갔다.

역사의 연구방법이 문헌고증이 대해大海를 이루는 속에서 신이神異, 도리道理의 전통 역사학이나 이에 입각하여 발전한 정통正統의 과학적 역사학은 일체 배격되면서 우리 역사는 세계사의 보편성을 완전 결여한 특수의 역사로 주조되었다. 이것은 광복 이후도 우리의 역사연구와 서술에 무거운 유산이 되었고 지금도 영향이 크다. 문헌고증식의 연구방법이나 서술편찬은 우리역사의 특징이나 문화 그리고 정취를 폭넓고 발전원리를 갖추도록 정리할 수 없었다. 우리의 오랜 역사서술 및 편찬의 전통 위에서 새롭게 형성되고 마련된 연구방법이 아니고 인식자세도 아닌 까닭이다. 문헌고증식 역사연구는 정체와 타율로 점철點綴시킨 자료정리 수준의 연구가 고작이고 일반성 보편성의 관철은 일제의 강점과 이로써 추진되던 통치정책, 수탈경제, 군수기지화 등 저들의 식민정책으로 달성된다는 인식이 전부였다. 이 기저에는 물론 문명화는 식민지로써 달성되고 공업화 자본주의화는 식민경제로써 수행될 수밖에 없다는 사고가 놓여 있다. 우리의 역사와 문화 전체는 고물古物이 되고 이것을 이끌어 오던 민족과 그 생활원리는 폐물廢物로 되었다. 우리의 정체正體와 실체實體는 없었다. 우리는, 박은식이 절치부심切齒腐心하며 자신을 '무치생無恥生', '태백광노太白狂奴'라고 별호하였듯이, '망국노亡國奴' 나라를 침탈 당하면서 염치도 체신도 넋도 얼도 모두 빼앗기고 없는 처지, 말 그대로 노예奴隸였다.

이러한 인식은 한국인들로서는 일제 정책에 동조하거나 이를 현실로 승인하고 있는 이들은 물론이고, 주관으로는 이에 반대하나 근대주의의 허상虛像에 현혹되어 있는 이들에게서는 모두 마찬가지였다. 뿐만 아니라 사회과학의 이론으로서 세계사의 보편성을 생각하고 제국주의의 독단과 침략에 대결하던 이들도 막상 우리 역사에 관한 연구는 정체성 타율성을 전제로 하고 이를 '과학적科學的'으로 구명함을 중심과제로 삼고 장래를 위한 실천 방략도 여기서 모색하였다. 다만 극소수이나 우리 전통傳統 역사학의 기반위에서 근현대의 역사학을 수립시켜 우리 역사의 개별성과 함께 그 보편성을 연속성 및 발전성 속에서 추구하는 계열이 있어 후에 커다란 길잡이가 되지만 당시에는 주축이 될 수 없었다.

일제강점기 우리는 우리 역사 그리하여 우리의 역사 개설서의 마련이 철저히 금지되었다. 연구에서조차 우리 역사는 일반성과 보편성, 세계사의 발전과정에 대한 배려가 결여되고 정체와 타율의 특수로서만 규정되고 그리하여 '특수사정特殊事情'으로서 취급되는 가운데 그 전통과 정서, 민족의 발전경로는 홀대되고 관심밖에 놓였다. 배격되고 지탄받음이 일반이고 공식이었다. 그렇지 않으면 특수로서 정체로서 유일唯一 내지 고유固有의 것으로 치지되었다. 양극단에서 이리저리 줏대없이 취급되는 것이었다. 이러한 정황에서 선정되는 역사용어나 작성되는 역사문장이 반듯할 리 없었다. 우리역사의 실체가 불투명하고 정감을 상실한 서술에서 그 용어는 체념과 굴종의 특수, 정情과 한恨 등의 개별로서만 강조하는 어휘로 채워졌다.

광복을 맞고서야 우리 역사를 우리의 안목과 방법으로 추구하고 보편성과 일반성을 배려하는 분위기가 다시 소생하였다. 역사연구의 주체가 우리에게 넘어오면서 그리고 우리에 의한 역사서술이 비로소 가능해지면서 일제의 문헌고증식 역사연구를 탈태脫胎하고 그 관학파의 역사관을 불식하여야 한다는 당위와 맞물려 부상하는 사태였다. 이 새로운 형세를 담당한 주력主力은 일제강점하에서나마 정통 역사학의 연구자세와 사회경제사의 방법을 통해 내적內的 계기적繼起的 발전의 원리와 구성을 추구하여 온 전통이었다. 그러나 우리 역사, 우리의 역사학은 이에 의해 만개滿開되지는 않았다. 급속히 미국·소련 및 서구의 역사학설 및 제 사회과학의 이론이 편파적으로 유행하고 일방적으로 확산되었고 이 과정에서 정통 역사학과는 별도의 계열이 형성되고 그 세는 커져갔다. 양자는 입지와 뿌리가 달랐다. 그러므로 미·소 점령의 장기화, 통일논의와 운동, 6·25 전쟁, 분단 고착, 남북대극對極 등을 거치면서 해방이 가져온 국면의 전환, 여건의 변화는 우리 역사나 문화에 대한 인식태도나 서술자세를 당당하고 체계있게 바꾸는 기회가 되지 못하였다. 분단이 고착되면서 점차 사회전반에서는 후자측의 기술제휴식의 발상과 사상의 분위기가 개발지상의 정치·경제주의=근대화와 융합되어 근대의 실체 및 그 의미는 또 다시 간과된 채 온 학계를 물들이면서, 우리의 전통과 역사 그리하여 우리의 당면 현실에 대한 운위云謂는 말할 나위도 없고 그것의 개별·구체를 통해 발전원리 속에서 체계있게 이해하고자 하는 연구나 주장마저 쇼비니즘식의 맹신盲信이나 무조건의 미화美化로 폄훼貶毁하는 풍조가 성행하고 급속히 노골화하였다. 이러는 가운데 이른 바 '民族史觀'이 나오기도 하였다. 그리고 작금昨今에는 다시 불평등不平等·비합리非合理를 평등·합리라고 일방적으로 강제하는 소위 민주화民主化·균등화均等化 및 세계화世界化의 소란·선동이 뒤섞여 그 역풍逆風으로 '과거사 청산', '지역사 발상' 등이 반목을 동반하여 갔다.

 우리역사의 이해를 양과 질에서 고양하는 연구와 격조 높은 서술은 약진할 수 없었다. 식민동화, 근대화, 세계화로 들뜬 사회에서 일반성과 보편성의 추구는 구미·일본의 사회과학 인문과학의 학설이나 그 용어 그대로 국사상의 사건, 인물의 행위 및 사상을 이해하거나 대입하는 성향의 작업이 의식 무의식으로 퍼졌다. 개별·구체 및 그 정서의 탐구는 소홀히 한 채 특정 용어나 가설로 정의하거나 유형화하면 우리 역사의 발전과정이 체계화되고 과학스러운 논리로 해석된다는 사고방식이라고 지목하여도 변명할 여지가 없는 형세였다.

해방 30년이 지난 때, 한 국사학자는 우리의 역사학과 국사교육이 도달한 수준을 가늠하는 가운데서 '오늘날 국사의 연구방향이라든지 국사인식체계가 확립되었다고는 볼 수 없다'고 한 것, 그리고 이는 '한국학계 자체내에서 각 학풍學風의 업적이 그 다음의 새로운 학풍을 낳고 또 학풍의 전환을 보면서 어제까지의 연구토대가 계승되는 것이 아니라, 새로운 학풍은 모두가 외국의 영향에 의해서 이루어진다는 식민지시대植民地時代의 경향을 아직도 청산하지 못하였다.'하여 현실의 소치로 개탄하였다. 이러한 사정은 지금에 와서는 청산은 커녕 더욱 엄청난 기세로 불어나 있다. 세계사의 보편성 즉 인류생활의 역사적 일반성이 역사의 구체성 개별성을 통해 관철되는 참다운 국사서술은, 문헌고증식 역사학의 유산이 낳은 의미없고 내용이 빈약한 역사상을 식민성의 근현대 피상皮象에서 가져온 용어로 표현하고 설명하는 한, 결코 달성될 리 없는 것이다.

이러한 사세事勢와 수준에서 결국 우리역사의 서술은 역사사실과 사건에 대해 표면상의 해석이나 의미부여만이 강조되는 쪽으로 기울고 이러한 선상에서 어휘나 술어가 선정되는 경향을 노정露呈한다. 그리고 이 경사傾斜가 심할수록 해당 어휘를 통해 나타나는 역사사건의 상像은 우리역사의 계통系統과 정서情緖에서 갈수록 멀어진다. 역사의 진실성眞實性에서 솟아나는 호소력이 없는 까닭이다. 우리는 몇몇 사례에서 이러한 문제와 그 실상을 살필 수 있다.

4 • 사례로 본 용어논의의 허실

역사학에서는 특정 사건의 호칭을 당시 또는 종래 사용하던 용어로 쓰는 것이 상례이며, 혹은 그것을 연구하여 그 실제와 의의, 성격을 파악하여 이로써 내용을 기술하고 때로는 새로운 명칭을 붙이기도 한다. 그 내용이나 명칭은 연구자나 서술자에 따라 다를 수 있고 학계에서는 이견의 개진이나 토의는 자유로운 게 일반이다. 그러나 학계를 벗어나 교과서 등 교재편술 같은 특정사안에 이르면 자칫 문제가 되고 큰 소란이 일어난다. 앞에서 본 국사서술의 특징과 한계가 상징하듯이 그 만큼 우리사회는 이를 감당할 기반이 약화되어 있고 지침이 될 전통은 몰각되어 시속時俗의 추향이나 속설 그리고 처지의 차이에서 오는 이해대립에 노골露骨하다.

　이와 같은 사정은 몇몇 사례를 통해서도 살필 수 있다. 우선 '국사國史'라는 표현 및 표기를 둘러싼 논란이 그 하나이다. 이 논의는 흔히 우리 역사를 호칭하여 국사라고 하고 특히 중등학교 교과목 및 교과서의 명칭을〈국사〉라고 명명하고 있는 것이 부적당하다는 주장에서 제기되고 특히 근자에는 이른 바 세계화의 명색에 추수하는 측에서 더욱 강하게 일고 있다. 논의의 핵심은 우리나라 역사를 '국사'라고 부르면 객관성이 없으니 '한국사韓國史'로 표기하여야 한다는 것이다. 논거와 이유는 여러 가지가 거론되지만 크게 세네가지 점으로 정리할 수 있다. 첫째 '국사'과목이 1973년 10월 이른 바 유신정권維新政權때 국적있는 교육을 표방하면서 종래 사회과社會科에서 분리하여 독립교과화 함으로써 탄생한 것으로 민족주의적 가락이 매우 강하고 따라서 가치중립적 명칭이 아니라는 것, 둘째, 일제 강점기의 유물 곧 패전전敗戰前 일본에서 일본사를 천황중심天皇中心의 국체유지國體維持와 충군애국忠君愛國을 국민에게 세뇌시키는 도구로 사용하였던 명칭인데다, 명칭에 정작 민족체를 나타내는 '한국'이 빠짐으로서 개념적 모호성이 있다는 것, 셋째 더구나 외국어=영미어英美語에 이에 해당하는 표현이 없어 세계성이 없으며 따라서 민족주의적(실제는 유아적唯我的의 의미)이라는 것, 넷째, 근대에 들어와 서구의 모방, 서구와 대립 속에서 민족사학이 탄생시킨 개념이라는 것 등이다.

이러한 논의는 역사적으로나 정서적으로나 근거가 없고 내력도 없어 허점虛點 투성이다. '국사'라는 과목이나 교과서 명칭은 조선말 신식학제를 시행할 때 이미 사용하여 온 것이다. 그러므로 오히려 미군정하의 사회생활과社會生活科 강행과 6·25전쟁 후 미국식 사회과 교육에 빙자하는 교육세력에 의해 역사가 사회과로 흡입된 후 수다한 문제가 야기되는 속에서도 교과서 명칭은 여전히 국사라고 하였다. 외국의 정상적인 자국사自國史 교육 및 연구와는 달리, 해방을 맞고도 우리의 국사는 교육과 연구, 관심에서 지지부진하던 터에, 4·19 의거義擧와 5·16 정변政變을 겪고 자기 전통과 내력에 대한 체계적 인식의 요구가 퍼져나오면서 이 위에서 1967년 국사학자들에 의해 역사학계에 비로소 국사 전문 연구 학회로서 한국사연구회韓國史硏究會가 발족하고, 1968년엔 정부가 국사교육의 정상화를 위한 개선사업을 주도하여 독립교과로 하고, 1969년에 서울대학교 문리과文理科 대학大學 내의 사학과史學科가 국사연구의 부진을 떨치고 세계 역사 연구의 수준 향상도 도모하고자 국사학과 및 동·서양사학과의 3과로 분리·확대되면서야 겨우 제 걸음을 찾았다.

'국사'는 이른 바 민족사학에 의한 탄생, 민족주의의 허상虛像, 특정 정치권력의 이해관계로 인한 창조물創造物이라고 한마디로 척결할 것이 아니다. 1973년 소위 유신선포 후 독립교과가 된 것이 아니다. 유신정권 붕괴이후 1991년 제 6차 교육과정에서 국사는 사회과로 다시 침몰되고 교과서 명칭으로만 남은 것이야말로 우리 역사를 정치권력의 향배向背에서만 그 존재의의를 다룬데서 연유한다. 더욱이 '국사'라는 어휘와 호칭 자체가 일제강점기 일제가 명치유신明治維新이후 자국사를 지칭하던 데서 모방하여 온 것은 더욱 아니다.

국사라는 호칭행위는 국수적國粹的 곧 우리나라다운 특징과 정서에서 그런 것이고, 속언俗言에서 이르는 맹신적 쇼비니즘의 유아성唯我性의 발로(소위 '민족주의'라고 지목하는 것)가 아니다. 자고自古로 우리는 나라의 역사라는 뜻에서 그리하여 외국과 구분되는 전통과 내력을 가지고 집권적集權的 통일국가와 사회를 이루어 왔고 이루고 있다는 의미에서 스스로 '국사國史'라는 어휘를 일찍부터 써왔다. 중국에서 한 왕조나 한 제후국의 역사 혹은 한 나라의 대대로 내려온 역사라는 의미로 사용한 사례도 있고 일본에서도 '근세近世' 이후 사용한 경우가 있으나 우리에 비길 바가 아니었다. 현전現傳하는 기록만으로도 이미 삼국시기 신라에서 진흥왕眞興王 6년(545) 이찬伊湌 이사부異斯夫가 널리 문사文士를 모아 역사를 편찬할 것을 건의할 때 그 중요성을 말하면서 '국사國史라는 것은 임금과 신하의 선악善惡을 기록하여 만대萬代에 포폄褒貶을 보이는 것'이라 하여 국사라는 호칭을 자연스럽게 쓰고 있다. 당시 신라에서 수찬한 국사의 책명冊名이 무엇인지는 알 수 없다. 일찍이 이웃 고구려에는 『유기留記』100권이 있었고, 백제는 근초고왕近肖古王때(재위 346~375)에 『서기書記』가 있었다. 고려시기에는 『삼국사기三國史記』, 구舊『삼국사三國史』를 지칭하여 그저 국사國史라고도 하였으며, 사국史局에 소장한 사고史藁와 실록實錄 또한 국사라고 불렀고, 고려 후기에 이제현李齊賢이 백문보白文宝・이달충李達忠과 함께 태조太祖이하의 기년紀年을 만든 동기를 '전란으로 인하여 국사國史가 불비不備한 것을 유감으로 여겼다.'고 기록하였으며, 이 사실을 다른 곳에서는 이제현이 '자택에서 국사를 편찬하였다.'고 기술하였다.

'국사'는 정사正史로서 나라의 역사라는 뜻으로 고조선古朝鮮에서 고려에 이르는 시기 그리고 조선을 거쳐 일제 강점기 이전까지 우리 역사를 지칭하는 보통명사로 사용하여왔다. 때때로 구체적인 서명書名을 『동국통감東國通鑑』, 『동사강목東史綱目』, 『해동역사海東歷史』, 『동국사략東國史略』, 『대한역사大韓歷史』등으로 표기하기도 하지만 이 모두는 통칭通稱하여 국사이다. 그러므로 19세기 후반 국교확대國交擴大後 한말韓末에 이르기까지 학교교과로서 '역사'교과를 설치하면서 그 명칭을 통상 '국사'라고 하였음은 이런 전통의 소산이고 계승이었다. 오히려 일제 강점기에 와서는 국사는 일본사였고 우리 국사는 조선사朝鮮史라 하였다가 이마저 곧 교과목과 교과서가 폐지되었음은 익힌 사실이다. 그리고 광복후 신국가를 건설하면서 비로소 다시 우리 역사에 '국사國史'라는 명칭을 찾아서 명실상부하게 사용하게 된다. '국사'는 고대·중세·근현대를 거치면서 이 용어가 포괄하고 상징하는 내용과 의미는 변동하고 그만큼 깊어지고 확대되었다. 왕조王朝의 역사를 포괄하여 국민國民의 역사로서 완전 진전한 것이다. 역사의 객관성, 세계사적 인식이 우리 역사, 국사라고 하면 사라지고, 한국사라고 하면 확연하여지는 것은 아니다.

　조금만 역사사실로서 생각하여도, '한국사'라는 호칭은 사실관계·역사인식 양면에서 몇 가지 중대한 근본결함이 있다. 첫째, 상고기에서 현재까지 우리 역사·문화의 지역분포·범위가 현재 '한국'에 국한되는 점, 둘째, 아울러 그만큼 민족분포·활동 역시 현 한국인에 국한되는 점, 셋째, 제3자적 즉 근자에 유행어로 표현하면 타자他者이어서 객관의 실체인 정체·주체가 배격되는 점이다. 요컨대 역사의 전개·내력·범위·역량이 현 '한국'으로 귀착되어 축소·고정된 상태가 된다는 것이다. 이른 바 중국 동북공정상東北工程上의 지방地方 및 지방정권地方政權·중화소수민족中華小數民族 편입이나 일본의 한韓=朝鮮반도설半島說과는 대극對極에서 동상同床다.

　국사라는 용례는 자연스럽게 그리고 역사적으로 우리의 내력·배경이 민족·국가·사회·외교·군사·언어·문물전반을 포괄하는 그러한 우리를 중심축으로 하고 있다. 여기서 동아시아, 동북아시아 지역은 물론 그밖에 여러 관련 외국까지 그리고 세계화로 확산·연계되는 규모까지도 포함하여 다루게 된다. 19세기 말 20세기 전반에 와서 각기 비로소 국체國體를 갖

추는 일본·중국이 자국사를 일컬어 '일본사', '중국사'라고 하는 식의 명칭
이 갖는 그 내면內面과 비로소 같아지는 것이다.

한국사로 굳이 고쳐야 한다는 주장은 명분이 지엽이고 이유가 말단이
어서 이 주장은 강박스럽다. 더구나 우리나라의 어법語法·화법話法은 자기
가 주체이므로 구태여 주어主語로 드러내지 않고 또 그럴 필요가 없는 것
이 문화이고 전통이어서 그리하여 더욱 국사인 것이다. 통일을 지향하는
현재의 상황에서 가장 자연스러운 표현이 되는 까닭도 이 어휘가 갖는 이
러한 역사성에서 연유한다. 우리나라 역사를 국사라고 칭하는 행위가 '민
족주의적'이라거나 '세계성이 없다'고 하는 비판은 입론이 다른 데 있고 표
피적이어서 초점이 어긋나 있다. 가치중립적이지 못하다거나 영미어에 그
런 표현이 없다는 지적에 이르면 더 이를 나위가 없다.

'국사'라는 것이 가공架空된 민족주의의 소산이라고 못 박고 이 명칭과
학문적 체계를 없애야 한다는 주장을 한층 보강한다는 의도에서 간혹 이
에 연대하여 강조되는 발의가 있다. 국사의 체제·형태를 일국사一國史가 아
니라 역사 전체(구체적으론 소위 동서양의 세계사) 속에서 새롭게 편제하
고 기술하자는 것이다. 이 발의는 현재 유럽의 몇 나라에서 역사 교과서
를 자국사와 이웃 주변국가 내지 관련 종족과 섞어서 편술하고 있는 것
을 보편적 역사 서술의 모범·실제로 삼고 있다. 이는 망설妄說이다. 적어도
앞으로 장기간 그렇다. 이런 식의 교과서 기술이 시도된 것은 이들 국가·
종족이 그럴 수 있는 역사를 겪고 또 그렇게 편술하여야 할 까닭이 있어
서이다. 더욱이 유럽의 모든 국가가 이를 쫓고 있지도 않다. 현재의 정치·
경제의 사정은 제외하고서도 역사에만 즉하여 볼 때 유럽지역 여러 나라
에서 자국사와 이웃사를 교차하여 기술하는 방식은 이렇게 하여야만 비
로소 자국사가 제대로 정리되는 까닭이다. 이는 유럽 제 국가·제 국민의
형성·전개가 혼합·분할·통합이 무상한 사실에서 필연必然하는 것이다.

우리의 역사·문물은 민족·국가가 단일·집권형태로 상고上古시기부터 형성·발달하여 왔다. 아주 옛부터 대강에서 인민人民과 국민國民 그리고 민족民族이 일치하는 방향으로 진행되어 왔고, 그리하여 20세기 초에 국가가 망하고는 그 인민人民이 민족民族이 남게 된 것이다. 역사 형태가 다른 것이다. 그러므로 우리 역사, 우리 역사학에선 민족형성문제民族形成問題, 고대국가성립문제古代國家成立問題는 대단히 막중한 주제가 되고 있는 것이다. 이런 점이 우리에 비해 시간적 공간적으로 훨씬 박약하나 근현대 역사학의 전통과 심도는 깊고 넓은 중국·일본은 물론 베트남, 인도에서 이러한 발의는 소란스럽지 않다. 다만 이런 방향에 선 학문차원의 연구나 집필이 혹 연구자에 따라 시도되고 있을 뿐이다. 역사는 인간의 역사로서 그 실체는 해당 주체의 구체·개별을 축과 바탕으로 하면서 그 속에서 공통·보편을 발휘하는 까닭이다. 그러므로 미국의 역사교과서조차 유럽식 역사찬술을 추종하지 않는다. 국사(미국사)와 세계사가 별개로 있는 것이다.

『삼국유사三國遺事』 1, 기이紀異 2, 고조선古朝鮮 [王儉朝鮮]條에 『위서魏書』『고기古記』의 기사를 인용하여 기술한 고조선古朝鮮의 개국開國 관련기사를 으레 '단군신화'로 호칭하거나 '단군이야기'로 표현하면서 그 문구로 표현된 기사의 사실여부만에 입각하여 고조선을 모호하게 서술하고 있는 것도 그 기저에는 위와 같은 기괴한 발상과 허울뿐인 근거가 작용하고 있다. 우리 역사에서 첫 국가성립의 개시를 단군이라는 특정 인물로 협소화시키고 그 신화쯤으로 처리하는 것은 신화학이나 민속학 등에서 학문의 명의 하에 취급하는 방식일 뿐이지 이 자체는 과학성과 관계성이 담긴 역사기술이나 표현이라고 할 수 없다. 신화는 상고기上古期의 전설과 유사성이 있으면서도 속성 자체로 보면 주체가 순전히 가상된 신神과 신계神界이고 이것이 현실 인간세계를 완벽히 주도하여 가는 것이 범주이지만, 고래의 전설은 역사사실을 바탕과 소재로 하여 역사성을 갖춘 신성神聖과 기이奇異가

얹혀 있는 것으로 차이가 격절隔絶하다. 고조선의 국가성립에 관한 개국설화開國說話가 인물 신화로 다루어질 수 없다. 하물며 신화 자체도 역사에서는 역사적 신화일 뿐이다.

조선시기 정치사의 중요한 문제 곧 조선왕조의 정쟁政爭 당파싸움을 '당쟁黨爭'이라고 표기하는 대신 붕당정치朋黨政治로만 표현하려는 시도 또한 어색한 점이 적지 않다. 이는 당쟁을 서양 중·근대정치에서 있은 당간黨間의 대립·갈등과 비교하여 이해하고자 하는 따라서 선의善意로 파악하는 의사의 소치로 보인다. 이 배경에는 통상 당쟁이 조선왕조의 정치에 대하여 일제日帝 관학파官學派 역사가들이 조작한 용어라는 단정, 우리 역사의 특징으로 타율성 정체성 반도성과 함께 당파성黨派性을 거론하고 이것이 우리 역사의 출발점이자 도달점이라고 하였던 사실, 그리하여 우리 역사의 왜곡사례歪曲事例의 대표로서 이를 이정釐整한다는 의지가 깃들여 있다. 후자의 이러한 점은 움직일 수 없는 명백한 사실이고 큰 사안이다. 그러나 그렇다고 전자의 측면에서 붕당정치라고 변경함은 궤도가 다른 것이며 이로써 발생하는 문제는 적지 않다.

우선 당쟁이란 어휘는 본시 이건창李建昌의 『당의통략黨議通略』(1890년대)에서 나오는 표현 '朋黨之爭'의 준말임에서 보듯이 붕당으로 서로 갈려서 싸운다는 일반명사일 뿐 특별한 의미를 갖지 않고 중국에서도 당쟁黨爭의 표현을 그대로 쓰고 있다는 반론이 있다. 실제 당쟁이란 표현 자체는 이미 일찍이 사용하고 있던 용어였다. 예컨대 갑신정변甲申政變, 1884때 민인에 피살되는 박재형朴齋炯은 1883년부터 저술한 듯한 『근세조선정감近世朝鮮政鑑』 上에서 우리나라 당파黨派의 발생과 그 합산合散의 경과와 대립을 개관하는 가운데서

18 이것이 우리나라에서 당파黨派가 생겨난 시초로서 동인과 서인의 명

호가 있었고 …그러나 조정에서 매양 '조정당쟁調停黨爭'하여 관직을 제수하고자 하면 반드시 세 사람을 주의(注擬)하며 세 사람은 반드시 네 당에서 평균하게 뽑는 것으로써 예를 삼았다.

함에서 보듯이 평시 사용하던 용례였다. 그리고 이러한 점을 떠나서도 당쟁을 붕당정치로 표현하고 이를 붕당에 근거한 정치형식의 이해대립과 갈등의 소산으로 파악하면 실제 그 역사적 연유와 이와 관련한 사회 제 세력의 개혁노선이 사상捨象되고 결국 살아남은 당파만이 의의를 부여받게 된다.

항쟁抗爭·의거義擧·운동運動·혁명革命·전쟁戰爭 등으로 고쳐져야 한다고 오랜동안 씨름하여 오고 있는 '난亂'으로 지칭되는 사건들의 경우에서 이러한 경향은 한층 숫구친다. 우리 역사에서 亂으로 명명하고 있는 사건을 놓고 이러한 논의는 당연히 있을 수 있다. 그러나 난이란 어휘 자체가 명칭으로서 부적당하고 어폐語弊가 있는 용어는 아니다. 난이란 용어를 무조건 피하고 위의 단어들로써 꼭 대치하여야 한다는 주장은 이 어휘가 지니고 있는 여러 가지 의미와 내용 가운데 피지배층의 저항을 지배층의 처지에서 표현하고 있는 것이라는 점 하나에만 지나치게 얽매어 있다고 보겠다. 그리하여 다른 더욱 풍부하고 넉넉한 면을 폐기하게 한다. 구태여 난을 우리나라 역대왕조 차원에 서서 폭동·폭거의 반사회적 반인륜적 의미로만 한정하여 사용한다면 상관할 바가 없다.

그러나 본시 난은 역사상에서도 그러하지만 특히 역사기술에서는 명칭의 표기로서는 위의 어떤 용어보다 해당 사건의 내력이나 형세 그리고 그 풍모를 훨씬 잘 묘사하고 전달한다. 역사상 난亂은 우선 '난리亂離'로서 전란戰亂·전쟁戰爭을 그리고 이로 인해 세상이 온통 소란해진 처참한 상태를 아울러 가리킨다. 임진왜란壬辰倭亂은 일본의 군사적 침략과 그에 대한 방위 전쟁의 의미와 함께 이에 더하여 온갖 고통과 참혹 극도의 혼란을 '왜란倭亂' 한마디로 전달하여 준다. '임진전쟁壬辰戰爭' 혹은 '7년전쟁' 등의 표기가 심히 어설픈 이유가 여기에 있다. 6·25전란戰亂=戰爭, 動亂, 亂離을 굳이 외국식으로 '한국전쟁韓國戰爭'으로 개칭하는 것도 어느 한 국면에서 일어나는 착상의 어설픈 적용으로서 우리 차원에서의 민족문제·냉전체제의 처절성을 완전히 뭉개어 버린다. 임진왜란을 명明·일日에서 '조선역朝鮮役' 곧 조선전쟁이라고 하였다. '난亂'은 또한 '반란叛亂'으로서 반역하여 난리를 꾸민 폭력행위로서 당연히 체제 내지 지배층에 대한 반대세력의 저항행위도 포괄한다.

조선말기의 민란民亂·민요民擾는 이 명칭만으로도 해당 사건이 야기되던 때의 갖가지 정황과 역사상을 전체로서 떠오르게 하는 힘이 있다. 실제 19세기 후반 우리나라 중세 해체기의 사회문제 체제모순이 극도에 달하고 몰락농민이 쏟아지고 그리하여 민심이 당시 조선왕조의 정부와 체제를 떠나고 사회저변에서는 이에 대해 반역하고 항쟁하려는 분위기가 고조되어 있음을 일러 '백성들이 모두 사란思亂한다' 혹은 '사란思亂하려는 자 열집에 다섯'이라거나 '밤낮으로 국가를 원망하고 사란思亂한 지 오래다'고 표현하고 있었다. 한마디로 사란의식思亂意識이고 이의 실천이 민란民亂이다.

난亂은 전란戰亂·반란叛亂 모두를 자연스럽게 함유하고 있는 어휘이고 그러므로 우리나라다운 사고와 정감을 잘 발현하고 있는 말의 하나이다. 민란民亂은 중세말기의 농민항쟁이라는 의미로 자리잡고 있는 역사적 사건의 명칭으로서 손색없는 용어이며 그 주체가 신라말 후삼국기의 '초적草賊' 고려중기의 '천예賤隷'의 난과 대비하여 '민民'의 亂임도 명확히 드러난다. 사건의 명칭과 그 성격의 호칭은 별개의 사항으로서 서로 용어표현이 획일되어야 할 당위—특히 후자만으로—는 전혀 없다고 하겠다. '동학란東學亂'은 1894년 고부민란古阜民亂을 기폭으로 그리고 철종조 이래 연속되는 민란을 배경으로 여기에 동학의 조직성이 결부되어 전국 규모로 확대되는 대난리大亂離의 통칭通稱이다. 이것을 역사학에선, 성격상 혁명성을 조성·지향하는 농민전쟁으로서 파악하면서, 그에 따라 '동학농민혁명' '동학농민전쟁' '동학농민봉기' '갑오농민전쟁' 등 각종 명칭이 제기되어 논란이 심하다. 그러나 실제 동란動亂의 진행 중에서 정석모鄭碩謨란 이가 이 난을 주도한 전봉준全琫準을 평하여 '자뢰동도藉賴東徒 이도혁명以圖革命'이라 하였듯이 이미 그 성격을 극명하게 적출하고 있었다. 역사기술에서 사건·사실은 그 자체로 표기하고 아울러 그것이 지니는 성격, 의미는 별개로 서술함이 대개는 자연스럽다.

계유정난癸酉靖難, 기묘사화己卯士禍, 경신대출척庚申大黜陟, 병인양요丙寅洋擾, 임술민란壬戌民亂 그리고 임오군란壬午軍亂, 갑신정변甲申政變, 갑오개혁甲午改革, 을사늑약乙巳勒約 또 3·1운동, 6·10만세운동 또한 4·19의거, 5·16정변 등 干支나 月日로 표기하는 사건도 당장에 적당한 안이 없으면 역시 그대로 사용하면서 서술상에서 성격과 의미를 전달하는 개념이나 어휘로 정리할 수 있다. 이런 식의 명칭은 현재 당장의 어감으로만 보면 내용표현의 어휘로는 시대감은 떨어진다. 그러나 간지干支 및 월일月日로 사건을 명명하고 이것이 계속 사용되어 오면서 역사적 사건과 의미를 축적하여 함유함은 우리로서는 아주 옛부터 있어온 전통이고 문화이다. 그러므로 사건의 발생시기와 다른 사건과의 선후관계를 쉽게 알 수 있고 더하여 이 용어가 명칭으로 사용되던 당시의 정황, 이후 계속 지칭되어 온 내력, 그리고 그 사이 새롭게 더하여진 역사상과 해석이 집적되어 장점이 많다. 외국에서 '5·4운동', '7월혁명' 운운함도 우리와 같은 사정이다.

한편, 이렇게 현재식 용어로 변경하거나 그 채용에서 적극스러운 주장들은 일본·구미 열강과 관련된 사건에 직면하여서는 당시 저들이 호칭하고 그 연속선상에서 지칭하는 명칭을 그대로 사용하고 이미 우리의 역사서술에서 써오던 용어를 버리는 기묘한 기준을 세우고 있다. 쇄국鎖國·개국開國=開港 그리고 박해迫害·탄압彈壓 등은 쉽게 들 수 있는 예이다. 이로써 표현하는 사건은 그 정황이 상대성을 갖는 그러므로 역사로서 주체를 분명히 하여야 하는 것이며, 그 발단의 원인은 외세外勢 내지 그 종교宗教이다. 그러나 이 용어들은 모두 역사의 주체를 외국과 그 종교로 삼고 있다. 특히 후자가 그러하다. 여기에는 제국주의 침략주의에 의해 우리 역사는 중단된다는 의식, 그리고 조선은 약하고 악하고 일日·서西는 강하고 선하다는 자괴自愧, 그리하여 주主와 객客 곧 아我와 비아非我를 완전히 전도시킨 관점이 자리 잡고 있다. 근자에 쇄국·개국(개항)은 '통상수교 거부' '국교확대' 등 정당하게 표현하려는 경향이 부상하고 있지만, 이런 추세와 달리 천주교의 박해迫害·탄압彈壓 등의 표현은 거의 교과서내의 용어로서 자리 잡고 있다.

조선말 사회개혁의 방략을 놓고 진행하는 양반세계의 당쟁黨爭 및 외세침입으로 인한 위기고조 이와 연계되어 신앙이 아닌 포교를 목적으로 한 선교사의 잠입潛入에 로마 교황청측의 전례문제화典禮問題化가 겹쳐서 폭발한 조선의 서교西教배격과 그 신도처벌을 천주교天主教에 대한 '박해迫害' '탄압彈壓'으로 호명하는 발상과 기준은 우리나라 역사서술의 지표가 어디에 있는지 근본적인 의문을 던지게 한다. 역대로 우리나라에선 '사옥邪獄'이라 하여 계통을 분명히 하였고, 그간 학계에서는 '금압禁壓'이라는 적절한 용어를 취하여 써왔다. 박해나 탄압의 용어를 쓰더라도 이 범위 내에서였다. 박해나 탄압이라는 표현은 구미歐美의 존재와 그 유일신唯一神 문명文明이 가지고 있는 포교를 절대성으로 전제하여, 조선으로선 불가피하게 취하게 되는 금압과 옥사를 그 행위자의 무지한 야만, 혹심한 사악邪惡으로 치지하는 행위이고, 황사영黃嗣永 백서帛書 및 외세침입外勢侵入의 향도역할向導役割로 상징되는 서교西教 및 그 교도의 반反민족 반反국가적 행위조차 조선 측에 그 원인을 돌리는 공략이며, 국교확대 후 특히 동학란이 처참하게 진압된 후 의병항쟁이 치열하였던 가운데서도 외세를 배경으로 날로 치성熾盛하는 서교와 그 교도들이 양민良民의 전지田地·가사家舍까지 침탈하는 각종 비행 그리고 일제 강점기 해방 후에 걸쳐 이 선상에서 진행되어 온 배타성과 왜곡성에 대한 비호이며, 그리하여 일제日帝에 대한 의부依附만이 매국賣國이라고 간주하는 비리非理한 사고와 모순을 느끼지 않고 결탁하는 자세로 이어진다. 우리 역사가 서교의 포교사로서 정리될 수는 없다. 결국 조선국가 그리고 조선민인의 종교·신앙·사상은 마魔이고 불평등이며 속박이며, 반면에 서양과 그 종교·신앙·사상은 선善이고 평등이고 자유라고 생각하고 믿는 독단과 미신이 시간이 갈수록 더욱 깊숙이 자리 잡아 가고 있다 할 수밖에 없다.

용어·명칭의 논란은 우리 역사의 서술과 국사교육에 도움이 되는 면이 있다. 그러나 자칫하면 개별·구체의 연구가 미약하거나 서술의 자세가 줏대가 없는 채 해석만 중시하는 데서는, 더구나 그 수준이 전통성과 창조성이 빈약한 상태에선, 그것으로 표현되는 해당 역사사건의 시비是非·당부當否·호오好惡의 선택 내지 판정으로 비화飛火하기 십상이다.

5 • 결어

역사서술에서 사건발생 당시 혹은 그 이후에 민인들이 사용한 표현이나 명칭을 자신의 학문성향이나 정치이념 혹은 종교교리에 몰입된 가운데 객관성 보편성 과학성의 명의하名儀下에 새로운 어휘로 바꾸어 표기하려고 할 때 손실은 엄청나게 크고 이득은 없다. 현재식 표현이나 추상술어가 우리의 역사전통에 뿌리를 두고 형성된 사상이나 이론의 소산이 못되고 행여 다른 나라 남의 이론이나 시각을 차용한 수준에서 조성되고 이를 자기의 것으로 혼동한 데서 나온 것일 경우에는 계몽啓蒙·선민選民의 사명의식이 강하게 작용하기 십상이고 아울러 그것이 민족과 국가에 대한 애정으로 등치等値하여 역사서술에 이용될 때, 이와 바탕은 비슷하나 이해각도가 다른 이들 사이에 논란이 일어나면 매우 격렬하여진다. 그리하여 역사의 사실·진실이 용어 하나로 좌우되는 듯한 지경에 이른다. 겹쳐서 이런 지경에서는 해당 표현이 그 사건과 행위를 가치상의 상하上下, 윤리상의 귀천貴賤으로 또는 인식상의 정부正否로 가르는 척도尺度로 화하여 사건의 사실과 성질을 정당하게 인식하는 것보다는 자기 가치의 관철여부를 판정하려는 행위로 오해를 일으킬 정도이다.

우리나라 역사의 사건 중에는 시간이 더 지나 그것을 차분히 바라볼 안목과 담담히 정리할 능력이 생길 때를 기다리거나 혹은 통일 후에나 적절한 의미를 갖는 명칭으로 정돈될 것이 적지 않다. 지루하더라도 그런 수준에 도달하거나 시기가 도래할 때까지 역사 연구자 역사 교육자로서 심사숙고하여 연구와 사고의 폭을 넓히고 새롭게 하는 자세와 노력이 있어야 하겠다. 우리 역사의 진면眞面을 반듯하게 풍성하게 서술하기 위해서는 혼신渾身의 힘을 다한 단단하고 치밀한 연구와 깊고 넉넉한 사색에서 나오는 그러한 용어가 개발되고 정의되고 사용되어야 하겠다. 그렇지 않으면 지금과 같은 형세에선 우리의 문화·정취가 폭넓고 세련되게 나타나는 어휘나 용어가 가꾸어지고 늘어가기는커녕, 있는 용어마저 버리고 급속히 잊혀진다. 빈약한 단어, 생경한 조어造語, 계통 없는 낱말, 편파성 짙은 표현으로 우리 역사를 풍부하게 묘사하기는 힘들다. 이런 풍토에선 횡행하는 것은 변사辯士이고 극성하는 것은 설객說客이다.

사실 우리는 그 동안 우리의 역사인식이 전통과 단절이 깊어져 그 폭이 왜소해지면서 오래도록 사용하여 온 그리고 수많은 어휘들이 갈수록 생소하고 거북하게 되어왔고 또 되고 있다. 기층사회의 분해, 민인대중의 안착근거安着根据 해체는 이를 한층 촉발하고 있으며 이에 추수追隨하는 학문은 유치하고 단순한 그리고 천박한 유행어流行語를 선호하는 까닭이다. 서술자도 그렇고 읽는 이, 배우는 이, 가르치는 이 거개가 이 와중渦中에 있다. 이러한 형세는 학문과 교육의 진정한 발전에 먹구름이며 그만큼 우리 문화 및 그 이해의 폭을 좁히는 것이 아닐 수 없다. 혹 있을 수 있는 발상, 가령 중고등학교 '국사'의 경우 당대의 용어가 생소하기 때문에 학생들에게 친숙한 용어로 바꾸거나 새로 풀어서 써야한다는 착상 자체가 그대로 교육용 역사서의 서술에 지침이나 지표가 될 수는 없다.

역사 특히 통사류通史類의 개설이나 교과서에선 선행善行·인덕仁德·의리義理·지조志操·풍류風流·호연浩然·징악권선懲惡勸善 등 보편가치가 함께 녹아 있어야 역사의 임무는 다하는 것이다. 이러한 서술이 이른 바 과학적科學的 관계적關係的 인식 요컨대 중용적中庸的 파악과 모순되는 게 아님은 물론이다. 궁극에 역사의 발전논리, 일반법칙, 보편성과 일반성은 어휘에 있는 것이 아니라 그로써 표현되는 사실·사건·행위의 전개과정 속에 있는 까닭이다.

『歷史敎育』 109(2009. 3), 2012. 수정

이애주 편

춤이란,
삶이란,
배움이란

이애주 교수

춤이 무엇이기에 이토록 생 전체를 함께 하고 있나.
도대체 나라는 존재는 무엇인가 등
내가 하고 있는 행위에 대해 궁구하게 되었고
그것은 곧 춤의 근원, 삶의 근원을 찾아가는 일이기도 하였다.

이애주李愛珠가 걸어온 길 • • •

● **학력**

1965 – 1969	서울대학교 사범대학 체육교육과
1969 – 1971	서울대학교 대학원 석사
1971 – 1975	서울대학교 문리대 국어국문학과
1991 – 1999	서울대학교 대학원 교육학 박사

● **경력**

1986 – 현재	서울대학교 교수
1990 – 현재	한국전통춤회 대표
1996 – 현재	중요무형문화재 제 27호 '승무' 예능보유자
2002 – 2004	서울대학교 민주화 교수협의회 회장 역임
2007 – 2009	한국정신과학학회 회장 역임
2010 – 현재	동방문화진흥회 부회장

● **상훈**

2012년	서울문화투데이 문화대상(전통부문) 수상
2003년	만해대상(예술부문) 수상
1971, 2년	중요무형문화재 전수평가 발표회 '1등' 수상
1968년	'신인예술상' 최우수상 수상, 문화공보부

● 주요공연

2012년   『이애주 춤-승무 觀』, 중요무형문화재 전수회관 민속극장 풍류
2007년   『다같이 함께 하는 우리춤, 이애주의 한밝춤』, 서울무형문화재 전수회관
1994년   『이애주 춤 법열곡』〈불교작법(의식춤), 승무〉, 문예회관대극장
1990년   『한영숙류 이애주춤』〈승무, 살풀이, 태평무〉, 호암아트홀
1987년   『이애주 한판춤 바람맞이』, 연우소극장
1985년   춤패 '신' 제2회 정기춤판 『도라지꽃』, 서울놀이마당
1984년   춤패 '신' 제1회 정기춤판 『나눔굿』, 국립극장 소극장
1983년   『한영숙류 이애주 춤』〈승무, 살풀이, 태평무〉, 공간사랑
1974년   『이애주 춤판』〈승무, 춘앵전, 일무, 봉산탈춤/창작춤 땅끝〉, 국립극장소극장

● 주요논문

「전통춤에 나타난 음양오행적 원리」(서울대학교 규장각한국학연구원 학술회의, 2011)
「고구려춤의 미학: 춤무덤의 '춤추는 사람들'(五人舞)을 중심으로」(제22회 한국동양예
    술학회 학술회의 논문집, 2010)
「동아시아에서 본 우리춤의 위상」(비교민속학회 한·러국제학술대회, 2008)
「외래문화 전래에 따른 한국 민속춤의 변모양상」(『민속문화의 전통과 외래문화』, 집문
    당, 2002)
「한성준의 춤인식과 춤정립」, (『한국민속학 27』, 국학자료원, 1997)
「승무의 원류에 관한 고찰」, (『불교 민속학의 세계』, 집문당, 1996)
「삼진삼퇴의 춤사위」, (『강의실 밖에서 배우는 민속학』 민속학회편, 태일문화사, 1995)
「춤이란 무엇인가?」(『사대논총』 제39권, 1989)

나는 지금 여기 어떻게 오게 되었나. 춤으로 60년. 그리고 그것을 가르쳐온 지 40여 년.

이 모든 행위는 무엇을 뜻하는지 지나온 여정을 되돌아보며 다시 근본적인 물음을 갖게 된다.

춤이 무엇이기에 이토록 생 전체를 함께 하고 있나. 도대체 나라는 존재는 무엇인가 등 내가 하고 있는 행위에 대해 궁구하게 되었고 그것은 곧 춤의 근원, 삶의 근원을 찾아가는 일이기도 하였다.

그러다보니 역사를 거슬러 올라가며 춤의 뿌리를 찾는 일에 천착하게 되었고 그것은 다름 아닌 춤을 추는 나 바로 나의 실상을 찾는 행위이기도 하였다.

배움과 가르침

학이각 學而覺

내가 춤추어오며 거의 반세기를 몸담고 있는 교육의 큰 장인 '대학교'라는 것은 무엇을 뜻하는 것인지 먼저 그 말의 구성인 대·학·교의 의미를 생각해 본다.

우선 대학의 의미는 큰 대大, 배울 학學으로서 '큰 배움'을 뜻한다. 큰 대大를 파자해 보면 한 일一과 사람 인人으로 '한'은 크다는 뜻을 갖고 있어 '큰 사람'이 된다. 배울 학學을 보면 위의 획만 보더라도 절구 구臼와 사귈 효爻로 서로 사귀고 절구질하여 곡물 껍질을 베껴내듯이 확 깨치는 것을 뜻한다. 절구는 확이라고 하는데 절구공이를 위 아래로 치며 한 꺼풀 벗으며 확 깨우친다는 의미이다. 이와 같이 배울 학學은 깨달을 각覺으로 연결되어 '학이각'學而覺이라 하는데 배우다보면 마음·성품이 열려 깨달음으로 가게 되는 것이다.

가르친다는 것은 무엇을 의미하나. 중용 첫머리에 보면 가르칠 교教의 본질적 의미를 구체적으로 말하고 있다.

천명지위성天命之謂性

솔성지위도率性之謂道

수도지위교修道之謂教

'천명지위성'天命之謂性이란 하늘의 명 곧 하늘로부터 받은 명命; 역할을 성性이라 하는데, 춤으로 보면 성性은 춤의 바탕으로서 본성이 된다. 다음으로 '솔성지위도'率性之謂道는 성을 따르는 것을 도道라 하는 것인데, 그 모든 과정이 자연이라 할 때, 자연을 그대로 따르는 것을 도道라 하고 또한 춤길이라 할 수 있다. 그 다음 '수도지위교'修道之謂教라는 구절은 그 길을 닦아나가는 것 곧 하늘에서 받은 명과 성의 길을 닦는 것이 교教라는 것이다.

이렇듯 '가르칠 교'教는 하늘로부터 받은 명의 길을 수도하듯이 닦아 나아가는 것을 말하니 우리가 흔히 생각하는 교육은 좀 더 들어가 보면 명과 성 즉, 생명 본성의 문제에 관하는 것으로 교육하는 행위는 생사를 좌우할 만큼 간단치 않은 중요한 문제라 할 수 있다.

가르치고 배움이란 자연 그대로의 길인 도道를 닦아 깨우치는 것을 말한다. 춤으로 본다면 춤은 자연性을 따르는 것이고, 춤을 익힌다는 것은 자연스럽게 몸을 통한 수행修行이 되어 자연에 대한 깨달음에 이르는 것을 말한다. 내 경우를 보면 가르치면서 많은 것을 배우게 되고 미처 생각 못하던 것을 불현듯 깨우치게 되는 때도 있다. 따라서 끊임없이 가르치고 배우는 전습의 과정에서 서로 성장하는 교학상장教學相長이 일어나고 깨달음으로 가게 되는 것이다. 그러므로 '큰 배움'인 '대학'의 본뜻은 '대인지학'

大人之學으로서 대인의 경지로 나아가는 공부를 말하는 것이고 결국은 제대로 배우고 가르치며 큰 깨달음에 이름을 의미한다.

이와 같이 중용의 첫 구절은 천부지성의 밝은 덕을 받아 사람을 친히하여 새롭게 하고 본래대로 본성을 회복하며 닦아 나아가는 것을 말하고 있는데 바로 교육에서 무엇을 해야 하고 어떻게 나아가야 하는지에 대한 본질을 말하고 있다.

왜 옛 전통을

여기에서 어떤 큰 배움인가를 구체적으로 알기 위해서는 전대부터 내려오며 이어진 전통과 떼어놓고 생각할 수가 없다. 지나온 전통의 토대에서 연결되어 지금의 모든 것이 존재하고 있기 때문이다. 우리가 지금 추고 있는 춤 속에는 당연히 태고적 몸짓의 흔적이 남아있을 것이다. 지금의 한국춤 더 나아가 전 세계로 번진 한류춤 (요즈음의 비보이춤, 케이팝춤, 싸이의 말춤 등) 속에는 기나긴 역사의 흔적이 묻어있다.

내가 일생 해 온 춤의 몸짓도 전통적으로 내려온 우리의 몸짓인데 정통의 맥을 알기 위해 춤의 뿌리를 찾아 올라가다 보니 고구려 벽화에 그려 있는 고구려춤을 만나게 되었다. 벽화에 담긴 고구려의 몸짓은 매우 다양다색하여 그 시대의 삶과 생활 양태 등 많은 점을 시사하고 있었다. 한 마디로 고구려 무덤 벽화에 있는 고구려춤은 민족 역사와 그 당시 삶의 맥을 고스란히 잇는 몸짓의 보고였으며 미래의 몸짓까지도 구체적으로 예시하면서 살아있는 듯하였다.

그 이전으로 더 올라가 보니 상고시대에 이미 자연속에서 소리하고 춤추며 몸과 마음이 하나되는 '소리관觀춤'이 있는 것을 알았다. 그것은 일명 '영가무도'詠歌舞蹈라는 것으로 자연을 관하며 읊조리듯이 소리詠歌하고 춤舞蹈추던 자연스런 삶 자체가 그대로 악가무樂歌舞 일체로 드러난 형식이다. 바로 그 시대에 자연을 관조하고 소리하며 춤추던 삶의 융합적 형태가 그대로 우리춤의 근원이 되는 것을 알 수 있다. 그러고 보니 요즈음 세계적으로 널리 퍼져있는 선·명상 등은 영가무도의 부분적 개념일 수밖에 없다.

소광리 소나무숲, 500년 금강송과 함께 하는 소리관춤 영가무도

　이와 같이 우리춤·우리몸짓의 뿌리를 찾아 올라가다보니 놀랍게도 상고시대에 이미 악·가·무와 영혼이 하나되는 삶을 살고 있었음을 접하게 되었고 그것으로부터 몸짓과 정신이 융합된 고대 문화의 큰 틀이 이어져 내려옴을 알 수 있었다. 주역 64괘 중 26번째 괘에 '산천대축'山天大畜괘가 있는데 물건이 산과 같이 흔들림 없이 견고하게 높이 쌓인 상으로 보고 있다. 다시 말하면 흙이 크게 쌓여서 큰 언덕을 이루듯이 학문과 경험을 많이 쌓아서 큰 일을 행하는 것이 대축의 의미이다. '산천대축'을 공자가 해설을 붙인 대상大象전에 보면 '多識前言往行　以畜其德'다식전언왕행 이축기덕이라는 글귀가 있는데 바로 전대前代의 말씀과 지나간 행실을 잘 알아서 그 덕

을 쌓는다고 풀고 있다. 곧 전대에서 내려와 이어지는 성현의 아름다운 말씀들과 그 시대 생활상의 오고감을 인식하여 학식과 덕행을 쌓아 나가야만 역사 문화의 흐름을 쫓아 그 맥을 관통할 수 있다는 것이다. 바로 공부의 방향을 어떻게 잡고 어떤 식으로 하여야 하는가에 대한 공부법과 그것에 의한 앎이 어떠하다는 것을 잘 말해주고 있다.

실제로 무엇을 어떻게

나는 내가 해왔던 행실들을 후학들에게 제대로 가르쳐온 것인지 다시 되돌아보게 된다. 요즈음 고전에 대한 관심이 대단하다. 일례로 동양사상과 동양학에 관해서 공·맹자니 노자니 하며 사서삼경에 대해 국내뿐만 아니라 세계적으로 공부의 열기가 대단하다. 오히려 눈을 밖으로 돌려 서양의 경우를 보면 우리보다 더 동양 학문에 대해 관심이 많았던 것을 알 수 있다. 예를 들어 세계적 학자인 빌헬름Richard Wilhelm이나 융Carl G.Yung, 프로이드Sigmund Freud 등의 학문적 업적을 보면, 몇 세기 전에 사서삼경 중 하나인 주역을 연구하며 서로 문답을 주고받으면서 주역서를 완성하였고 많은 연구물들을 내놓았다.

우리가 익히 아는 사서삼경 중 삼경에는 시경, 서경, 주역이 있고 사서에는 대학, 중용, 논어, 맹자가 있다. 대학에 있다 보니 그 중에서 자연히 〈대학〉大學이라는 고전에 좀더 관심을 가지게 되었다. 그 내용은 놀랍게도 대부분이 내가 하고 있는 일들과 직접적 관련이 있는 것들이었다. 〈대학〉의 내용을 보면 사람이 갖추어야할 기본적 덕목과 어떻게 자기를 다스려야 하고 우주를 바라보아야 하는가에 대해 역사를 오가며 구체적으로 말해주고 있다. 이와 같이 〈대학〉은 정신 수양과 인간의 덕을 기르는 으뜸되는 책으로 평가받고 있다. 여기에서 언뜻 생각되는 것은 대학 밖에서도 공부 열기가 오른 이러한 고전을 우리 교육의 장인 대학에서는 제대로 공부하고 있는지 아니면 놓치고 지나가는 것은 아닌지 반문해 보게 된다.

나는 언젠가부터 〈대학〉을 읽으며 나 자신의 수신修身은 물론 평천하平天下의 의미를 다시 생각하게 되었고 그것이 내가 궁구하던 춤과 삶의 실상과 같이 가고 있는 맥락임을 깨닫게 되었다. 대학의 첫 구절에 이 책의 핵심적 내용이 함축되어 있다.

大學之道	대학의 도는
在明明德	명덕을 밝히는 데 있으며
在親民	백성을 친애함에(새롭게 함에) 있으며
在止於至善	지극히 선한 데 그침에 있느니라.

즉, '大學之道 在明明德'이라는 구절에서 큰 배움의 길大學之道이란 대인의 학문을 닦는 길을 뜻하며 '在明明德'은 사람이 갓 태어날 때처럼 본래의 상태인 밝은 덕으로 다시 회복하여 깨끗이 밝히라는 의미이다. 그 다음 '在親民'에서는 親이 新과 통하여 내가 본래대로 새 사람이 되었으니 남도 새롭게 해 주어야 한다는 것이다. 마지막으로 '在止於至善'은 이 세상을 사는 데 있어서 그칠 데에 가서 그쳐야 하는데 그곳은 다름 아닌 지극히 착한 곳이므로 마땅히 지극히 선한 곳에 가서 그쳐야 한다는 것이다.

나는 이 짧은 글귀 안에 사람이 어떤 덕목을 갖추고 어떻게 살아가야 사람답게 사는 것인가에 대한 '대인지학'大人之學으로서의 경지를 담고 있다고 본다. 여기에서 미루어 보면 공부의 전당인 요즈음의 대학에서 무엇을 어떻게 가르치고 연구할 것인가에 대한 답이 들어있다고 생각한다. 나의 경우에는 어떻게 춤을 추고 연구하고 무엇을 가르쳐야 하는가에 대한 궁극적 해답이 그 안에 있음을 알 수 있다. 예컨대 공부하는 데에는 여러 방법이 있겠지만 학문의 전당인 대학에서 〈대학〉 전문을 아니면 몇 줄이라도 이해하고 외운다면 공부의 폭이 매우 달라질 것이다.

실제로 나는 춤과목 시간에 〈대학〉의 내용을 기본으로 다루며 학생들과 함께 소리 내어 외우기도 하였다. 그 이유는 춤의 정신과 본성을 이미 〈대학〉에서 구체적으로 말하고 있기 때문이다. 또한 그렇게 소리 내어 외우다보면 선골·하단전에서부터 기운이 움직여 온 몸을 통해 머리골이 열리게 된다.

예로부터 우리나라에서는 어린 학동들이 처음 천자문을 배울 때 몸을 흔들흔들하며 소리 내어 외웠고 성인이 되어서도 그대로 이어지는 전통적인 공부법을 가지고 있다. 그야말로 운율과 몸짓이 하나되는 악가무 일체의 살아 있는 공부법이 아니었나 생각되고 왜 지금시대에는 그러한 훌륭한 방법들을 놓치고 있는지 안타까운 생각 마저 든다. 지금이라도 대학 과정에서 적어도 교양필수로 하여 이런 내용들을 공부하면 어떨까 제안한다.

춤이란

생명의 몸짓과 춤의 바탕

춤은 삶의 몸짓으로 춤을 추는 것은 생명 가진 존재가 삶을 살아가는 생명의 움직임이다. 조선조 말에 전통춤과 전통악을 정립한 전통예술의 대부라 할 수 있는 한성준1874~1941은 '사람이 나면서부터 춤은 잇섰다.'라고 하였는데 태어날 때부터 춤이 있었다는 것은 사람이 움직거리는 생명활동 자체를 춤으로 본 것이고 춤은 바로 생명이다라는 것이다. 생명生命의 의미는 명命; 일, 역할이 생겨나는生 것으로 곧 춤의 움직임은 살아가는 생명력의 몸짓이 된다. 생명력이란 명의 기운이 퍼지는 것으로 춤이야말로 생명력의 드러남이다.

따라서 춤은 생명의 몸짓인데 춤의 바탕이 되는 그 몸짓은 어디서 오는 것일까. 앞서 보았듯이 중용의 첫 구절인 '천명지위성'天命之謂性에서는 천도

天道를, '솔성지위도'率性之謂道에서는 지도地道를, '수도지위교'修道之謂教는 인도人道의 뜻을 함축하고 있는데 그것은 곧 천과 지와 인의 천지인天地人 삼재三才로서 춤 또한 천지인 삼재에 바탕을 두고 있다.

춤은 삶의 몸짓이며 생존의 문제

나는 무엇을 해 온 것인가 반추해 볼 때, 간단히 말하기는 어렵지만, 나는 춤을 추어 왔고 그것을 가르쳐 왔고 또한 그 모두가 삶의 화두였다.

춤은 도대체 무엇인가라고 할 때 나 자신은 춤이 무엇인지 알고 해 왔던 것일까 라고 반문할 수밖에 없다. 그냥 쉽게 말하면 우리가 관觀하고 있는 모든 것이 다 춤이라고 할 수 있듯이 소리도 춤이고 냇물 흐르는 것도 바람에 나뭇가지가 흔들리는 것도 춤이고 사람의 움직임은 물론 유정물 무정물의 숨쉼까지도 춤이니 살아있고 움직이는 모든 것들이 큰 틀의 춤이 되는 것이다. 또한 '두두물물頭頭物物 불연기연不然期然'이란 말처럼 모든 것이 춤이기도 하고 아니기도 하다.

구체적으로 춤은 무엇을 말하는 것일까? 사람이 살아가면서 움직여진 몸짓이 춤이라고 한다면 우리가 어떻게 움직이며 살아왔고 앞으로 어떻게 살아가느냐 하는 삶 자체가 바로 춤이 될 것이다. 그렇다면 어떤 삶의 몸짓일까? 춤에 대한 관점에 따라 생각이 다를 수 있지만 그 동안 대다수 사람들의 가치관은 그렇게 긍정적이지 못하였다고 본다. '그냥 살기도 바쁜데 무슨 춤이야'라는 식으로 좀 여유 있는 아니면 지적수준이 좀 떨어지는 사람들이나 하는 것쯤으로 인식했고 자신의 삶과는 무관하다는 생각을 갖고 있었다고 본다. 그러나 춤은 생명의 관점에서 볼 때, 해도 되고 안 해도 되는 그런 몸짓이 아니라 살기 위해서 생명을 부지하기 위해서 움직일 수밖에 없는 몸짓, 그러한 몸놀림이 참의미의 춤이라고 할 수 있

다. 이와 같이 춤은 생존의 문제와 직결되어 있다. 옛날 원시시대로 올라
가면 살기 위해서 맹수와 싸워야 했고, 추운 겨울을 이겨 내려면 사냥을
하여 털가죽을 벗겨서 몸을 감싸야 했고 그렇게 살아남기 위한 모든 일
거수일투족이 춤의 근원인 동시에 토대가 된다. 따지고 보면 춤은 살아남
아야만 한다는 의지에 의해서 몸을 놀릴 수밖에 없었던 몸부림으로서의
몸짓이다.

〈우리땅 터벌림〉중에서 용눈이오름의 '바람춤'

달 가리키는 손가락

춤은 또 다른 관점에서 볼 때 말과 글로 할 수 없는 몸을 통한 몸놀림이다. 그냥 몸으로서 빚어지고 형상화되는 무언의 몸짓이다. 공자의 말씀 중에 "글로는 내가 하고 싶은 말을 다 못하며 말로는 내 뜻을 모두 표현하지 못한다"書不盡言 言不盡意라고 하였듯이 어떤 면에서 몸짓은 글과 말로 다 못 하는 내면의 세계인 정신세계와 통한다는 점에서 그 모두 형이상학·형이하학적인 것을 뛰어넘는 불립문자라 할 수 있고 언어도단의 세계라고 말할 수 있다. 사실은 말과 글도 똑같은 차원으로 말과 글을 뛰어넘는 그러한 세계이다.

이것을 '달 가리키는 손가락'으로 비유해 보면 눈에 보이는 손가락을 보는 것이 아니라 손가락이 가리킨 달 속에 담긴 진리를 보는 것이다. 또는 '피안으로 노저어가는 뗏목'으로 비유할 수 있는데 그 뗏목은 그저 뗏목일 뿐이고 피안의 세계가 담고 있는 정신의 참뜻을 보는 것이다.

자칫하면 겉으로 드러난 겉 형식만 보고 사물을 평가하게 되는데 그보다 더 중요한 것은 보이지 않는 내면의 정신세계이다. 바로 춤은 눈에 보이는 형상에 집착하는 것이 아닌 그것을 뛰어넘는 내면의 정신이 드러난 몸짓으로서 몸정신이고 몸사유라고 할 수 있다.

춤의 정신과 철학

예禮의 정신

춤의 정신은 생명의 원초적 형태에서 그 답을 구할 수 있다. 모든 생명의 첫 형상은 자벌레가 움츠러들 듯이 안으로 말린 양태이다. 마치 고개를 숙이고 몸도 안으로 굽혀진 모습이다. 그와 같이 춤의 몸짓은 자기를 낮추면서 상대방을 모시듯 공경하는 숙임의 몸짓으로 나타나는데 바로 절을 하며 예를 드리는 '예의 춤'을 들 수 있다. 예의 춤은 깊은 숨으로 매우 느리게 시작하여 절을 하게 되는데 오체투지의 절드림이 반복되면서 자기 자신을 끊임없이 바라보게 된다. 내면의 감흥이 서서히 일어나고 춤사위가 빨라지면서 신명의 절정으로 올라가게 되고 더욱 깊어진 자신의 모습으로 되돌아오는 춤이다.

예의 춤

절드림은 사람이기에 할 수 있는, 가장 정신적이기도 한 근본적 몸짓이다. 춤에서 자기를 숙여 상대방을 높이는 예의 몸짓, 그 예의 정신이 바로 춤의 정신이기도 하다. 몇 년 전에 수경 스님 등 모든 종교인들이 생명평화의 길을 걸으며 삼보일배하면서 오체투지하는 그 행동 실천이 바로 정신과 하나되어 나타난 삶의 몸짓이다. 비움과 참회와 성찰로서 우주와 내가 하나이고 모든 만물이 평등하다는 것을 보여준 예로 춤에서 '예의 춤'이 바로 그런 것이다.

모든 춤의 처음과 마지막 몸짓은 이와 같이 절드림에서 시작하여 절드림으로 끝난다. 진정으로 절을 하다 보면 자기를 낮춤으로서 자연적으로 비우게 되는데 그 비움은 그냥 비우기만 하는 것이 아니라 비우는 순간에 겸양의 정신으로 채워지게 된다. 이와 같이 우리춤은 자신을 비우고

생명평화 삼보일배

내려놓음으로써 결과적으로는 상대방을 모시고 공경하게 되는 예禮의 정
신이 기본적으로 깃들어 있다.

음양오행의 움직임, 역易

춤은 자연에서 나온 생명의 운동이고 자연 그 자체이므로 자연은 모
든 존재의 근원이기도 하다. 모든 생명이란 우주자연 속에서 해뜨고 달
뜨는 해와 달의 운행 주기와 맞물려 있다. 음과 양의 표상인 日해과 月달
을 붙여 놓았더니 움직일 易역자가 된다. 만물이 변화하며 움직여지는 것
이 음양의 상징어인 易이라 한다면 춤 역시 음양의 몸짓인 역易으로 말할
수 있다. 자연 만물을 대표하는 표상인 하늘, 땅, 사람. 천지인天地人이 그
것이다. 또한 생명있는 모든 존재는 목·화·토·금·수의 오행 작용으로
이루어진 것이다. 동쪽의 목木은 나무로, 남쪽의 불火은 태양으로, 중앙의
토土는 땅으로, 서쪽의 금金은 열매로, 북쪽의 수水는 물로서 내보여지는
것이다.

수水의 바탕에서 비롯된 태아의 움직거림에서 나는 춤의 근원적 형상
을 보았는데 바로 수水는 생명이 시작되는 토대가 된다. 어머니 뱃속의 태
아도 양수인 물에서 잉태되어 자라고 인간의 몸도 거의 물로 구성되어 있
다. 그러한 모든 현상은 인위적으로 꾸며서 되는 것이 아니고 자연自然스러
운 생명활동을 펼치는 스스로 그러한 것이다.

춤은 들이쉬고 내쉬는 숨놀음에서 시작한다. 찰나 지간에 죽고 살 수
있는 이 숨은 어디서 나오는 것일까. 춤을 추는 사람이나 소리를 하는 사
람이나 깊은 숨은 하단전을 통하여 나온다. 구체적으로는 꼬리뼈·선골·
회음 등을 통해서 숨을 쉬고 그 기운이 나오며 바로 숨쉬기의 중심 근원
이 된다. 그리고 그 기운이 위쪽으로 올라오며 오장을 통하게 된다. 소리

를 예로 들면 오장 즉 비장, 폐장, 간장, 심장, 신장 등을 통하여 음, 아, 어, 이, 우 라는 소리로 나오게 된다. 그 기운이 돌아 사지의 몸 전체로 퍼져 움직이면서 몸짓이 나오게 되는 것이다. 바로 영가무도詠歌舞蹈가 그 예이다.

이 모든 생명활동이 음양오행의 움직임인 역易으로 정리되는데 이것을 체계적으로 정리한 역서가 바로 주역이고 홍역이고 정역이다. 칼 융이나 프로이드가 왜 금세기 현대에 와서도 주역을 연구했겠는가. 해와 달의 운행과 함께 우주가 돌아가면서 그 안에서 수 화 목 금 토 오행의 기운으로 움직여지는 것이 우리 존재이기 때문이고 모든 인문·과학·예술 등 학문 연구의 토대가 된다고 생각했기 때문일 것이다.

무극이태극無極而太極

'무극이태극'은 무극이 곧 태극이라는 우주 만물의 근본을 뜻한다. 무극은 아득해서 극이 없다는 뜻이고 태극은 이와 반대로 극이 아주 원대하여 끝 간 데 없다는 것으로 아무리 크게 변화하여도 결국은 본질로 돌아오게 된다는 의미를 담고 있다.

우주의 근본이 그러하듯이 자연계의 모든 생명체 또한 무극에서 생겨나 태극이 되며 돌고 돌게 되는 것이다. 우주의 근원적 활동으로 볼 때 무극의 끝인 태음이 점점 자라나 태양의 정점인 태극이 되며 우주 공간이 생기는 것이다. 아무 것도 없는 혼돈의 세계, 카오스의 세계에서 어느 순간에 물기운 불기운이 나타나면서 은근하게 휘감아 돌아 태극구조의 곡선이 생긴다. 다시 말해 우주의 근본인 무극에서 음과 양이 갈라지고 태음과 태양으로 커지면서 태극으로 휘돌아 감으며 무한한 변화를 이루어 간 것이 우주 자연이고 우리 춤의 몸짓 또한 그렇게 생겨난 것이다. 모든

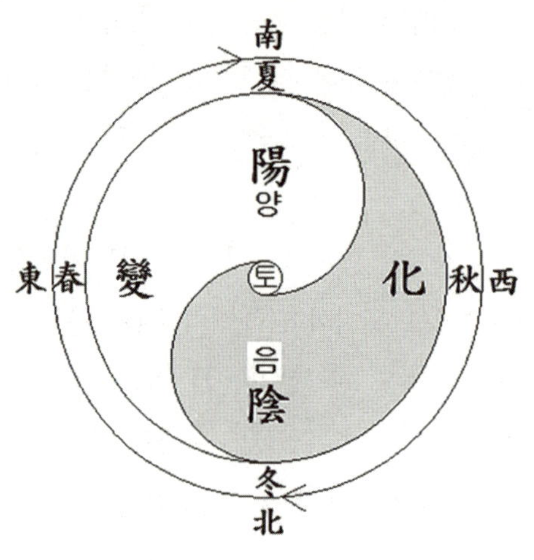

태극 음양오행도

춤에서 나타나는 '무극이태극'의 원리는 오름과 내림, 맺음과 풀음, 채움과 비움 등 천변만화로 움직이고 있다.

춤사위로 '삼진삼퇴'三進三退가 있는데, 삼진을 통해 열리고, 삼퇴를 통해 닫히는 열림과 닫힘의 원리라고 할 수 있다. 중요무형문화재 제 27호 '승무'의 염불 과정을 보면 처음에 땅에 엎드려서 천지인의 동작으로 하늘에 예를 드리고 몸을 좌우로 틀면서 태극으로 움직이다가 급기야 일어나서 나아갈 방향을 정한다. 삼진으로 앞으로 나아가고 삼퇴하면서 뒤로 들어와 자기가 처음 있었던 곳으로 다시 되돌아온다. 이것이 승무의 처음 부분이다. 삼진의 발걸음은 왼발 오른발 다음, 세 번째에서는 잦은 발로 쭈르르 나가며 형태가 변한다. 이렇게 음양이 만나서 세 번 만에 새로운 창조가 생기는 것이 삼진이고, 삼퇴의 발걸음도 같은 이치이다. 또한 몸이 자연스럽게 태극으로 돌려졌다가 다시 들어오고, 또 다시 태극으로 돌려지면서 무수한 반복을 하게 된다. 모든 춤사위는 이와 같이 태극으로 열리고 닫히며 다시 소통하고 이어진다. 이 몸짓이 바로 자연스럽게 '무극이태극'의 형상으로 움직여지는 우리 민족의 몸짓이고 생명 가진 존재의 움직임이다.

중요무형문화재 제 27호 '승무'

무시무종無始無終의 철학

우리 민족의 최초의 글이라 할 수 있는 천부경天符經을 보면 처음에 '일시무시일'一始無始一로 시작해 마지막에 '일종무종일'一終無終一로 끝나는데 그 안에는 바로 '무시무종'無始無終의 철학이 들어 있다. 우리춤 구성을 보면 닫힘과 열림, 엎고 제침 등 맺고 풀음의 무한한 반복과 순환으로 이어지며 천부경의 사상이 그대로 담겨 있다. 천부경의 내용은 일一에서 십十까지의 수를 가지고 우주 구성 체계를 풀이하고 있는 81자로 된 짧은 경문이다. 원문은 다음과 같다.

一始無始一	일시무시일
析三極 無盡本	석삼극 무진본

天一一 地一二 人一三　　천일일 지일이 인일삼

一積十鉅 無匱化三　　일적십거 무궤화삼

天二三 地二三 人二三　　천이삼 지이삼 인이삼

大三合六 生七八九　　대삼합육 생칠팔구

運三四 成環五七　　운삼사 성환오칠

一妙衍 萬往萬來　　일묘연 만왕만래

用變不動本 本心本　　용변무동본 본심본

太陽昻明 人中天地一　　태양앙명 인중천지일

一終無終一　　일종무종일

첫 구절에 하나로 시작하나 무에서 시작한 하나이고 마지막 구절에도 하나로 끝마치나 무로 마치는 하나이다 라고 한 것은 시작도 없고 끝도 없는 무시무종無始無終의 철학을 그대로 말하고 있다. '석삼극무진본'은 셋으로 지극히 나뉘는데三極: 천극, 지극, 인극, 그 본은 다함이 없다 라는 것이다. 그 다음 하늘 하나가 그 첫번째가 되고, 땅 하나가 그 두번째가 되며, 사람 하나가 그 세번째가 되는 것은 바로 천지인天地人 삼재三才를 뜻한다. 그와 같이 땅 하늘 사람을 기본으로 하여 대삼大三의 합이 여섯이고 거기서 칠팔구가 생긴다. 그 다음 운삼사運三四라는 구절에서 삼사三四라는 것은 예를 들면 우리춤 기본 가락인 굿거리 장단이 있는데 셋씩 이루어진 한 박이 네 번 모여 12박의 굿거리 한 장단이 되는 셈이다. 큰 구조로 보면 네 박으로 계절로는 춘·하·추·동春夏秋冬 사계, 일생으로는 생·장·수·장生長收藏, 생명의 본성으로는 원·형·이·정元亨利貞 등으로 생각할 수 있다. 큰 틀로는 네 박이지만 셋씩 이루어져 있어 잘게 쪼개면 작은 십이 박이 된다. 네 박이 '하나둘셋, 둘둘셋, 셋둘셋, 넷둘셋'으로 구성되며 구음으로는 '덩기덕, 덩 더르르르, 쿵기덕, 쿵 덕'이 된다.

　　바로 굿거리 한 장단의 구성 체계는 계절로는 춘하추동이고 일년으로
는 열두 달이 되는 것이고 오행으로 다섯 번 돌아가면 육십갑자가 되는
것이다. 결국은 굿거리 한 가락 춤이 시작도 없고 끝도 없이 무한하게 이
어진다. 끝없이 움직여지는 삶의 몸짓인 춤은 바로 '무시무종'의 철학을 담
고 있다.

우리의 정체성은 살아있는가

문화정체성이란

근현대를 지나오며 한국문화는 세계 각종 문화의 무분별한 도입과 영향으로 외래문화의 성향에 젖어있어 고유의 정체성을 상실하고 있다. 겉모습은 한국 사람인데 생각하고 행동하는 것은 너무 많이 변해 있어 본래 모습이 어떠했었는지 모를 지경이다. 요즈음 한편으로는 한류라 하여 한국의 대중문화가 전 세계에 많이 알려져 선풍을 일으키고 있다. 주역의 대가 김석진은 싸이의 말춤에 대해 윷놀이와 함께 다음과 같이 풀고 있다.

말馬은 지지地支로 오午에 해당하니 때가 오후로 넘어가는 중간의 변화를 말하네, 말은 또 상고上古로부터 윷놀이의 그 말판이네. 박달나무를 쪼개니 음양, 윷가락이 네 개니 사상四象, 앞뒤가 있으니 팔괘, 도개걸윷모는 오행을 의미하니까 주역과 천부경의 우주원리를 다 담고 있어. 그게 정초, 즉 때가 바뀔 때의 놀이 아닌가. 아랫마을 윗마을이 말판에 모여 춤을 추며 윷놀이를 즐겼지. 말춤은 싸이가 만들었지만 어쩌면 새 시대를 맞는 상징적인 춤인 게야. 평화를 사랑해온 우리 민족은 문화로 일어나게 돼 있어. 두고 보라고. 싸이가 말춤으로 지구를 한바퀴 돌아오면 세상이 슬슬 바뀔 걸세. 우리나라가 주역에서 종만물 시만물終萬物 始萬物의 땅 간방艮方·東北方 아닌가. 그 동안의 긴 역사가 한반도서 매듭짓고, 한반도서 새롭게 시작하는 때가 온 거네. 결국 우리 민족이 세계의 문화와 정신문명을 이끌게 될 걸세.　　　　　　　　　　　　　　　(경향신문, 2013. 1. 10.)

다름 아닌 세계 문화에서 정신문명을 이끌어갈 우리 민족의 역할에 대해 피력하였다. 그러나 이러한 긍정적인 기류가 형성될 때 다시 한번 근본에 대한 성찰을 하지 않을 수 없으며 또한 진정한 한류란 무엇인지 문화의 본질적 관점에서 살펴보아야만 할 것이다. 한류현상이 아무리 대중문화의 차원이라 할지라도 정통으로 이어져 오고 있는 구체적인 전통문화의 뿌리가 무엇인지를 인식하여 그것을 근원으로 삼아야만 할 것이다.

바른 말에 바른 몸짓이

우리가 쓰는 말과 몸짓은 어떤 상관관계가 있을까. 말과 글의 사용은 그 대상을 있는 그대로 드러낸다는 점에서 매우 중요하다. 문자화된 글이 말을 그대로 옮겨놓은 것이라면, 그 말은 그 민족의 얼과 혼이 그대로 담겨진 것이다. 이에 대해 우리말학자 이오덕은 〈우리말 우리얼〉 제 1호(우리말 살리는 겨레모임, 1998)에서 우리말을 바로 쓰면 죽어가는 생명도 살릴 수 있고, 말 자체가 우리 목숨과 같이 소중한 것임을 강조하면서 잘못된 우리말·우리글에 대하여 다음과 같이 한탄하고 있다.

제 목숨덩이를 스스로 내버리고 짓밟는 이 엄청난 짓을 저지르고 있으면서도 우리는 거의 모두 그 사실을 깨닫지 못하는 괴상한 겨레가 되어가고 있으니 참으로 어이가 없다…… 이렇게 해서 오랜 세월이 흐르는 동안에 우리말과 우리글은 조금씩 조금씩 외국글과 외국말에 그 자리를 빼앗겨 시들고 죽고 어지럽게 되었습니다. 그렇게 병들고 죽어간 우리말과 함께 우리 겨레의 얼도 병들어 죽게 되었습니다. 이것이 바로 우리가 걸어온 빗나간 길입니다. 비뚤어진 역사입니다.

20세기 초부터 근 반세기 동안 한국의 역사적 상황은 나라의 주권은 물론 나라말·나라글까지, 더구나 조상에게 물려받은 성씨까지도 모두 빼앗겨 버린 비참하고도 처절한 시기였다. 바로 1세기 전인 일제강점기 때 일본을 통해 우리나라에 들어온 예술용어, 학문용어 등이 지금도 그대로 쓰이고 있는데 바로 그 어휘가 학문용어일 때 학문의 규정적 속성 때문에 고정의 관념으로 굳어지게 되는 문제가 있다.

나는 1970년 초에 주로 올림픽이 거행되는 지역을 중심으로 여러 나라를 돌며 몇 개월씩 국립민속예술단(국립무용단전신)으로서 나라 대표로 참가한 적이 있다. 그때 반 년 이상씩 공연 준비를 하였는데 기본춤을 훈련하며 그 이전에는 없었던 이상한 경험을 하였다. 진땀이 나고 몸이 틀어져 도저히 더 이상 움직일 수 없었던 기억이 있다. 그 때 집중 훈련용으로 추었던 기본은 그 당시 원로 무용가들이 가르쳤던 일본 영향을 받은 소위 '신식 한국춤'이었다. 지금 생각해보면 그 기본이라는 것이 내가 어려서부터 하던 우리춤과는 다른 식의 것으로 뭔가 왜곡된 기본 몸짓을 한 결과 몸에서 받아 내지를 못하고 거부 반응을 일으킨 것이다. 몸은 거짓

말을 못하고 정확하다는 것을 실감하였다. 유명 원로 무용가들이 지도한 기본 동작들이 잘못 변형된 우리춤의 실상을 그대로 드러낸 것이었고 지금도 어느 면에서는 그대로 이어지고 있다. 따지고 보니 일제 강점기때 신학문 용어로 들어온 '무용'이라는 어휘를 쓸 때부터 우리 몸짓이 왜곡되기 시작한 것임을 알 수 있었다. 바로 '춤'에서 '무용'이라는 용어로 뒤바뀌던 그 시기가 우리춤이 중심을 잃으며 빗나가게 된 분기점이라 할 수 있다. 그럴진대 왜곡된 역사의 흔적인 '무용'이라는 용어를 굳이 사용할 이유는 없어지며 본래의 말을 되살려 써야 한다고 본다.

그 동안 어느 누구도 '무용'이란 용어 사용을 굳이 바꾸자고 주장하며 나선 것도 아니고 그렇게 한번 규정된 말은 무의식적으로 이어지게 되는 것이다. 이것은 '무용'에만 해당되는 것이 아니라 우리가 지금 쓰고 있는 전문용어, 학술용어 등의 많은 부분이 그렇지 않나 생각한다. 이런 말들이 탈역사성을 가지고 무감각하게 받아들여져 잘못되어 갔을 경우 더욱 더 심각한 문제를 불러일으키게 된다.

이러한 현상은 말과 글로 이루어지는 학문의 세계에서는 더욱 치명적인 일이고, 더구나 우리의 학문은 살아날 길이 없다. 그렇기 때문에 우리 몸짓의 정통성과 그 말의 표현을 제대로 회복하기 위하여 찾은 용어가 바로 '춤'이다. 그러한 확신을 갖고서 1974년 첫 개인발표를 할 때 '이애주 춤판'이라는 제목을 달았다. 그 당시의 경향은 일반적으로 '○○○ 무용 발표회'라는 식으로 하던 때로, 지금 생각해도 혁명적인 표현을 했다고 생각된다. 그 당시 주변에서 "공부한 사람이 상스럽게 춤은 뭐고 더군다나 판은 뭐야"라는 식의 공격을 당했다. 그때 마침 북한에서 출간된 '고구려 고분벽화'라는 큰 도판 책이 일본에서 영인본으로 재출간되어 보게 되었는데 겉장을 넘기자 목차가 보이면서 뭉클한 감동이 밀려 왔다. 바로 '춤'이라는 말이 눈에 확 띄었고 그 뿐만 아니라 우리는 '무용총'이라고 배웠는데 그 책에는 '춤무덤'이라고 되어 있었다. 내가 공격받았던 '춤'이라는 용어를 북쪽에서는 그대로 쓰고 있는 것이 아닌가. 바로 왜곡되기 전 본래의 우리말이다. 또한 우리가 배운 '삼실총'을 북쪽에서는 '세칸무덤'으로, '각저총'은 '씨름무덤' 등 쉬운 말로 쓰고 있었다. '판'이란 말도 몇 년 전에 세계문화유산에 등재된 우리나라 판소리의 '판'이 그것이다. 1970년 초부터 원래 쓰던 우리 말로 복원하고자 한 내 생각이 옳았구나라고 생각하며 춤과 말과 정신이 같이 간다는 것을 새삼 인식할 수 있었다.

바른 역사 인식은

나의 존재가 무엇이고 어디에 위치하고 있는지를 알기 위해서는 역사가 어떻게 흘러와 여기까지 오게 되었는지 바로 알아야만 할 것이다. 어떤 경우에서든 자신이 처하고 있는 역사를 모르면 자신의 근본을 모르는 것과 같다. 누구든 무엇을 하든 나라 역사를 바로 알지 못하면 어떤 생각과 표현도 제대로 할 수가 없다. 이러한 역사인식은 저절로 생기는 것이 아니라 제대로 살면서 부단히 자기 혁신을 이루어 나갈 때 자연스럽게 생기는 것이다. 예컨대 춤에서는 우리 몸짓을 제대로 하고 있는지 아니면 남의 나라 것을 왜곡되게 따라하면서 우리춤이라고 하는지 그 실상에 대한 인식조차 할 수 없게 된다. 춤 연구야말로 그 기초가 되는 역사관이 바로 서야 시작될 수 있으며 그러한 토대 위에서 올바른 가치관이 정립되고 올바른 역사인식을 할 수 있다.

우리 교육에서 역사를 배우긴 배웠는데 대부분 일제 강점기 시절, 일본 학자들에 의한 반도사관 중심의 식민사관 역사를 배웠다. 해방되고 나서도 미군정이 들어서며 또 다른 신식민서구사관의 틀에 잡히게 되어 아주 혼란스런 역사인식을 갖게 되었다. 우리 민족이 원래 광활한 만주벌판을 누비며 살던 때와 같이 큰 호흡으로 대륙사관의 역사인식을 갖고 본래의 역사를 되살려내야 한다고 본다. 그러기 위해서는 발로 뛰고 온 몸으로 하는 살아있는 연구자세가 필요하다. 예컨대 나는 1990년대에 춤의 뿌리를 찾느라 고구려 고분벽화가 있는 집안集安을 십 여 차례 다니면서 춤무덤과 씨름무덤 안으로 직접 들어가 고구려춤의 내용을 확인할 수 있었으나 그 이후로는 영영 직접 볼 수 없고 접할 수 없는 역사가 되어 버렸다.

중국에서 내세운 동북공정이라는 것도 자기네 관점에서 우리 역사 자체를 왜곡시킨 것이고 요즈음 또 다시 만리장성을 들고 나온 것도 같은 맥락의 역사 파괴를 하고 있는 것이다. 장성택은 벌써 몇 십 년 전에 '쉬지 말고 중국사를 가르쳐라'라는 교시를 내려 국가정책으로 실행한데 반해 우리는 중국 눈치나 보면서 지금도 저자세로 마치 '하라시는 대로 알아서 하겠습니다'라는 식의 정책으로 일관하고 있다. 우리는 우리 자신부터 역사 왜곡을 하고 역사문화를 말살하고 있는 것은 아닌가 자문하며 우리 자신이 알아서 혼도 내던지고 얼도 버리고 홀대를 하는 등 역사를 농단한 게 아닌가 깊이 자책하게 된다. 또한 나라의 역사를 제대로 안 가르치고 역사교육에 인색한 것도 문제이다.

일본의 정신대 위안부 문제와 독도 문제도 마찬가지이다. 나서서 몸으로 싸우고 주권을 지키려는 이들은 공식적으로 힘이 없는 정신대 할머니와 일반 국민들밖에 없다. 예컨대 정신대 할머니들이 일본 국회 앞에 가서 항의하고 투쟁하여도 정부는 방관자적 입장이다. 바로 한국을 둘러싼 동북아와 미국 러시아의 1900년대 구도가 지금까지 내려오는 것이다.

춤은 시대정신과 함께

지금 존재하는 어떤 춤이든 알고 보면 우리가 살아 온 역사만큼이나 길고 많은 창조적 과정을 거쳐 온 것이다. 춤을 통해서 역사의 시대정신을 알 수 있고 미래에 도래할 세상을 감지하게 된다. 그렇다면 춤에서 한판춤은 시대의 가장 첨예한 민중들의 삶의 쟁점, 즉 역사적 쟁점이 결정한다고도 할 수 있다. 역사 속에 존재하는 춤의 가치들을 가려낼 줄 아는 것이 춤에서 올바른 역사인식이라면, 그것을 당대의 춤으로 정립하고 확산하는 작업 또한 참된 춤을 지향하는 춤연구의 길이라 생각한다. 춤은 역사에 나타난 시대정신의 발현이다. 다음에 내가 70년대부터 해왔던 춤 작업을 반추해 보려 한다.

땅끝

1974년에 '이애주춤판'으로 공식적인 첫 개인발표회를 가졌다. '춤판'의 의미는 열려진 공간의 개념으로 춤꾼과 관객과 발표장이 삼위일체로서 하나된 춤마당이 된다는 뜻이다.

춤판 1부에서는 어려서부터 닦아 온 전통춤을 총정리하였고 2부에서는 '땅끝'이라는 창작춤을 발표하였다. 그 내용은 남해 외딴 섬에서 수탈을 일삼는 섬주에 맞서 소작쟁의를 벌이는 소작인들의 투쟁과 사랑을 담은 내용이었다. 그 공연 당시의 참여 열기는 대단하였다. 이종구(한양대교수·작곡), 김영동(서울예술대 교수·작곡) 등이 음악을 만들었고 전국 각 대학에 만들어진 탈패들 중에 엄선하여 50여 명 정도가 함께 신명을 낸 대규모 춤판이었다. 채희완(부산대교수·미학)이 섬주를 하였고 나는 섬주에게 괴롭힘 당하고 항거하는 마을처녀 역이었다. 김민기(연출가·민중가수)는 소작 청년의 끓어오르는 열정과 투쟁을 노래하였다.

'땅끝' 춤판이 끝나고 다음과 같이 언급한 자료가 있다.

> 1974년 국립극장에서 공연한 "이애주춤판"중 창작무용 '땅끝'은 민족무용에 대한 확고한 신념, 민족 현실에 대한 예리한 통찰력 등을 토대로 당시의 시대 체험적인 예술 의지를 미적 가치의 세계로 구상화함으로써 주목을 받은 바 있습니다.
>
> (나눔굿 자료집 中, 1984)

나눔굿

1984년에 펼친 '나눔굿'은 불교의례인 '식당작법'을 바탕에 깔고 뺏고 뺏기는 먹이사슬의 사회구조를 풍자하며 밥은 나누어 먹어야 한다는 주제를 가진 나눔의식의 춤이다. 그 때 공연 자료에는 다음과 같이 내용을 적었다.

불교의례의 하나인 '식당작법'食堂作法을 바탕으로 오늘날 우리에게 요망되는 참다운 불교정신과 사회의 실상을 담아보고자 한 창작춤판 '나눔굿'은 양식상의 실험정신이나 주제상의 문제의식도 그러하려니와, 무용계를 비롯하여 연극계, 음악계에서 남다른 창조적 개성을 국내외에서 과시한 젊은 주역들이 10년 만에 다시 모여 판을 함께 구미고 있다는 점에서도 큰 뜻이 있습니다.

나눔굿 포스터, 1984

나눔굿의 내용은 다음과 같은 주제로 되어 있다. 판열음, 첫째마당 作法, 둘째마당 아수라 밥판, 셋째마당 밥그릇 살풀이, 대중공양 등의 순이다.

도라지꽃

1985년에 벌인 '도라지꽃' 춤판은 조선여성 수난사의 관점에서 일제에 밟힌 "挺身隊의 恨"을 중심으로 빚어진 야외 대형 춤판이었다. 단오대동굿의 일환으로 석촌호수 옆에 있는 서울놀이마당에서 낮에는 참여마당으로 탈춤, 강강술래 등을 강습하였고 저녁에는 횃불을 켜 들고 '도라지꽃'

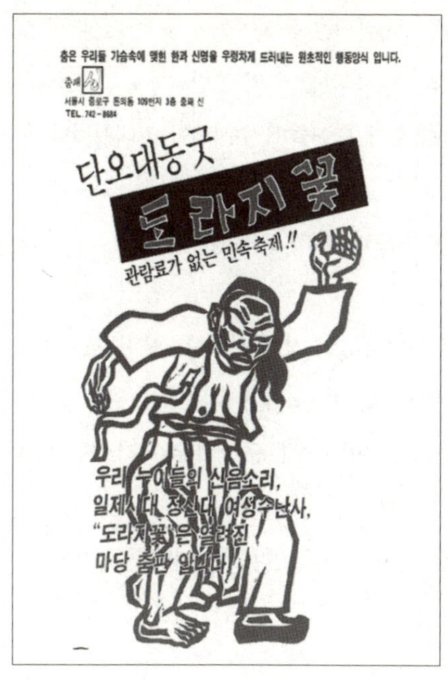

도라지꽃 포스터, 1985

공연을 했다. '도라지꽃'은 정신대를 일컫는 말로 조선의 어린 꽃들이 정신대원으로 끌려갈 때 일본 말로 '삐삐'라고 하였는데 우리말로는 '도라지 꽃'이다. 그 춤판을 벌인 지 거의 30여 년이 흘러갔지만 아직까지도 정신대 위안부문제의 역사적 해결은 되지 않고 있다. 민족미술협의회의 당대 최고 화가였던 故 오윤 화백이 제작한 도라지꽃 판화는 지금도 우리나라 미술사에서 명작으로 거론되고 있다.

다음은 '도라지꽃' 공연자료집에 실린 내용이다. 소주제는 판열음, 첫째마당 : 새야새야 파랑새야, 둘째마당 : 식민지에서 우리들의 누이는, 셋째마당 : 세상, 맺음굿 등이다.

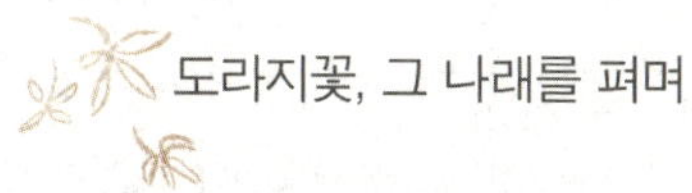

도라지꽃, 그 나래를 펴며

이애주

깊은 산, 높은 곳, 높파람이 골짝을 가르는 곳에 핀 도라지꽃이 더 성성한 것은 그 꽃이 고산식물이라서가 아니라 민중의 분노, 그 순결이 그 어떤 침략과 짓밟힘도 뿌리치고 누리에 맑은 빛으로 되살아난 까닭입니다. 그리하여 일제에 희생된 정신대를 도라지꽃이라 하였거니와 그네들의 천추에 맺힌 원한을 다시 쳐온 오늘의 왜놈에 의하여 짓밟히는 민중의 노여운 항거로 되살려 풀어 봅시다.

우리의 춤이 늘 주어진 판을 깨며 시작되는 몸짓이듯이 우선 작살판으로 판을 열고 평화마당, 침략과 저항 그리고 민중에 의한 민족해방 그 염원의 세계를 몸으로 빚어가는 이 한판에 함께 뛰어들어 주시기를 고대합니다.

'도라지꽃'의 작품해설과 판구성은 다음과 같다.

역사상 가장 처절 잔혹한 여성수난사였던 정신대 이야기를 주조로하여 과거와 현재를 재조명하면서 궁극적으로는 올바른 여성해방, 참다운 인간해방의 미래를 예감케 하려는 춤, 그림, 노래, 문학이 총체적으로 모두 함께 어울린 새로운 양식의 공연 춤판.
판의 구성은 작살판, 평화마당, 침략과 저항, 민중의 해방판 등으로 하였다.

'도라지꽃'의 내용은 일제에 밟힌 정신대의 억울한 영혼과 해방과 동시에 미군정이 들어서며 미군들한테 짓밟히고, 1970년대로 넘어오며 수출공단이 들어서 일본 쪽발이 사장들한테 다시 밟히고 마는 우리 어린 누이들이 당했던 조선여성수난사라고 할 수 있다. 예를 들면 일본 순사들이 군가를 부르면서 군화발로 어린 소녀들을 짓밟고 누이들은 다 쓰러져 갔다. 그 아픔속에서도 다시 일어나면서 항거춤을 추기 시작한다. 항거춤 처음에 굴비 엮인 것처럼 몸을 굽혀 서로서로 앞사람 허리를 부여잡고 한 발씩 고통스럽게 떼면서 '새야새야 파랑새야' 내용을 조금 바꿔서 노래한다.

새야새야 파랑새야 녹두밭에 앉지마라
녹두꽃이 떨어지면 청포장수 울고 간다

북간도라 타향살이 서럽기도 하건만은
삭풍에 칼을 갈아 망국왜적 도륙치세

해야해야 빨간해야 이천만민 핏덩이해야
　　일장기에 노닐다가 피눈물을 쏟을지어

새야새야 파랑새야 ~

　이 노래를 하면서 허리잡았던 손으로 슬근슬근 치마를 풀어서 일순간에 세차게 위로 뿌리며 '치마 항거춤'을 추고 다시 일어나는 합동 군무를 펼쳤던 기억이 새롭다.

춤과 미술의 만남

　1986년 서울대 개교 40주년 기념으로 '춤과 미술의 만남' 행사(서울대 문화관 소강당)를 했다. 유홍준 교수가 미술사 강의를 하고 나와 춤패 신이 그림에 나오는 춤 시연을 했다. 그 당시 '춤과 미술의 만남'에 대한 의의와 내용을 자료집에 다음과 같이 설명하였다.

　춤과 미술의 만남이라는 이 독특한 공연은 우리네 삶과 정서가 전통예술 속에 어떻게 나타나 있으며, 그 예술적 특성은 무엇인가를 알아보고자 하는 뜻에서 마련된 것입니다. 이 공연의 구성은 먼저 한국 미술사에 나오는 춤그림, 춤사위와 연관되는 도상, 춤의 분위기와 상통하는 작품들을 슬라이드 해설과 함께 감상하고, 이어서 춤을 재현하는 방식으로 꾸며졌습니다. 우리는 이러한 새로운 공연방식을 통하여 춤과 전통미술의 미학적 탐구와 예술적 감동이 함께 어울어지는 한판의 굿을 짤 수 있을 것이며, 이를 바탕으로 우리 시대의 참된 민족예술의 실현을 모색하여 보고자 합니다.

◎ 공연구성

제 1부 •미술: 조선시대 의궤도(儀軌圖)·계회도(契會圖)

•춤: 일무(佾舞)·춘앵전(春鶯囀)

•미술: 고구려 고분벽화·고려불화

•춤: 승무(僧舞)

제 2부 •미술: 조선시대 풍속화·불화·민화·장승

•춤: 허튼춤(양반춤·병신춤)

•미술: 우리 시대의 미술

•춤: 우리 시대의 춤

그 당시 장소도 어렵게 대관
했고 지원도 한 푼 못 받아 몇
몇 분들의 후원과 사비로 행사
를 치룬 기억이 난다. 사실은 미
술대 학생들이 왔어야 했는데
나중에 들으니 그 날 미대에서
는 학생들 데리고 답사를 떠났
다고 들었다. 그 사실이 못내 안
타까웠지만 행사장을 꽉 메운
열기는 대단했다. 마치 오윤 판
화의 포스터처럼 솟구치는 기운
으로 신명의 한 판이 되었다.

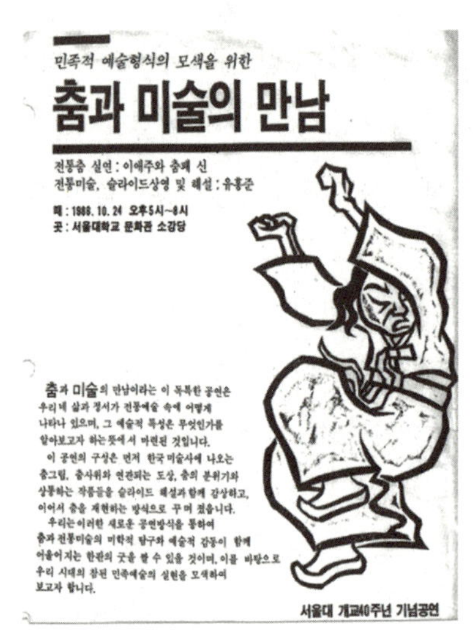

춤과미술의만남 포스터, 1986

바람맞이

바람맞이는 1987년 연우무대가 신촌에서 혜화동으로 이전하며 6월 초에 개관 공연으로 올리게 되었다. '바람맞이' 구성은 씨춤·물춤·불춤·꽃춤이었는데 큰 틀로는 생장수장의 생명의 이치를 토대로 하여 불의에 항거하는 민중의 저항정신을 담은 내용이다. 바로 그 첨예했던 80년대 중반의 시대정신이 창조적인 상생의 몸짓으로 빚어진 작품이다. 바람맞이의 공연 자료집에 실린 춤내용과 의도이다.

"춤은 만들어지는 것이 아니고 추어지는 것이다."

'진실된 일'을 통해서 사람의 몸도 마음도 질서지워진다. 그것은 가장 인간다운 삶의 한 방식이다. 아니 인간다운 삶 자체이다. 춤은 '진실된 일함'을 통해서 건강해 질 수 있다. 일은 우리들을 둘러싸고 있는 상황들의 모순을 극복하고 인간의 올바른 삶을 확장시키고 심화시키려는 제반 몸짓이다. 그 몸짓이 자연스럽게 표현되어지는 것이 바로 춤이라고 한다면 춤은 '진실된 일'을 통해서만이 건강해질 수 있는 것이다.

우리춤과 외래적인 것을 '안무'나 '창작'이라는 이름 아래 마구잡이로 접목하고 있는 기현상들은 민중적 표현의 추상화와 민족적 형식의 허상화를 더욱 가중시켜 본디 우리 춤판이 갖고 있는 도도한 낙관적 결의를 잃어버리고 공허한 몸짓과 손 발 놀림으로 공간을 구획하는 '형식적인 선'으로만 남아 떠돌고 있다. '진실된 일함'이 개입되지 않는 춤은 일과 놀이의 순환을 끊고 놀이만을 강요하여 우리 몸을 허수아비로 만들어 자기 덫에 빠질 수밖에 없다. 그러한 '억지춤'은 또 다시 우리 생활을 가위눌리게 하고 마비시키는 문화로 결국 이용되고 만다. 그렇다. 춤은 '안무'에 의해서 만들어지는 것이 아니라 이 세상의 '진실된 일'들이 우리들로 하여금 온몸을 움직여 춤을 추게 한다. 춤은 '놀이'속에서만 떠돌고 있을 것이 아니라 우리 시대의 가장 첨예한 일과 함께 통일되어 '일의 춤'으로 끊임 없이 생성되어져야 한다.

오늘 여기에 준비하는 한판 춤 '바람맞이'는 바로 이러한 깨달음에 따라 우리춤의 참모습을 오늘 속에 끌어내 보려는 시도의 첫걸음이 될 것이다. 즉 이번 춤판은 의도적인 '안무'가 아니라 그 동안의 '춤학습'과 여러 '상황판', '즉흥판' 등에서 추어졌던 '일의 춤'들이 쌓여 한틀거리가 자연적으로 생겨나면서 자리를 잡게 되었다. 그 내용들 역시 일하는 이들의 목표와 염원의 실현양식으로서 모색되었다.

우리춤의 춤사위와 춤의 구조를 압축시키면 살풀이가 된다. '바람맞이' 란 바로 이 살풀이틀로 빚어지었다. 사람의 몸이 균형을 잃어 병이 들면 우리는 이것을 바람맞았다고 한다. 바깥바람을 견디지 못하여 쓰러진 민족의 분단이 그러하고 그 아픔이 개개인에게 각양각색으로 치명적으로 집중되는 사실이 그렇다. 그러나 우리 내부에서 끊임없이 부는 자기 복원의 바람이 대기의 바람과 일치하게 되면 우리는 반드시 삶의 균형을 찾아 스스로 일어선다. 이때 대기의 바람은 추상적인 바람이 아니라 세상의 바람, 역사의 바람이다. 그렇다. 그 바람은 온몸을 내던지려고 나서는 사람의 간절한 바람이기도 하다. 그렇기 때문에 한판춤 '바람맞이'는 이를 준비하는 몇 사람의 것이 아니다. 이것은 우리 모두의 필연적인 자기 몸부림임을 자부한다. 스스럼없이 있는 그대로 우리 속에서 일고 있는 자기 복원력으로 그야말로 자기회복의 바람맞이를 나서는 것이니 다같이 함께 추어주기를 바란다.

6월 26일에 다시 서울대 아크로폴리스 광장에서 '바람맞이' 춤판을 벌렸다. 학생들이 너무나 보고 싶어 하여 우여곡절 끝에 춤판을 열게 되었다. 8월에는 부산 문화기획 자갈치 초청으로 대연성당 큰 마당에서 바람맞이를 추었는데 비가 주룩주룩 내리고 있었다.

바람맞이(서울대 아크로폴리스, 1987)

다음은 부산 공연 자료집 '이애주 춤판 기획에 부쳐서'의 내용이다.

"이애주" 이 춤꾼의 이름은 6월투쟁을 거치면서 모든 국민이 알게되는 이름으로 되었다. 어떤 사람은 춤이 정치와 연결되는 부분에 대해서 의아해 하기도 하고, 어떤 사람은 또 정치와 관계가 되었기 때문에 박수를 친 사람도 있었다. 그러나 6월의 열기가 상대적으로 누구러 들면서 이제 진정한 자주와 민주를 위해 더욱 노력해 나가야 할 시점에서 우리는 이 시대의 춤에 대하여 다시 한번 질문을 던지게 된다.

과연 이 시대의 춤은 비단 옷을 입고 마냥 우아하게 추어야만 하는가? 우리것이라 알고 있는 손님 대접용의 부채춤이 진정 우리의 춤인가? 춤은 계속 전문가가 보여주는 춤으로써만 추고 우리는 계속 보기만 하면 되는 가? 라는 것이다. 이 모든 질문에 우리는 아니라 대답한다. 우리가 알고 있는 춤은 얼마나 우리의 생활과 동떨어져 진행되어 왔는가. 모든 예술, 모든 몸짓이 이 시대의 인간의 생활과 무관하지 않을진대 우리의 춤은 이제 무용실을 나와야 할 것이다. 더 이상 우리민족의 생활과 무관한 억압자의 눈요기로서의 춤을 벗어던져야 한다.

우리 모두는 항상 춤을 추어 왔었다. 아니다라고 대답하는 사람이 있다면 자기도 모르게 무의식적으로 몸짓이라도 했을 것이다. 나날의 생활 속에서 우리는 반생명적이고 반인간적인 상황에 부딪혔을 때 우리는 거부의 몸부림을 치게 된다. 이 시대의 춤은 온갖 반생명적 반인간적 상황에 대처한 우리의 몸부림에서 비롯될 수밖에 없다. 상황에 대처한 이 시대 춤사위가 되고 우리를 더욱더 힘차게 진보시키는 춤의 토대가 되는 것이다. 그러기에 우리 사회에 엄청나게 판을 치는 디스코 온갖 형태의 잡종 춤사위는 이 시대의 인간회복의 몸짓으로는 될 수 없다. 춤꾼 이애주는 이 시대 진정한 인간해방의 공동체를 위해 계속 춤을 춰 온 사람이다. 그러기에 그녀는 전국의 민주화대행진 서울대 출정식에서 이한열열사의 장례식에서도 춤을 춘 것이다. 우리의 사수와 민주. 우리의 생명이 압제자들에 의해 바람맞고 쓰러져갈 때 우리는 이 바람을 거슬러 몸부림칠 수밖에 없다. 한판춤 '바람맞이'는 바람맞는 이 시대에 생명회복의 몸짓이다. 우리는 같이 춤을 춰야 한다. 진정한 생명의 공동체를 위해 6월 항쟁의 최대격전지인 부산에서 이애주 한판춤을 기획한데 대해 온 부산의 애국시민과 같이 축하하는 바이다.

인류문명사 속에서 보는 한국춤

인류문명권의 이동

춤은 태고적부터 그 시대의 몸짓이 함축되어 역사의 축적과 함께 빚어져서 현재에 이른다. 한국춤도 우리나라의 초창기 역사와 함께 민족의 시원에서부터 출발하였기 때문에 인류문명권과의 큰 틀에서 그 관계를 생각하지 않을 수 없다.

우리 민족의 시원에 대해 거론할 때 민족이 주로 살아왔고 활동무대였던 만주지역의 요하문명권을 거론하지 않을 수 없다. 지금 중국에서 홍산 문화라 하여 자국의 역사로 편입하고 중국 연대를 몇 천 년 더 부풀린 요동 요서 지방의 역사 문화가 바로 요하문명권 아닌가. 그리고 내몽고를 거쳐 그 위로 더 올라가면 바이칼에 닿게 된다. 바이칼 호수의 알혼섬에 샤만 바위가 있는데 그곳 또한 우리 문화의 근원으로서 샤만 무속을 상정해 볼 수 있다.

바이칼 샤만바위(한겨레 김종구 기자 촬영)

문명이 근대화되기 이전인 아주 옛날에는 삶 자체가 춤이었다. 그러나 지난 18, 19세기 이후 근대화의 필연적인 역사적 과정에서 춤은 대중의 삶과 멀어지게 되었다. 최근에는 춤 자체에 대한 인식이 크게 달라져, 춤은 인간의 삶을 풍요롭게 하는 문화영역의 핵심으로 자리 잡아 가고 있다.

근대 이후 인류문명사의 대전변이 시작되는데 바로 문명의 기득권을 잡았던 유럽 중심의 문명권에서 동쪽으로 이동하여 동아시아권으로 넘어오게 된다. 그 중에서도 동북아시아권이 핵심으로 부각되고 그 중심에 한반도가 위치하고 있다. 그러한 면에서 우리나라는 문화의 본질과 정체성을 잘 살려 세계 문명권이라는 큰 틀에서 다시 조망해야 하고 문명 이동의 재편성이라는 면에서 그 중심적 역할을 해야 될 것이다.

문화 종주국으로서의 한국춤

만년 이상의 역사와 함께 구성된 문화종주국으로서의 한국문화 그리고 그 문화의 근원에 뿌리내리고 있는 한국춤은 문화적으로 중심을 잡고 있는지, 또한 그 역할을 제대로 수행하고 있는지 자문하지 않을 수 없다.

70년대 초부터 국립민속예술단(국립무용단 전신)으로 삼십 여 개국을 다니며 각 나라의 국립무용학교, 국립무용단 등을 탐방하고 교류 공연을 하면서 인식한 바에 의하면 온 몸을 자유자재로 놀리며 자연스러운 몸짓을 하는 것이 우리춤이다. 다시 말해 몸놀림에 의해 몸과 마음이 합일되고 정신으로 이어져 자유로운 영혼을 갖게 하는 것이 우리춤이라고 확신한다. 한국춤이 우리의 것이기 때문에 그렇게 말하는 것이 아니고 객관적이고 보편적 진리의 관점에서 그렇게 인정할 수밖에 없는 타당성이 있기 때문이다.

한국춤은 동아시아를 중심으로 한 아시아권과 비단길(실크로드)을 통한 유럽 문명과의 연계성, 미주 대륙과의 연계성 등 인류문명권의 큰 틀에서 조망해 볼 수 있다. 이와 같이 한국춤을 제대로 파악하고 실행하기 위하여는 구체적인 춤과 함께 문명권의 큰 틀에서 폭넓은 논의가 이루어져야 된다고 생각한다.

춤의 속성으로서 大同4무—無 · 巫 · 武 · 舞

춤의 속성을 크게 네 가지로 나누어보니 無 · 巫 · 武 · 舞 등으로 정리할 수 있었다. '大同4무'의 뜻은 크게 속성별로 같이하는 4가지 무 無 · 巫 · 武 · 舞를 말한다. 간단히 살펴보면 역사 기원이 시작한 우주의 텅 빈 무無, 하늘과 땅이 만나 사람이 생기고 하늘에 의례를 지내는 무巫, 그 다음에 살아남기 위한 강건한 몸짓 의례로서 무武, 이 모든 것이 합일되어 배태되어 나온 무舞 등 4무이다. 그리고 결국에는 다시 없을 무無로 돌아간다.

無

무無는 두개의 공共이 하나로 합쳐진 (共+共) 문자로 틈새가 없이 합일됨을 뜻한다. 무無는 무조건 없는 것이 아니라 共 두 개가 합쳐진 것처럼 같이 하는 공유의 정신을 담고 있으며 비어있기 때문에 무한히 채워질 수 있는 토대가 된다. 형체는 바탕이 없는데서 일어나는데 모든 형성된 것은 또한 무상하다. 비어있는 공空의 상태에서 태풍의 눈이 생기듯이 무無 또한 텅 빈 진공상태이다. 마음을 비울 때 무심無心이라 하듯이 다 비우니 공순해지는 공순할 손巽과 통한다. 무無는 무사무위無思無爲의 고요함이다.

巫

텅 비어있는 無의 세계에서 무한한 변화가 생긴다. 태극에서 음양이 갈라지며 둘로 나뉘어지고 그 사이에 그 둘을 잇는 기둥이 세워지며 그 좌우에 사람이 춤을 춘다. 무당 무巫자는 이와 같이 천天 지地 인人으로 기본 토대를 이룬다. 위의 일一과 아래 일一 사이에 하늘과 땅을 잇고 관통하는 뚫을 곤ㅣ으로서 인人이 있고 좌우에 사람 두 명(혹은 양 소매자락이 펄럭임)이 있어 음양이 상응하고 있다. 이것이 바로 무당 무巫로 팔을 벌려서 춤을 추는 형상과도 같다.

무당이 팔 벌려 춤추는 형상

武

호반무武에서 중요한 것은 강건한 역동성이다. 대표적으로 무예는 몸과 마음을 튼튼히 닦는 심신수련이다. 강건한 기운이 역동적으로 돌아가는 무예춤은 고구려 벽화에 천장을 떠받치고 있는 역사들의 몸짓 · 씨름춤 등에서 볼 수 있다.

고구려 고분벽화의 역사춤

한국춤에서 이 무예적인 면이 중요한 이유는 요즘의 한국춤들이 객석위주로 앞을 보며 모양내기식의 무대춤으로 변했기 때문이다. 이 무예적인 면을 다시 회복하여 고구려의 역동성을 되살리는 것은 우리춤뿐만 아니라 모든 문화 부문에서 매우 필요하다고 본다. 바로 본성이 살아 움직이는 역동적이고도 건강한 춤으로 가야 되기 때문이다.

무예가 고도의 기법으로 가면 바로 춤이 되는 것이다. 한 예로 고구려 벽화에 있는 역사의 춤을 보면, 굴신을 깊게 해서 힘을 하단전에 모아 하늘(무덤의 천장)을 받치고 있는 동작이 있는데 주인공인 왕을 호위하고 있는 몸짓이다. 또한 창, 칼 등을 들고 사방으로 기운을 내뿜으면서 여러 가지 형태의 무예춤을 추고 있다. 그래서 호반무武가 춤출 무舞하고 통하며 같은 춤의 맥이라고 할 수 있다.

舞

　춤출 무舞자의 구성은 '없을 무'無와 '어긋날 천'舛이 합쳐진 것이다. '춤출 무'舞의 의미도 장단에 맞추어 무심無心결에 절로 흥에 겨워 손과 발을 엇갈리게 놀리며 춤추는 무아경지를 뜻한다. 또한 어긋난 것을 없게 한다는 의미로서 균형이 어그러진 것을 춤을 춰서 균형을 잡는다는 뜻이다. 이와 같이 어긋난 바를 해결하고자 하는 데에서 춤이 일어나는 반면에 신명이 나거나 신바람이 나 춤추면 어긋나고 맺혀 있는 한이 저절로 풀리게 된다.

　'고지무지이진신'鼓之舞之以盡神이라 하여 두드리고 춤추어 신명을 다한다고 하였다. 북을 두드리다 보면鼓之 자연 신명이 나 어깨춤이 절로 나고舞之 자기도 모르게 정신없이 춤을 추어 신을 다하는 무아의 경지에 들어가는 것이 춤이다.

　무舞는 지금까지의 無·巫·武와 하나로 융합되어 신바람이 나면서 같이 어울려 춤추는 것이다.

　대동大同이란 동시에 모두 함께 춤추며 대동사회를 구현하는 통일 정신에 있다. 곧 '대동4무—無·巫·武·舞'이다.

한국춤은 한밝춤

'한밝춤'은 무엇인가. 우리춤을 일컬을 때 고전무용, 전통무용, 한국춤. 우리춤 등 여러 이름으로 지칭한다. 조금씩 성격의 범위가 다른 그 호칭들을 융합해 하나로 부른다면 무엇이라 할 수 있을까. 한식, 한복, 한국 등과 같이 '한춤'이라고 불러보았으나 그 명칭에도 한계가 있었다. 어떤 사람들은 '한춤'을 애달픈 살풀이로 생각하며 한스러운 춤이냐고 질문해 왔다.

그러나 한에는 여러 복합적 의미가 있다. 하나의 티끌 모래알에도 우주의 무한법계가 들어 있는 하나 즉, 일미진중함시방一微塵中含十方의 의미가 있고 처음 시작인 첫 번째라는 뜻이 있고, 한민족, 한겨레처럼 하나로 융합된 실체라는 의미가 있다. 동시에 하얗고 눈부시면서 검을 현玄을 뜻하기도 하고 '한과 홍의 두 가지 측면(희노애락의 본성)을 모두 갖고 있다.

어쨌든 한춤에 대한 일반의 고정관념과 한계를 불식시킬 어떤 수식이 필요하다고 보고 밝은 빛(밝은 기운)이라는 '밝'을 생각했다. 모든 물체나 형상을 쪼개고 쪼개면 빛으로 남게 되는데 '밝'은 근원적인 빛을 뜻하는 우리말이다. 그래서 '한'에 '밝'을 붙여 '한밝'이라 하였고 역사적으로도 한밝산, 한밝사상 등으로 쓰여진 기록이 있다. 그러니 '한밝'은 이미 증명된 어휘로서 그 모두를 감싸 안을 수 있는 '한밝춤'이라고 이름하였다.

한밝춤은 '대동4무─無·巫·武·舞'로서 모두 함께 하는 광대무변한 공동체의 춤으로 대한민국을 상징하고 세상을 밝혀주는 한빛의 한국춤이라 할 수 있다.

마니산 참성단에서의 한밝춤

춤에서 춤사위를 격물格物의 물物이라 한다면 격물치지格物致知란 사물의 이치를 바로 알아 본질을 파악하고 그 마음으로 바른 춤을 추는 것을 말한다. 그 춤사위를 통해서 정신의 앎에 이르는 것이 춤이다.

모든 만물은 태어나서 성장하고 열매를 맺은 후 스러지고 다시 재탄생하게 된다. 사람의 일생도 갓 태어나면 삼칠일 의례가 있고 일년 지나 돌잔치가 있고 자라면서 성년의식이 있고 육십갑자가 되면서 환갑·회갑이 있고 고희·미수 등 일생 의례가 이어진다. 살아가는 동안 끊임없이 이러한 통과의례를 거치고 나면 죽어서도 삼우제三虞祭·사십구제 등 장례의례가 있으니 처음부터 끝까지 의례의 연속이라 할 수 있다.

그러한 면에서 춤도 하나의 의례로서, 하늘과 땅의 기운을 받아 중심을 잡은 사람으로서 드리는 의례라고 할 수 있다. 세상을 널리 이롭게 하는 실천의 몸짓과 그 마음을 의례의 몸짓으로 풀어낸 것이 태평춤이다. 태평太平이라 함은 크게 평평하고 안락하다는 뜻이니 태평춤은 어디에도 치우치지 않는 큰 평화의 춤이다. 우리의 행동과 몸짓이 바른 정신으로 이어져 태평춤을 함께 출 수 있는 세상을 바라고 또 바란다.

영혼을 부르는 소리와 몸짓이 춤이다.

춤은 선악이 주객이 생멸이 있고도 없다.

숙이고 다시 일어나고, 감고 풀고, 108배 오체투지처럼

나를 수없이 내리는 반복이 춤이다.

나라는 껍데기를 버리는 일을 평생 해왔지만

아직도 가야할 길은 멀기만 하다.

기제既濟인가 하면

미제未濟이다.

교학敎學의 세월

초판 인쇄 ┃ 2013년 2월 28일
초판 발행 ┃ 2013년 3월 19일

저   자   박효종·우한용·이경식·이애주

책임편집   윤예미

발 행 처   도서출판 지식과교양
등   록   제2010-19호
주   소   132-908 서울시 도봉구 창5동 262-3번지 3층
전   화   02-900-4520 / 02-900-4521
팩   스   02-900-1541
전자우편   kncbook@hanmail.net

ⓒ 박효종·우한용·이경식·이애주 2013 All rights reserved. Printed in KOREA

ISBN 978-89-6764-016-3 03040   **정가** 22,000원

저자와 협의하여 인지는 생략합니다. 잘못된 책은 바꾸어 드립니다.
이 책의 무단 전재나 복제 행위는 저작권법 제98조에 따라 처벌 받게 됩니다.

**이 도서의 국립중앙도서관 출판도서목록(CIP)은 e-CIP홈페이지(http://www.nl.go.kr/ecip)에서
이용하실 수 있습니다. (CIP제어번호 : CIP2013001282)**